창세기 원역사 해설

최환열 지음

창조와 지식
creations & knowledge

머 리 말

이 책은 어떤 사람에게는 딱딱하고 어려운 책일 수도 있고, 또 어떤 사람에게는 매우 의미 있는 책일 수 있습니다. 이 책은 일반대중을 위해서 쓴 책이라기보다, 하나님과 그리스도를 추구하는 일에 최선을 다하는 자들을 위한, 신비주의적 성격의 글입니다. 더 나아가서 신학적 목적을 가지고 있습니다.

하나님과 그리스도께서 계신 영적세계로 나아갈 때, 우리 정신이 경험하는 모든 궤적은 우리의 생각 속에 떠오릅니다. 생각 속에 나타나는 이러한 영적인 이미지들은 그것이 성경을 기반으로 하고 있는 한 결코 허상이 아닙니다. 그 이면에는 영적실상이 존재합니다. 이러한 측면에서 성경은 우리 영혼의 중요한 길잡이이자 영적세계에 대한 중요한 지식을 알려줍니다.

이 책의 내용들은 성경을 해석함에 있어서 성경자체의 본문에 기반을 하고 있으며, 여기에 더하여 기독교 철학을 중요한 기반으로 삼고 있고, 이 성경의 내용이 산출될 당시의 신화와 고대 지혜자들의 지식을 또한 그 기반으로 삼고 있습니다. 그러나 가장 중요한 것은 우리의 기도 시간에 펼쳐지는 여러 성경지식들이 가장 중요한 기반이라고 할 수 있습니다.

우리 인생에서 가장 중요하고 소중한 것은 우리의 신앙과 영적인 깨달음(경험)입니다. 하나님과 그리스도를 아는 것이 영생이고 오늘 하루하루의 생명입니다. 우리는 하나님과 그리스도를 매일 만나기 위해 하루를 사는 사람들입니다. 이것이 그리스도인들이며, 이 책은 이러한 기도의 사람들에게 도움이 되는 책입니다.

오늘날, 우리는 말세를 산다고 말을 합니다. 이런 이야기는 인류역사 내내 있었다고 말하지만, 오늘날 우리는 나라의 위기상황을 보면서 "이것이 말세이구나"라는 생각을 한 번씩 하게 됩니다. 이런 때일수록 우리의 영적 생활은 더욱 빛을 발해야 합니다. 우리의 기도가 하늘로 나아가 하나님 보좌 앞에서 드리는 기도가 되도록 하여야 하겠습니다.

신학박사 최 환 열 드림

- 제 목 차 례 -

8장 신명을 통한 '노아의 홍수' 이해 (창 6-8장)

창세기 원역사 개략

[서 론] 신앙고백을 위한 성경지식

이 책은 신앙고백을 위한 창세기 원역사 해설이다. 우리의 모든 성경지식은 우리의 신앙고백 속으로 들어와야 한다. 그래서 우리 안에 믿음의 능력으로 자리잡아야 한다. 이 책은 창조주 하나님을 고백하기 위한 책으로서, 창세기 1장을 하늘의 천상총회를 보여주는 거울이라고 판단하고 있다. 하늘보좌가 그 창세기 1장위에 고스란히 드리워 있다고 본다는 것이다. 그리고 창세기 1장의 창조에 동참한 하늘의 천군천사들이 사라지지 않고, 여전히 오늘날의 모습을 지탱하고 있다고 본다. 하늘의 천상총회, 곧 엘로힘(אֱלֹהִים) 하나님이 이 천지를 창조하였는데, 그 창조자들이 여전히 하늘에서 활동하며, 이 세상을 유지 운영하고 있기 때문이다.

가. 영적인 세계로서의 하늘나라

우리가 기도를 시작하면, 하늘나라가 우리 앞에 펼쳐진다. 그리고 이때 우리에게 보여지는 성경지식은 이에 대한 해설이다. 그것은 실제이다. 성경을 근거로 한 믿음들은 바라는 것들의 실상(히 11:1)이기 때문이다.

우리는 기도의 시간에 하늘을 바라보게 되는데, 이 하늘은 이 세계보다 더 크다. 이 궁창으로서의 하늘이 이 세계를 품고 있다. 이것이 바로 하나님께서 창조하신 궁창이고, 그 위에 또 원래의 하늘이 있다. 이 원래의 하늘에 비하면, 궁창에 갇혀 있는 이 세계는 아주 작다. 심지어 하나님의 마음(경륜·계획)에 비하면, 점과 같이 작다. 우리의 생각 속으로도 다 들어올 정도이다. 그러나 하늘은 우리의 생각 속으로 모두 들어올 수 없다. 우리는 궁창에 갇혀 있는 존재이며, 물리적인 세계에 갇혀 있는 존재이기 때문이다.

우리는 하늘나라를 바라본다. 심지어는 믿음으로 그곳으로 나아갈 수도 있다. 이 세계에는 유리바다가 있으며, 천천만만의 천군천사들이 있고, 하늘 위에 하늘들이 있다. 이 하늘에는 형상의 세계도 존재하는데, 그곳의 천사들이 형상이며, 이들이 이 세계의 질료 속에 들어와서 만물이 꽃피어나게 한다. 그 천사들이 곧 이 세계에 존재하는 모든 것들의 창조자이자 수호신인 것이다.

나. 하나님 보좌

이 하늘의 높은 곳에 하나님 보좌가 베풀어져 있다. 그런데 이 보좌도 끝이 아니다. 이 보좌 위에 앉으신 이가 있는데, 그 위에는 벽옥·홍보석·녹보석과 같은 것이 보좌 위에 드리워있는데, 우리는 이것을 청옥과 같은 하늘이 또 펼쳐져 있다는 것을 의미한다고 해석한다. 여호와 안에 펼쳐진 하늘과 같은 여호와의 마음인 것이다. 그래서 성경은 하늘위의 하늘을 말하고 있다.

보좌 위에 펼쳐진 청옥과 같은 하늘, 이것이 아마 여호와 하나님의 본질이자 여호와 하나님의 마음의 세계일 것이다. 성경은 이 하나님을 함부로 추정하지 말라고 한다. 하나님을 보고는 살 자가 없다고 말하고 있다. 하나님을 잘못 규정하고, 하나님의 이름을 부르면 신성모독에 떨어지게 되기 때문이다. 그래서 하나님의 심판이 내려오니 함부로 추정하지 말라는 것이다.

다. 여호와 하나님

여호와 하나님의 마음은 온 우주보다 넓고, 이에 비하면 이 세상의 모든 것은 점에 불과하다. 여호와 안에는 인류의 모든 과거와 현재와 미래가 모두 선재하여 존재한다. 이 세상에 나타난 것은 순간의 점에 불과하다. 이 세계 속에서 이러한 것들은 모두 지나가고 사라져 버리지만, 여호와 안에는 고스란히 그 본질이 사라지지 않고 존재한다.

이 여호와 하나님의 뜻이 인류의 역사를 통해서 계시되고 있다. 우리는 그만큼만 여호와 하나님을 알 수 있다. 여호와 안에는 모든 존재들에 대한 계획이 있다. 그리고 그것이 역사 속에 반영되어 하나씩 나타나는 것이다. 그래서 여호와께서는 모든 존재하는 것들에 대해 예정하고 섭리하시는 분이시다. 이 하나님의 예정과 섭리 안에 하나님의 창조가 있고, 이 세상의 역사에 대한 예정과 섭리가 있으며, 새 하늘과 새 땅이 있다. 그 예정과 섭리 안에는 우리나라의 운명도 포함되며, 우리 개인도 포함된다. 이것이 여호와 하나님의 마음·계획이고, 우리에게 허용된 여호와 하나님의 모습에 관한 것이다.

이 여호와 하나님께서는 이 여호와의 계획에 따라 모든 존재하는 것들에게 존재를 부으신다. 이 '여호와'라는 이름이 출애굽기 3:14에서는 אֶהְיֶה אֲשֶׁר אֶהְיֶה(스스로 있는 자)라고 나타나는데, 이것은 "나는 존재한다-관계대명사-나는 존재한다"로 풀어 쓸 수 있다. 이것은 "존재하게 하는 존재자(존재의 존재)"라는 의미로 해석할 수도 있을 것이다. 이는 자신의 뜻 따라 존재를 나누어준다. 그는 최초의 존재자로서 세상의 그 모든 것은 그로부터 존재를 분유 받아야 존재하게 된다. 이 존재의 분유를 통해 여호와 자신 안에 있는 계획들이 세상에 나타나게 한다.

또한 그 말씀·마음·계획·경륜 안에는 그것을 실현시킬 수 있는 능력 곧 생명이 존재한다. 그래서 말씀은 언제든지 성령과 한 쌍처럼 존재한다. 그렇다면, 이 세계가 존재하기 전에, 즉 창세 전에 이 세계의 모든 것이 여호와 안에 계획과 능력의 형태로 먼저 있었던 것이다. 그래서, 성경에서는 창조를 말할 때, 하나님께서 무에서 창조하였다고 말한다.

라. 말씀 하나님 · 성령 하나님

창세 전에 이 여호와에게서 말씀이 탄생하였다. 이것을 성경은 "독생하신 하나님"이라고 말한다. 여호와에게서 홀로 탄생하시었다는 것이다. 이 말씀 하나님은 여호와의 품 혹은 마음으로부터 탄생하여 나오신 분이시다.(요 1:1) 이 분은 여호와의 마음이었던 것이다. 여호와의 마음이 그 품으로부터 밖으로 탄생해 나온 것이다. 그래서 2위 하나님이 되신 것이다.

이 독생하신 하나님은 여호와와 함께 영원 전에 계시었다. 여호와가 존재자이신데, 마음이 없는 존재자는 있을 수 없기 때문이다. 이 말씀 하나님은 모든 존재하는 것들에게 마음·말씀을 나누어주신다. 아리스토텔레스는 이 로고스가 인간의 정신이라고 말한다. 인간의 정신을 분유해 주신 분이 말씀 하나님이신 것이다. Logos가 logos를 분유해 주신 것이다. 이 말씀 하나님은 또한 여호와가 존재를 나누어주듯이, 그곳에 마음을 나누어주신다. 모든 마음·생각은 로고스(말, 정신)에서 나왔는데, 이것을 나누어주시는 분이 곧 말씀 하나님인 것이다. 이 말씀이 하늘의 모든 존재자들에게 마음을 나누어 주시었다. 그렇게 해서 하늘의 영적인 존재들을 창조하신 것이다.

잠언 8장에 의하면 여호와께서는 '지혜'로 불리우는 이 '말씀'으로 천지를 창조하신 것이다. 여호와께서는 존재를 나누어주시고, 이 말씀 하나님은 모든 존재하는 것들에게 마음을 나누어주신다. 그리하여 창세 전에 예정한 그 하나님의 계획과 경륜을 이룬신다.

성경에서는 이 '말씀' 안에 3위 성령 하나님이 '생명주시는 이'로 항상 계신다고 한다. 이 말씀의 내용에 따라 생명을 주시는 하나님이 3위 하나님으로 계신 것이다. 이 말씀과 생명(성령)은 항상 짝을 이루고 있다. 말씀이 마음에 속한 것이라면, 성령은 물질에 생명을 주는 창조자이시다.

마. 하늘 형상의 창조

이 세계의 모습이 있기 전에 하늘이 먼저 창조된다. 눈에 보이지 않는 존재들이다. 고대 지혜자들, 특히 그리스 철학자들은 이 하늘을 예지계로 보았으며, 형상으로 보았고, 로고스(말씀·마음)으로 보았다. 그리고 이것이 이 세계에 존재하는 모든 것들의 본질을 이룬다고 보았다. 이 세상의 질료에 반영될 형상이 하늘에서 먼저 창조되는 것이다.

고대의 지혜자들은 모든 피조물들의 형상이 하늘에 이미 선재하여 존재한다고 말한다. 창세기 1장 1절에 "하나님이 천지를 창조하시니라"(창 1:1)에서의 그 하늘이 곧 말씀과 형상의 세계이다. 곧 땅에 생성될 모든 피조물들의 형상도 그 안에 존재하는 것이다.

그리스 철학자들은 하늘의 천사를 이렇게 땅의 사물들의 본질을 나누어주는 존재로 보았다. 이들이 이 세상의 질료 덩어리에 들어와서 그 사물의 형상을 빚어낸다. 그리고 창조는 여호와 단독으로 행하는 것이 아니라, 여호와가 창조한 천군천사들이 함께 하는 것이다. 그 하나님 명칭이 곧 엘로힘(여호와와 그의 천상총회)이라는 것이다.

바. 성령 하나님의 질료

성경은 이때 이 말씀 안에 성령께서 계시었다고 말한다. 말씀과 성령은 서로 뗄래야 뗄 수 없는 관계이다. 이 양자는 짝을 이루고 있다. 그 말씀을 현실속에 이루어 내어야 하기 때문이다. 창세기 1장 3절에 의하면, 말씀 혹은 형상의 재료가 될 질료를 '깊음(떼홈)의 수면'이라고 말한다. 그런데, 이 수면을 성령 하나님께서 품고(붙들고), 그 위에 운행하고 계신다. 이것은 수면의 창조자가 성령 하나님임을 시사하는 내용이다.

성령 안에는 '물의 분자'가 먼저 있었다. 마음과 물질의 경계선에 있는 존재이다. 성령은 이 분자를 무수히 분유함을 통해서 수분을 창조하신다. 그것이 바로 '떼훔(티아맛)'이며, '수면'이며, '원시해양'이다.

땅이 하나님 밖에서 먼저 존재할 수는 없다. 수면이라는 카오스가 먼저 하나님 밖에 존재하는 것이 아니다. 그것은 하나님 외에 다른 신을 끌어오는 것이다. 그것은 우리 정신의 선험성이 용납하지 않는다. 즉, 우리의 정신에는 경험을 하지 않고도 아는 것들이 존재한다. 그 중에 대표적인 것이 '신의 존재'이다. 이 신의 대척점에 또 다른 존재는 성립할 수 없는 것이다. 만유는 무로부터 창조된 것이다. 즉 하나님에게서 나왔다는 것이다.

사. 보좌 베푸시고, 말씀 발하시는 하나님

창세기 1장 1-2절을 보면, "태초에 하나님이 하늘과 땅을 창조하시니라. 그리고 그 땅이 혼돈하고 공허하며 흑암이 깊음 위에 있고, 하나님의 신은 수면에 운행하시니라"고 말한다. 이것이 곧 형상과 질료의 창조인 것이다. 그리고 이제 하나님께서 보좌를 베푸시고, 말씀을 발하기 시작하는 것이다. 그리고 첫 번째 음성이 3절에 나타난 바와 같이 "빛이 있으라"였다.

우리 고대 지혜자들은 이 말씀 하나님이 인자의 모습으로 계신다고 말한다. 그리고 이 말씀 하나님이 하나님 보좌에 함께 앉으시었다고 말한다. 그리고 그곳에서 창조의 말씀을 발하신 것으로 말한다. 그 보좌에서 나오는 말씀이 곧 창세기 1장에 나타나는 "하나님이 이르시되(אמר, 말하다)"의 말씀으로의 창조인 것이다.

창세기 1장을 보면, 6일 동안의 창조시에 말씀을 발하시는 분은 '엘로힘'으로 나타난다. 그래서 고대 지혜자들은 이 아들 하나님이 여호와 하나님과 함께 보좌에 앉으시어서 여호와 하나님의 뜻대로 말씀을 발하신 것으로 말한다. 즉 말씀 하나님이 말씀을 발하신 것이다. 여호와 하나님의 마음을 아시는 분은 이 말씀 하나님 밖에 존재하지 않기 때문이다. 여호와는 너무 크고 깊고 신비하심으로 항상 뒤에 계신다. 이 여호와를 보고는 살 자가 없기 때문이다. 요한복음에 나타난 바에 의하면, 여호와는 이 아들을 통해서 모든 것을 하신다.

삼위일체 하나님께서는 이렇게 하늘의 영적존재들을 창조하시고, 그 위에 보좌를 베풀고 그곳에 좌정하신 것이다. 그리고 그곳에서 이 세계에 대한 창조를 행하시는 것이다.

아. 6일 동안의 창조

6일 동안의 창조를 어거스틴은 '땅의 창조'라고 부른다. 즉, 하늘의 형상이 질료에 결합되는 과정인 것이다. 하늘의 하나님 보좌에 앉으신 이가 하나님의 뜻에 따라 말씀을 발하자, 빛이 어두움에 비추이면서, 그곳에 형상이 반영되어서 이 세계가 질료로부터 드러나는 것이다. 창세기에서 무에서 유를 창조하다는 의미를 지닌 'בָּרָא(바라)'라는 용어가 창세기 1장에 세 번 밖에 나타나지 않은 이유이기도 하다.

자. 하나님의 형상과 모양에 따른 인간의 창조

창세기 1장의 창조기사 중 하이라이트는 하나님의 '형상'과 '모양'에 따른 인간의 창조이다. 여기에서 '형상'이 의미하는 바는 어떤 존재의 하늘에 존재하는 '본질'을 의미한다. 이 '형상'은 하늘에 존재하며, 이 세계 속의 질료 가운데 내려온다. 하나님의 본질이 인간들에게 반영되었다는 것이다. 이것은 인간의 정신을 의미한다.

그리고 '모양'은 깊이 감추인 것이 밖으로 드러난 것을 의미한다. 이 '형상'이 육신을 입었을 때의 모습인 것이다. 인간의 정신을 담고 있는 우리 인간의 모습이 곧 하나님 형상의 나타남이라는 것이다.

인간은 하늘 하나님과 교통할 수 있는 정신을 가지고 있다. 이 정신으로 하나님과 교통을 하면서, 이 세계 속에 하나님의 생명을 끌어당기는 것이다. 그것이 에덴동산에서 흐르는 네 강이다. 그렇게 해서 만물을 소성하게 한다.

차. 에덴동산에서 인간의 타락, 하나님의 경륜

창세기 2장에 의하면, 하나님께서는 이러한 인간을 에덴동산에 두시고 에덴동산을 관리하고 지키게 하였는데, 이 에덴동산에는 네 강이 발원하여 흘렀다.

아담의 에덴동산 관리는 생수의 강이 흐르게 하는 예배였을 것으로 추정한다.

여기에 아담의 타락이 발생하였는데, 하나님께서 금지한 선악과를 따먹음으로 인해서였다. 그런데, 사도 요한에 의하면 이 선악과는 첫 번째 계명이라고 말한다. 그리고 사도 바울은 이러한 계명은 죄를 드러내는 역할을 해서, 인생들을 죄 안에 가두고, 오직 은혜로만 구원에 이른다는 것을 알게 하기 위한 것이라고 말한다. 인간의 타락은 하나님의 경륜의 일환이었던 것이다.

그래서 하나님께서는 이에 대해 여자의 후손(창 3:15)에 대해 예언을 하시고, 아담과 하와에게 가죽옷(창 3:21)을 지어 입히셨다. 이렇게 아담의 타락은 도리어 하나님의 경륜을 위한 것이었다. 모든 인생들을 은혜 안에 가두기 위한 것이었으며, 심지어는 그리스도와 함께 하나님의 후사로 삼고자 함이었다.

그리고 이제 그리스도 안에서 이 경륜은 드러나기 시작하였다. 그리스도를 영접하여 영적생활을 하는 자에게는 이 에덴동산이 회복되었다. 그들은 날마다 이 영적인 에덴동산에 들어가서 만유(나라와 교회)를 위한 예배를 한다.

카. 노아 홍수

태고적 사건으로서 대부분의 고대신화에 홍수사건이 등장한다. 창세기 6-11장도 이 홍수사건을 다루고 있다. 이 홍수사건과 관련하여 하나님의 이름이 여호와와 하나님(엘로힘)으로 계속 번갈아가며 등장한다. 이 양자 간에는 중요한 차이가 존재하는데, 하늘에는 만군의 주로서의 여호와 하나님께서 계신다. 그리고 또한 이 여호와를 섬기는 천천만만의 천군천사들이 있다. 그리고 이들 전체를 가리켜서 우리는 엘로힘으로서의 하나님이라고 하는 것이다. 그래서 엘로힘(하나님)은 여호와의 천상총회이다.

이 개념을 가지고 노아홍수를 해설하면, 우리는 하늘 천상총회가 운영되는 모습을 파악할 수 있다. 이때 여호와께서는 이 하늘 천상총회에서 인생들에 대하여 구원자로 행하고 계신다. 이것은 우리로 하여금 우리가 기도의 시간에 누구에게로 나가야 할 지를 알게 해준다. 우리는 예수 그리스도와 함께 여호와 하나님께로 나아가는 것이다.

이렇게 하나님의 이름, 특히 여호와와 엘로힘(하나님)이 이렇게 서로 지칭하는 바에 따라서 양자의 의미적 차이가 존재한다면, JEDP가설은 거짓인 셈이 되는 것이다. 여호와가 존재하며, 이 여호와의 총회로서의 하나님이 존재하는 것이다.

[결 론] 하나님을 보여주는 창세기 원역사

창세기 1-11장을 창세기의 원역사라고 한다. 이 시기의 모든 내용들은 태고적 세계의 내용들을 담고 있다. 그래서 고대 신화 속에서 나오는 사건들과 그 팩터(실제적 사건)와 관련해서는 서로 일치한다. 그 해석에 있어서 고대신화들에서는 많은 신들이 등장한다. 그러나 성경에서는 여호와와 그의 천상총회가 창조를 행하였음을 선포하고 있는 것이다. 이러한 선포는 모세에 의해 이루어졌는데, 모세가 출애굽을 통하여 여호와 하나님의 큰 역사를 보고, 당시의 고대신화 속의 제신들을 모두 엘로힘의 이름 앞에 굴복시켜 버린 것이다. 모세는 이렇게 엘로힘 혁명을 일으킨 것이다.

이때 우리에게 중요한 것이 있다. 그것은 바로 이 창세기의 창조가 여호와와 그의 천상총회의 하나님으로 말미암았는데, 그 하늘의 천상총회가 여전히 진행되고 있다는 것이다. 그렇다면, 창세기 1장의 그 창조 이야기는 지금 우리가 바라보는 하늘의 이야기라는 것이다. 그리고 우리 대제사장이 그 하늘로 나아가셨는데, 우리도 우리의 기도의 시간에 그리로 나아간다는 것이다.

1장 여호와 하나님 (창1:1a)

[서 론] 엘로힘(אֱלֹהִים), 만군의 주 여호와

구약성경은 "태초에 하나님이 천지를 창조하시니라"고 하며 시작하고 있다. 태초라는 시점이 있고, 여기에서 맨 처음 등장하는 존재가 바로 "하나님(אֱלֹהִים 엘로힘)"이다. 우리는 이 '하나님'에 대한 의미를 먼저 알고자 한다. 특히 고대 지혜자들이 이 용어를 맨 처음에 사용했는데, 그들이 이해한 개념으로 이 '하나님(אֱלֹהִים, 엘로힘)'을 알고자 한다. 그리고 우리는 이 개념을 고스란히 받아들였는데, 우리도 또한 그와 같은 방식으로 하나님을 이해하고자 한다.

여호와(יהוה)의 천상총회, 엘로힘(하나님, אֱלֹהִים)

먼저, 엘로힘(אֱלֹהִים)은 "엘로하(אֱלֹהַ)+엘림(אֵלִים)"의 개념이다. 여기에서 '엘로하(אֱלֹהַ)'는 최고신의 의미이다. 그리고 '엘림(אֵלִים)'은 '엘(אֵל)'에 복수형어미 '임'이 결합되어서 형성된 용어이다. 그래서 이 양자를 합하면 '엘로힘'이 되는데, 결국 "엘로하와 그를 수종하는 신들"의 의미를 가지고 있는 것이다. 여기에서 '엘로하'는 '여호와(יהוה)'를 의미한다. 그래서 결국 '엘로힘'은 '여호와의 천상총회'를 일컫는다.

그래서 결국 여호와와 여호와의 천상총회가 엘로힘(אֱלֹהִים)이라면, 이 엘로힘은 결국 하늘나라가 된다. 하늘에 있는 모든 존재가 엘림(신들)이라면, 하늘나라는 이들에 의해 떠받쳐지고 있다. 이들 위에 높이 들리운 보좌가 있는데, 모든 신들은 이 엘로하(여호와)의 수족처럼 활동한다. 그들 고유의 독자적인 인격을 가지고 있으면서도 자원하여 여호와께 속하여 있다. 그래서 이 엘로힘은 복수형 명사이면서도 단수형 동사를 사용한다. 한 실체처럼 움직인다는 것이다. 그리고 이 엘로힘의 회중에 속한 자들이 하늘에 가득하며, 하늘을 떠받치고 있으므로, 이 엘로힘이 결국 하늘나라인 것이다. 그래서 우리는 하늘나라 전체를 바라보면서 그 '하늘나라'를 향하여 '하나님'이라고 부를 수 있는 것이다. 그리고 바로 이 하나님을 예수께서는 "만유에 충만하신 하나님"이라고 불렀던 것이다.

욥기에 나타난 엘로하(אֱלוֹהַ)와 엘로힘(אֱלֹהִים)

우리는 이제 엘로하(אֱלוֹהַ)와 엘로힘(אֱלֹהִים)이 이러한 의미와 차이를 지니고 있다는 것을 알고, 욥기를 읽을 수 있다. 욥기는 아브라함 시대에서 약 한 세대 정도의 차이를 가진 족장시대의 작품인 것으로 보인다. 에서 족속의 지혜자들이 그곳에 등장하고 있기 때문이다.

욥기를 통해서 신들의 세계를 이해할 수 있다. 욥기 1장에는 신들의 총회가 등장한다. 이 총회가 곧 엘로힘이다. 엘로힘의 이름으로 무엇이 진행되면, 이것은 천상총회의 합의에 의해서 진행되는 것들이다. 그러나 엘로하의 이름으로 무엇이 진행되면, 이것은 최고신의 행위이다. 이때 최고신은 끝없이 욥을 향하여 구원자와 변론자의 입장에 서고, 다른 모든 신들과 함께 했을 때에는 그들 모두의 입장을 만족시키는 공의의 입장에 서게 된다.

욥에게 구원이 임할 경우, 이렇게 하늘의 천상총회가 최고신의 뜻에 합치되었을 때, 욥에게 구원이 임하는 것이다. 욥의 공의와 구원이 이렇게 하여 완성되는 것이다. 하늘보좌에 계신 여호와가 우리의 편이 되어서 하늘의 모든 존재를 설득시켜내는 것이다. 이것이 우리 위에 존재하는 하늘나라의 모습이다. 그래서 우리는 이 여호와와 엘로힘의 이름이 성경에 등장하는 것을 통해서도 하늘나라의 움직임을 알 수 있다.

하늘나라와 하늘의 유리바다

요한계시록에 의하면, 하나님의 보좌가 있고, 그 앞에 유리바다가 있다. 그리고 이것을 실현시켜 놓은 것이 성막의 물두멍이다. 우리가 여기에서 알 것은 하늘에 있는 유리바다는 우리 눈에 보이는 그 물리적인 바다와는 다른 어떤 요소일 것이다. 하늘이 물리적인 그 무엇으로 구성될 수는 없기 때문이다. 그렇다면, 이 세상의 물리적인 바다가 수면이라면, 이 하늘의 유리바다는 이 수면에 결합하는 하늘의 물일 수 있다. 그렇다면, 이 하늘의 유리바다는 천군과 천사들, 혹은 형상들이다. 우리는 이 가능성을 검토할 필요가 있다. 여호와 앞에 머리를 숙인 그 천천만만의 천군천사들을 유리바다라고 지칭했을 수 있다는 것이다.

우리가 이렇게 요한계시록에 나타난 유리바다를 하늘의 천군천사로 바라보는 것은 천군천사들의 그 큰 무리가 곧 하늘나라라는 것이다. 따라서 유리바다는 하늘나라 곧 하늘의 천군과 천사들을 지칭하는 존재라는 것이다. 우리는 하늘나라 전체를 유리바다라고도 볼 수 있다. 그리고 그것이 곧 천군과 천사들의 모습이다.

우리는 파란 하늘을 보면서 하늘나라를 상기할 수 있다. 그 하늘의 천군과 천사들을 이렇게 바라보았을 수 있다. 이 하늘이 온 땅을 덮고 있다. 온 천지에 하늘이 충만하다. 온 하늘과 땅에 충만하신 하나님이신 것이다. 이것을 의미하는 것이 곧 하늘 유리바다이다.

만군의 주 여호와

욥은 그의 세 친구들과의 대화에서 자신의 수호신을 자꾸 엘로하로 내세운다. 즉 자신의 모든 고난이 자신의 죄로 인해서 온 것이 아니라, 엘로하가 연고없이 행한 것이라고 주장하는 것이다. 그런데 그것은 맞는 것이었다. 이에 대해 그의 세 친구들은 욥의 고난이 욥의 죄로 인한 것이다. 따라서 엘에게 구하며, 엘로힘의 동의를 얻으라고 말하는 것이다.

결국 이 양자는 수호신의 문제로 격론을 벌이는 것이다. 여기에서 엘로하는 최고신을 말하며, 엘은 각 사람을 보호하는 천사들을 말하는 것이고, 엘로힘은 하늘나라 전체를 지칭하는 것이다. 결국 욥은 자신의 수호신을 엘로하, 곧 여호와라고 지칭하고 있는 것이다.

맨 마지막에 욥기 38-39장에서 여호와께서 욥에게 음성으로 나타난 것이다. 참으로 두 개의 장을 할애하여 여호와는 욥에게 자기 자신을 항변하듯이 소개한다. 욥이 자신을 추상적으로 알았지, 실질적으로 알지는 못했다는 것이다. 그 결과 욥은 이제 귀로만 듣던 여호와를 이제는 눈으로 보았다고 말하고, 자신의 지식의 미천함을 회개하였던 것이다. 그러나 세 친구들에 대해서는 욥이 맞았다. 우리의 수호신 혹은 우리가 추구하고 만나야 할 신은 여호와인 것이다. 우리는 뭉뚱그려서 추상적으로 하늘을 바라보며 하나님을 부르는 것이 아니다. 이러한 하늘나라의 보좌에 앉으신 여호와 하나님을 구체적으로 만나는 것이다.

[소 결] 만군의 주 여호와

우리는 하나님의 이름으로서 나중에 '만군의 주, 여호와'라는 이름을 만나게 된다. 여기에서의 '만군'이 하늘의 천천만만의 천사들이며, '주'가 이들의 주인이라는 것이다. 그가 곧 '여호와'이다. 그리고 이들 전체를 가리켜서 '엘로힘'이라고 부르는 것이다. 여호와 안에 하늘나라(하늘의 천군천사들)가 모두 속하고 있다. 이 하나님의 이름이 곧 '엘로힘'이며, '여호와의 총회'이다.

그리고 그 하늘은 온 땅을 덮고 있다. 그래서 엘로힘이라는 용어는 온 하늘과 온 땅에 충만하신 하나님이라는 의미를 담고 있다. 우리는 하나님을 그렇게 바라볼 필요가 있다. 여호와께서는 초월자로서 한 인격적인 존재이면서, 그와 한 지체가 되어 있는 모든 천천만만의 천군천사들과 함께 온 천지에 충만하신 하나님이신 것이다.

여호와 하나님 보좌 우편에 예수 그리스도께서 계신다. 우리는 이 예수 그리스도와 연합하여 있다. 그리스도 안에서 우리는 이 여호와 하나님을 만나는 것이다. 이것이 우리 그리스도인들의 신앙의 방향이다.

1. 하나님의 이름 : 여호와와 엘로힘

가. 여호와와 엘로힘

우리는 성경에서 어느 본문에서는 여호와라는 이름을 사용하고 어느 본문에서는 하나님(엘로힘)이라는 용어를 사용한다. 그런데, 성경을 면밀히 공부해보면, 이 양자는 이렇게 서로 고유하게 갖는 의미가 있다는 것이다.[1] 이때 창세기 1장에서 가장 먼저 등장하는 이름은 '엘로힘(하나님)'이라는 용어이다.

　　태초에 하나님이 천지를 창조하시니라.(창 1:1)

우리는 엘로힘에 대한 의미부터 알아야 한다. 하나님의 그 많은 신비가 그 이름에 가득 담겨있다. 이름은 하나님의 자기 계시이다. 모든 계시의 출발점은

---

[1] 이에 대해 벨하우젠은 JEDP가설이라는 황당한 가설을 내 놓았는데, 여호와(J)라는 신명을 쓰는 세대와 하나님(E)이라고 쓰는 세대가 달리 성경을 기록하였는데, 이 양자를 결합시켜 놓았기 때문이라고 하였다. 이것이 신학계에서 받아들여지자 성경은 이제 온통 갈기갈기 찢겨져 버렸다. 이때부터 자유주의 신학이 등장하기 시작하였다.

그의 이름이다.

엘로힘은 다음의 합성어이다. 즉 엘로힘의 의미는 "여호와의 총회로서의 엘로힘"이라는 개념이다.

엘로힘(אֱלֹהִים, 하나님) = 엘로하(אֱלֹהַ, 여호와) + 엘림(אֵלִים, 신들)

위에서 엘로힘은 복수형의 명사이다. 그런데 이 명사는 항상 단수형의 동사를 받는다. 복수형인데, 마치 한 존재처럼 모든 활동을 하신다. 즉, 위에서 보듯이 여호와도 독립적인 인격이 있으시다. 그리고 엘림, 곧 신들도 각각 그 고유한 인격과 실체가 있는 것이다. 심지어 이 신들의 하늘의 천천만만의 천군천사들이다. 그런데도 이 양자는 완전히 하나 되어 행하시므로 단수형 동사를 받는 것이다.

위의 도식에서 엘로하는 '최고신'이라는 의미이다. 최고신은 딱 한 존재이다. 따라서 여기에는 복수형이 존재할 수 없다. 따라서 엘로힘은 엘로하의 복수형이 아니다.

다음에 엘이 곧 신이라는 의미이다. 그런데, 이 신에는 여러 신들이 존재하므로 그 복수형이 존재할 수 있다. 심지어 이 엘은 엘로하도 엘 중의 하나로 간주될 수 있다. 그런데 여기에서는 엘로하 외의 모든 신들을 가리켜서 엘의 복수형인 엘림이라는 용어를 사용하는 것이다.

나. 창세기 1-2장에 나타난 신명

특히 창세기 1-2장에 이 이름의 차이가 현저하게 드러난다. 창세기 1장의 모든 창조는 엘로힘이 행한다. 즉 여호와를 중심으로 하여서 모든 천천만만의 천군천사들이 동원되어 창조를 행한다는 것이다.

여호와의 이름이 등장할 때가 있다. 이 여호와는 최고신이다. 엘로힘이 여호와와 그의 천상총회라면, 이제 여호와는 최고 존재이시다. 이 여호와가 인생들과 관련을 가지신다. 창세기 2장에 의하면, 인간의 창조와 관련하여 여호와 하나님이라는 용어가 반복적으로 등장한다. 창세기 2장은 모두 '여호와 하나님'이라는 용어를 사용한다. 여호와 하나님이라는 호칭이 11번 등장한다. 그리고, 3

장에서 9번 등장한다. 그래서 계속적으로 20번 등장하는 것이다.

> 이것이 천지가 창조될 때에 하늘과 땅의 내력이니 여호와 하나님이 땅과 하늘을 만드시던 날에 여호와 하나님이 땅에 비를 내리지 아니하셨고 땅을 갈 사람도 없었으므로 들에는 초목이 아직 없었고 밭에는 채소가 나지 아니하였으며, 안개만 땅에서 올라와 온 지면을 적셨더라. 여호와 하나님이 땅의 흙으로 사람을 지으시고 생기를 그 코에 불어넣으시니 사람이 생령이 되니라.…(창 2장)

이것은 인간의 창조와는 여호와가 주체가 되어 있으며, 제신들이 여기에 협력자로 참여한 것이다. 이런 측면에서 다른 피조물들의 창조와 확연히 다르다.

한편, 창세기 1장은 모든 이름이 '하나님'으로만 등장한다. 이렇게 이름에는 뭔가 그 지시하는 바에 있어서 차이가 존재한다.

다. '하나님(엘로힘)'에서 나타나는 '우리가'라는 표현

엘로힘을 '여호와와 그의 총회'로 보는 개념이 창세기 1장 26절에서 나타나는데, 여기에서 하나님께서는 '우리가'라는 표현을 사용한다.

'엘로힘'이라는 신명은 분명히 '엘' 혹은 '엘로하'의 복수형으로 생각할 수 있다. 그런데, 이 명사는 단수의 동사를 받는다. 이것은 신학계에서 오래도록 논의를 거듭해 오고 있는 주제인데, 매우 중요한 주제이다. 그런데 간혹 엘로힘이 복수 동사를 받아서 '우리가'라고 추가해서 번역을 해야 할 경우가 존재한다. 그 경우가 창세기 1장 26절에서 나타나며, 그 외에도 창세기 3장 22절과 11장 7절에서도 나타난다.

> 하나님이 가라사대 우리의 형상을 따라 우리의 모양대로 우리가 사람을 만들고…그로 다스리게 하자.(창 1:26)
> 여호와 하나님이 이르시되 보라 이 사람이 선악을 아는 일에 우리 중 하나 같이 되었으니 그가 그의 손을 들어 생명 나무 열매도 따먹고 영생할까 하노라

하시고(창 3:22)

여호와께서 이르시되 이 무리가 한 족속이요 언어도 하나이므로 이같이 시작하였으니, 이 후로는 그 하고자 하는 일을 막을 수 없으리로다. 자, 우리가 내려가서 거기서 그들의 언어를 혼잡하게 하여 그들이 서로 알아듣지 못하게 하자 하시고(창 11:6-7)

이에 대해 학자들은 여러 가지 가능성을 검토하였는데, 김정우에 의하면, ① 신화의 파편으로서의 복수형, ②위엄의 복수형, ③의사표현형 복수형, ④신성의 복수형, ⑤천상의 총회로서의 복수형이 있다. 한편, 김정우는 여기에서의 '우리가'를 "삼위일체를 표현하는 복수형"이라는 견해는 아예 채택을 하지 않는다. 그리고, 현재 보편적으로 논의되고 있는 견해는 ②위엄의 복수형인지, ⑤천상의 총회로서의 복수형 만이 논의의 대상이 되어 있다.

이 두 견해를 김정우의 글을 인용하여 소개하고자 하는데, 먼저 '위엄의 복수형'을 다음과 같이 말한다.

위엄의 복수형으로 보는 견해로서 카일과 드라이버가 있는데, 이들은 "우리"를 "위엄(혹은 장엄)의 복수형"으로 본다. 이것은 "신성 안에 있는 속성과 능력의 충만함"이다. 히브리어와 셈어에서는 복수형을 통하여, 단수개념을 높인다. 예로서, 하나님을 뜻하는 히브리어 엘로힘은 수적인 복수가 아니라, 높고, 강하고, 존귀한 하나님을 뜻한다. 데라빔도 하나의 신상이지만, 복수형으로 나타난다. 그러나 위엄을 복수형은 명사에만 나타나고 대명사에는 나타나지 않으므로, 이 입장은 문법적으로 정당하지 않다.

그런데, 김정우는 '우리'라는 복수형은 "천상의 총회로서의 복수형"을 선택하며, "우리가 만들자"는 천상총회에 대한 하나님의 선언으로 말한다. 다음은 이에 대한 근거이다.

필로로부터, 유대인 랍비들(Bereshith Rabba ⅷ 3-7)과 학자들은 일반적으로 이 복수형은 하나님(여호와?)께서 천상의 총회, 즉 '천사들'에게 말씀하신 것으로 해석해 왔다.…최근에도 이런 해석을 주장하는 학자들(Ex. 폰 라드,

침멀리, 베스터만 등)이 많이 있다.…

먼저, 천상의 신의 총회 개념은 고대 근동 아시아에 널리 나타나고 있다. 뮬렌은 이 개념이 "애굽, 메소보다미아, 가나안, 페니키아, 이스라엘 문화에서 아주 일반적인 종교적 모티프였다"고 말한다. 그는 신의 총회에 대한 개념 뿐아니라, 그 용어조차 서로 유사함을 발견하였다. 특히 바벨론 창조신화에 따르면, 인간창조에 대한 결정은 신들의 총회에서 질문과 응답형식으로 이루어지고 있다.

두 번째로, 구약성경 안에는 천상의 총회에 대한 언급이 여러 곳에 나타나고 있다. 물론 천상의 총회 개념은 고대근동아시아의 천상총회 개념과 근본적으로 다르다. 이스라엘에서의 천상총회 개념은 유일신앙의 틀 속에서 나온다. 여기에 등장하는 천상의 존재들은 결코 독립적으로 자존하는 신들이 아니며, 이들은 "여호와의 뜻에 복종하는 천상의 영물들에 불과하다"(Miller 1973:70). 구약성경에서는 '하늘과 구름'과 같은 비유법과, "거룩한 자들, 신의 아들들, 그(여호와)를 둘러싼 자들, 여호와의 군대"와 같은 용어로서 천상의 총회 개념을 제시하고 있다.[2]

한편, 우리는 위의 본문 "하나님이 가라사대 우리의 형상을 따라, אֱלֹהִים נַעֲשֶׂה וַיֹּאמֶר"에서 "엘로힘=우리" 여부가 가장 중요하다. 만약 그렇다면 '엘로힘'은 '여호와의 총회'를 의미한다. 여기에서 히브리어 본문을 그대로 직역을 해보면, "엘로힘이 말하기를, '우리가 만들자…'"가 된다. 여기에서 "엘로힘=우리"가 된다. 이에 따라 우리는 여기에서 다음의 사항들을 연역할 수 있다.

첫째, 엘로힘은 '여호와의 총회'를 의미하며, 이것이 '엘로힘'이 복수명사이면서도 단수동사를 취하는 이유이다.

원래 '엘(신)'의 복수형, 곧 '신들'이 '엘로힘'이다. 그리고, 성경에서는 천사들도 '엘'로 불리우며, '엘'은 보통명사이다. 이때 '여호와'는 '엘'중에서 '최고의 엘'로서 그의 이름(고유명사)이다. 따라서 '엘로힘'은 '여호와와 여호와와 한 몸되어 움직이는 천사들'이다. 이 천사들은 자신들의 고유한 인격과 실체를 가지고 있다. 그러나 그들은 그들의 자유의지를 통한 사랑으로 여호와와 완전히 한

---

2) 김정우, "삼위일체교리에 대한 구약성경의 증거", 제9차기독교 학술원 학술심포지움, (서울: 기독교학술원, 1994), 38.

몸 되어 움직인다. 이것이 '엘로힘'이 복수명사이면서도 단수동사를 받는 이유이다.

두 번째, '여호와와 그의 총회'가 필요한 이유는 각각의 '엘(천사)'마다 직임이 있으며, 동시에 각각의 자유의지가 있기 때문이다. 그리고, 또한 이 '엘들(엘로힘과 차별적으로 묘사하기 위해 '엘들'이라고 했음)'은 모든 각 나라와 민족들의 수호신들이고, 각각의 직임이 있다. 그렇기 때문에 이들의 회의는 반드시 필요하다. 그들은 자신들의 맡은 영역이 있고, 또한 상충되는 것들도 있으며, 로봇이 아닌 자유의지를 가지고 있기 때문에 총회는 반드시 필요하며, 이것이 천상총회가 필요한 이유이다.

세 번째는, 만약 위와 같이 '엘로힘'이 "여호와와 그의 총회"라면, '엘로힘'이라는 이름이 사용될 때에는 항상 '여호와와 그의 총회'를 함께 생각하여야 한다. 즉, '엘로힘'이라는 신명 안에 '총회'의 개념이 항상 포함되어 있는 것이다. 따라서, 성경에서는 '엘로힘'의 용법과 '여호와'의 용법이 다르다.

라. 천상의 어전회의

'신들의 총회'는 고대근동신화의 세계 속에서만 요청되는 것이 아니었다. 신들에 의해서 우주가 지탱하고 있다면, 그리고 그 신들이 자신의 고유한 인격과 실체를 가지고 있다면, 우주의 질서가 요청되듯이 이들에게도 질서가 요청되기 때문에 '신들의 총회'가 당연하게 요청된다. 그 총회가 있어야만 만물이 질서를 찾을 수 있기 때문이다. 이에 따라 성경에서도 이러한 신들의 총회가 있다. 이것을 '천상의 어전회의'라고 하는데, 이러한 회의는 '여호와의 총회'로서, 사실은 이것이 곧 '엘로힘'의 개념이다. 창세기 1장에 나타난 '엘로힘'은 바로 이러한 '천상의 여호와의 총회'인 것이다.

이러한 천상의 어전회의는 반드시 필요한가? 그것은 여호와가 모든 신들에게 인격과 자유의지를 주었기 때문에 필연적으로 요청된다. 이때 여기에 참여하는 모든 천사들 혹은 신들은 그들의 자원함에 의한 헌신으로 하나가 되었으며, 이 총회를 통하여 여호와께서는 온 세상을 치리하신다. 이러한 '천상의 회의'에 대한 성경 속의 기록들을 먼저 살펴볼 필요가 있다.

2. 엘로힘, 여호와의 천상회의

가. 미가야가 본 '천상회의', 열왕기상 22장

열왕기상 22장은 길르앗 라못을 아람의 손에서 쟁취하기 위해서 북이스라엘의 왕이 남 유다의 왕 여호사밧에게 도움을 요청하면서 시작되며, 남 유다의 왕 여호사밧이 길르앗 라못을 찾으러 가기 전에 여호와의 말씀이 어떠한지를 묻기를 요구하자 북 이스라엘의 왕은 선지자 400명에게 물었고, 그 선지자들은 길르앗 라못으로 갈 것을 조언한다. 하지만 미가야는 이에 대한 정반대의 예언을 한다. 이때 미가야는 '천상회의'를 보았다고 말한다. 천상회의의 내용은 다음과 같다.

> 미가야가 가로되 그런즉 왕은 여호와의 말씀을 들으소서. 내가 보니 여호와께서 그 보좌에 앉으셨고 하늘의 만군이 그 좌우편에 모시고 서 있는데, 여호와께서 말씀하시기를 누가 아합을 꾀어 저로 길르앗 라못에 올라가서 죽게 할꼬 하시니 하나는 이렇게 하겠다 하고 하나는 저렇게 하겠다 하였는데, 한 영이 나아와 여호와 앞에 서서 말하되 내가 저를 꾀이겠나이다. 여호와께서 저에게 이르시되 어떻게 하겠느냐 가로되 내가 나가서 거짓말 하는 영이 되어 그 모든 선지자의 입에 있겠나이다 여호와께서 가라사대 너는 꾀이겠고 또 이루리라 나가서 그리하라 하셨은즉, 이제 여호와께서 거짓말하는 영을 왕의 이 모든 선지자의 입에 넣으셨고 또 여호와께서 왕에게 대하여 화를 말씀하셨나이다.(왕상 22:19-23)

이에 대해 한 논문은 "여호와께서 최종적으로 결정을 내리시는 모습은 고대 근동 문헌에 등장하는 신들의 회의에 대한 표현과 같다"하며, 다음과 같이 말한다.

> 여호와의 주변에 다른 신적 존재가 서 있다는 것, 여호와 홀로 그 결정을 내리시는 것이 아니라, 신적 존재인 한 영이 하나님 앞에서 말하는 장면, 그리고 여호와께서 최종적으로 결정을 내리시는 모습은 고대 근동 문헌에 등장하는 신들의 회의에 대한 표현과 같다. 그리고 여호와와 하늘의 군대들의 모임을

통하여 아합의 운명이 어떻게 될 것인가를 결정하고 선포하는 모습은 신들의 회의의 기능인 운명을 결정짓는 것과 같다. 이 구절은 땅에 인간들이 가지는 결정보다 천상회의가 더 권위가 있음은 물론, 우주에 대한 결정을 하는 곳이 천상회의임을 선지자 미가야가 본 것을 통해서 말하고 있는 것이다.[3]

나. 아삽의 시에서의 '천상회의', 시편 82편, 89편

시편의 양식을 집중적으로 연구해온 궁켈은 시편 82편은 선지자적 특성을 갖고 있다고 규정하였으며, 모빙켈(Mowinckel)은 "신탁이 중요한 위치를 차지하고 있지만, 유기체적으로 짧은 기도에 어울리는 시와 신탁의 특별한 혼합"으로 여긴다. 지난 50여 년 동안 일부 연구들에서도 많은 학자들이 "하나님의 공회의 모임들 혹은 신들의 집회에 관한 이야기들의 전통에 기초한 것"으로 여겼다.[4] 시편 82을 살펴보면 다음과 같다.

(아삽의 시) 하나님이 하나님의 회 가운데 서시며 재판장들 중에서 판단하시되, 너희가 불공평한 판단을 하며 악인의 낯 보기를 언제까지 하려느냐(셀라)…내가 말하기를 너희는 신들이며 다 지존자의 아들들이라 하였으나, 너희는 범인 같이 죽으며 방백의 하나 같이 엎더지리로다. 하나님이여 일어나사 세상을 판단하소서 모든 열방이 주의 기업이 되겠음이니이다

이에 대해, 기민석은 위의 시는 '천상의 회의'를 말하는 시로서, "시편 82편은 고대 근동 문헌에 나타난 신들의 모임의 특징들을 담고 있다. 하지만 시편 82편의 천상회의는 다신론적인 개념이 아니라 유일하신 하나님, 여호와에 대한 신학적 배경이 있다."고 말한다.

1절에서 말하는 모임은 권위 있는 결정을 하며, 그 결정을 행하는 의회를 말하는 것으로서, 세상을 통치하는 신들의 모임을 의미하는데, 6절에서 "너희는 신들이며, 지존자의 아들들이라"고 말하고 있기 때문이다. 그리고, 기민석에

---

3) Kee Min-Suc, A Study of the Heavenly Council, 152. 재인용: 정찬식, "구약성서에 나타난 천상회의…", 35.

4) 정찬식, "구약성서에 나타난 천상회의에 대한…", 36.

의하면, 여기서의 신들은 "하나님이 아닌 여러 신들을 의미하며, 지존자의 아들들은 우가릿 문헌에서 최고 신중 하나인 엘 외에 신들의 회의에 참석한 다른 신들을 '엘의 아들들'로 표현한 것과 같이 여호와의 천상회의에 모인 하나님이 아닌 다른 신족 존재들을 의미"한다. 8절에서 "하나님이여 일어나사 세상을 심판하소서"라고 말하는 것은, 천상회의의 기능 중 하나인 재판을 하는 모습을 나타내며, 여호와가 천상회의의 최고의 신이며, 최고의 권위를 갖기 때문에 세상에 통치의 주권이 여호와에게 있음을 나타내는 것이다. 따라서 시편 82편은 고대 근동 문헌에 나타난 신들의 모임의 특징들을 담고 있다. 하지만 시편 82편의 천상회의는 다신론적인 개념이 아니라 유일하신 하나님, 여호와에 대한 신학적 배경이 있다.[5]

한편, 시편 89:5-7은 82편과는 달리 부분적으로 여호와의 천상회의에 대한 표현들을 가지고 있다. 그것은 우주의 통치하시는 여호와를 찬양하는 내용인 6-15절의 부분으로서, 주제는 하늘의 거룩한 자들, 즉 신적인 존재들 중에서 뛰어나신 여호와의 통치권을 나타내는 것이다.

여호와여 주의 기사를 하늘이 찬양할 것이요 주의 성실도 거룩한 자의 회중에서 찬양하리이다. 대저 궁창에서 능히 여호와와 비교할 자 누구며 권능 있는 자 중에 여호와와 같은 자 누구리이까. 하나님은 거룩한 자의 회중에서 심히 엄위하시오며 둘러 있는 모든 자 위에 더욱 두려워할 자시니이다. (시89:5-7)

위의 시에 있어서 "89:5에 쓰인 모임은 회의라는 의미"를 가지고 있으며, 개역개정 성경은 6절을 "신들 중에서 여호와와 같은 자"로 말하고 있지만, BHS 7절은 "신들의 아들 중에서 여호와와 같은 자"로 말한다. 이 구절에 사용된 신들의 아들이라는 말은 하늘에 있는 여러 신적인 존재들 중에서 여호와의 우월성을 높이는 것으로, 여러 신적 존재들이 있음을 전제로 하는 말이다. 또한 "둘러 있는 모든 자"도 아웨 주변에 있는 신적 존재들을 나타낸다. 이렇게 시

---

5) Kee Min-Suc, "A Study of the Heavenly Council", 224. 재인용: 정찬식, "구약성서에 나타난 천상회의⋯", 37.

편 89:5-7은 여호와의 천상회의를 단편적으로 나타낸다.[6]

다. 선지자들의 소명기사에 나타난 천상회의 (사6장, 렘23장, 단7장, 슥3장)

이사야 6장은 이사야의 '소명 기사'로서 이사야가 하늘에 계신 하나님과 그의 스랍들을 보고 자신의 입술이 깨끗하게 정함을 받게 되며 하나님의 말씀을 전하는 선지자로서의 일을 시작하는 부분이다. 그 내용은 다음과 같다.

> 웃시야 왕의 죽던 해에 내가 본즉 주께서 높이 들린 보좌에 앉으셨는데 그 옷자락은 성전에 가득하였고, 스랍들은 모셔 섰는데 각기 여섯 날개가 있어 그 둘로는 그 얼굴을 가리었고 그 둘로는 그 발을 가리었고 그 둘로는 날며, 서로 창화하여 가로되 거룩하다 거룩하다 거룩하다 만군의 여호와여 그 영광이 온 땅에 충만하도다.… 때에 그 스랍의 하나가 화저로 단에서 취한바 핀 숯을 손에 가지고 내게로 날아와서 그것을 내 입에 대며 가로되 보라 이것이 네 입에 닿았으니 네 악이 제하여졌고 네 죄가 사하여졌느니라 하더라.…(사 6:1-8)

많은 학자들은 이사야 6장을 천상회의의 하나라고 말하는데, 정찬식은 1-2절은 "하늘의 보좌가 있는 공식 알현실의 장면"이라고 말하며, 3-4절에서는 "이 장소에서 발언된 말을 묘사한다"고 한다. 그리고 "결정으로 이어지는 토론은 없고 다만 결정된 바가 선포"되며, "스랍들은 그저 하나님의 거룩하심과 영광을 찬양하는 합창으로 그 결정을 지지한다"고 말한다.[7]

이스라엘 선지자들에게는 기본적으로 천상회의에 대한 개념이 존재한 듯 보인다. 열왕기상 22장에서 이미 언급되었듯이 이 천상회의에 참여함을 통해서 장래를 예언할 수 있기 때문이다. 예레미야도 자신의 예언을 이러한 차원에서 언급한다. 그것을 시사하는 내용들은 다음과 같다.

---

6) 정찬식, "구약성서에 나타난 천상회의…", 38.

7) 정찬식, "구약성서에 나타난 천상회의…", 39.

누가 여호와의 회의에 참예하여 그 말을 알아들었으며 누가 귀를 기울여 그
말을 들었느뇨 (렘 23:18)
그들이 만일 나의 회의에 참예하였더면 내 백성에게 내 말을 들려서 그들로
악한 길과 악한 행위에서 돌이키게 하였으리라.(렘 23:22)

다니엘 7:9-14의 장면은 "내가 보았는데"로 시작하는 다니엘의 환상이 등장
한다. 여기서 "옛적부터 항상 계신 이가 보좌에 앉아 있는 표현은 불의 보좌에
앉아 계신 하나님에 대한 묘사"이며, "그 보좌에 앉아 있는 이를 섬기는 존재
들과 그 앞에 선 존재들이 있다는 것은 여호와 주변에 다른 신적 존재들이 있
다는 것"을 의미한다.8) 한편, 다니엘 7장의 내용은 다음과 같다.

내가 보았는데 왕좌가 놓이고 옛적부터 항상 계신 이가 좌정하셨는데 그 옷은
희기가 눈 같고 그 머리털은 깨끗한 양의 털 같고 그 보좌는 불꽃이요 그 바
퀴는 붙는 불이며, 불이 강처럼 흘러 그 앞에서 나오며 그에게 수종하는 자는
천천이요 그 앞에 시위한 자는 만만이며 심판을 베푸는데 책들이 펴 놓였더
라.… 내가 또 밤 이상 중에 보았는데 인자 같은 이가 하늘 구름을 타고 와서
옛적부터 항상 계신 자에게 나아와 그 앞에 인도되매, 그에게 권세와 영광과
나라를 주고 모든 백성과 나라들과 각 방언하는 자로 그를 섬기게 하였으니
그 권세는 영원한 권세라 옮기지 아니할 것이요 그 나라는 폐하지 아니할 것
이니라. (단 7:9-14)

그리고 이에 대해 정찬식은 "고대 근동 문헌들에서 여러 신들이 모여서 신들의
회의를 통해 하늘과 땅의 운명을 결정하듯이, 다니엘의 환상에서 여호와와 많
은 신적 존재들이 모여 재판을 하는 모습 역시 여호와 하나님과 신적 존재들의
천상회의를 나타낸다."9)고 말한다.

스가랴 3장은 스가랴 선지자의 환상이 등장한다. 여호와의 사자 앞에서 있는

---

8) 존 E. 골딩게이, 『다니엘』, 채천석 역, (솔로몬, 2008), 305. 재인용: 정찬식, "구약성서에
   타나난 천상회의…", 41.

9) 정찬식, "구약성서에 타나난 천상회의…", 41.

대제사장 여호수아, 여호와와 그 주변에 있는 신적 존재들, 말씀하시는 여호와를 나타내고 있다. 이 장면 역시 랄프 스미드는 "여호와 하나님의 천상회의 장면이다"[10]고 말한다.

> 대제사장 여호수아는 여호와의 사자 앞에 섰고 사단은 그의 우편에 서서 그를 대적하는 것을 여호와께서 내게 보이시니라. 여호와께서 사단에게 이르시되 사단아 여호와가 너를 책망하노라 예루살렘을 택한 여호와가 너를 책망하노라. 이는 불에서 꺼낸 그슬린 나무가 아니냐 하실 때에 여호수아가 더러운 옷을 입고 천사 앞에 섰는지라. 여호와께서 자기 앞에 선 자들에게 명하사 그 더러운 옷을 벗기라 하시고 또 여호수아에게 이르시되 내가 네 죄과를 제하여 버렸으니 네게 아름다운 옷을 입히리라 하시기로 내가 말하되 정한 관을 그 머리에 씌우소서 하매 곧 정한 관을 그 머리에 씌우며 옷을 입히고 여호와의 사자는 곁에 섰더라. 여호와의 사자가 여호수아에게 증거하여 가로되, 만군의 여호와의 말씀에 네가 만일 내 도를 준행하며 내 율례를 지키면 네가 내 집을 다스릴 것이요 내 뜰을 지킬 것이며 내가 또 너로 여기 섰는 자들 중에 왕래케 하리라. 대제사장 여호수아야 너와 네 앞에 앉은 네 동료들은 내 말을 들을 것이니라 이들은 예표의 사람이라 내가 내 종 순을 나게 하리라
> 만군의 여호와가 말하노라 내가 너 여호수아 앞에 세운 돌을 보라 한 돌에 일곱 눈이 있느니라 내가 새길 것을 새기며 이 땅의 죄악을 하루에 제하리라. 만군의 여호와가 말하노라 그 날에 너희가 각각 포도나무와 무화과나무 아래로 서로 초대하리라 하셨느니라. (슥3:1-10)

위의 스가랴 3장은 장차 이 땅에 나타날 일이 '천상회의'에서 결정되는 것을 나타내고 있는데, 이에 대해 랄프-스미드는 그의 주석에서 다음과 같이 말한다.

> 1, 4절에 있는 사단과 천사, 여호와 앞에 선 자들은 바로 신적 존재들을 의미한다. 고대 근동 문헌에서 알 수 있듯이, 최고의 신 앞에 서 있는 신적 존재들

---

10) 랄프 스미드, 『미가-말라기』, 채천석, 채훈 역 (서울: 솔로몬, 2001), 286-287.

은 천상회의의 모형을 나타내는 것이다. 2절에 여호와께서 사탄을 책망하시는 모습 역시 마찬가지이다. 이 장면은 사탄의 등장, 하나님과 사탄 외에 다른 신적 존재들의 존재, 여호와가 사탄에게 말씀하시는 모습은 욥기 1, 2장의 장면과 흡사하다.⋯ 5절의 "내가 말하되"라는 표현은, 스가랴가 회의 중에 일어서서 그 진행을 중단시키고 "정한 관을 그 머리에 씌우소서"라고 말하는 것을 가리킨다.⋯6-7절의 "만군의 여호와의 말씀에 내가 만일 내 도를 준행하며 내 율례를 지키면 네가 내 집을 다스릴 것이요 내 뜰을 지킬 것이며 내가 또 너로 여기 섰는 자들 중에 왕래케 하리라"고 하는 약속이 이루어지고, 8절에서 여호와의 종인 "순"과 9절에서 구속의 일곱 돌이 열려 물이 나올 때 모든 사람들은 평화와 안전, 풍요 속에 거하게 될 것임을 나타내는 이상과 신탁의 배경을 하늘 회의의 결정으로 이루어지는 것을 알 수 있다.⋯8-10절은 여호와께서 앞으로 결정하셨으며, 앞으로 하실 일에 대한 선언이다.11)

라. '여호와'와 '천사들'의 관계

만일 천상의 총회가 존재하며, 그곳에 여호와께서 왕으로 좌정하여 계신다면, 이제 이 여호와와 천사들의 관계는 어떠한가? 우리는 이 천사들이 어떻게 존재하게 되었는지 그 계보를 알 수는 없다. 지음 받은 자는 지은 자를 알 수 없는 것이 일반적인 상식으로 보인다. 따라서 천사들도 자신들의 존재를 설명하지 못한다. 신화 속의 신들도 자신들이 어떻게 존재하게 되었는지를 설명하지 못하고, 자신 이후의 계보에 대해서만 말할 뿐이다. 이것은 감취어진 신비이다.

한편, 이에 대해서도 우리는 우리 안에 주어진 선험성을 기반으로 하여서 추론만 할 수 있을 뿐이다. 그 추론은 대략 '존재하는 모든 것'은 스스로 존재하든지, 아니면 누군가에 의존하여 존재하고 있다는 것이다. 이 추론은 고대 철학자들이 지속적으로 논의의 주제로 삼았으며, 이에 대한 반론은 존재하지 않았다.

이때 대체로 신들의 모든 이름들은 자신의 역할과 이름이 같다. 예컨대, 시간의 신은 헬라어로는 크로노스이며, 혼돈의 이름은 히브리식 이름으로는 '떼홈'이며, 수면의 이름은 가나안에서는 '얌'이다. 이와 같이 자신의 역할과 이름은

---

11) 랄프 스미드, 『미가-말라기』, 채천석, 채훈 역 (서울: 솔로몬, 2001), 286-287.

같다. 그렇다면, '존재'의 이름은 무엇인가? 그것은 '여호와'이다. 즉, '여호와'는 모든 신들을 존재하게 한 신이다. 그렇기 때문에 이 모든 천사들을 있게 한 존재는 '여호와'인 것이다.

또한, 이 존재자는 모든 만물들에게 존재를 제공하고, 그대로 모든 관계가 종결되는가? 그렇지 않다. 그 존재는 계속해서 공급되어야 한다. 이 존재가 공급되지 않으면, 그 모든 존재들은 다시 소멸해 버리는 것이다. 따라서 모든 존재를 유지하길 원하는 자들은 이 존재자에게 속하여야 한다. 엘로힘의 세계 속에 어떤 이야기가 담겨 있는 지는 우리는 모른다. 우리는 그 결과만 아는데, 타락하지 않은 모든 엘로힘들은 여호와와 서로 사랑함으로 하나되어서 존재하고 있다는 것이다. 그래서, 이들은 하나가 되어서 존재한다. 우리는 이러한 가정 하에서 '여호와'와 '엘로힘'을 파악하고 있는 것이다.

마. '천상의 어전회의'를 내포하고 있는 '엘로힘'이라는 용어

'엘로힘'은 "여호와와 그에게 속한(부속된) 총회(천군과 천사들, 혹은 신들)"이면서, '천사'들이 자신의 고유한 인격과 실체가 있다면, '엘로힘'이라는 용어에는 이미 '천상회의'라는 개념이 포함되어 있다. 여호와가 스스로 결정하여 움직이지만, 천군천사들이 이 결정에 대동하는 경우도 여기에 포함된다.

그리고, 만일 '엘로힘'이라는 명칭 안에 '천상회의'의 개념이 내포되어 있다면, 이제 창세기 1장의 배경은 '천상의 어전회의'를 가지고 있어서, 창세기 1장은 '어전회의록'의 성격을 가지며, "창세기 1장의 '말하다(אָמַר)'"는 "모든 천군과 천사들을 대동한 여호와"의 '칙령'이 되는 것이고, 창세기 1장 26절의 하나님의 형상으로서의 인간 창조와 문화명령(아담언약)은 "왕이신 하나님과 아담 간의 종주권 계약 혹은 왕의 봉토 하사"가 되는 것이다. 창세기 1장을 이러한 형태로 이해해야 할 필요성이 존재하는 것이다.

3. 엘로하 하나님, 여호와

가. 욥기 1장에 나타난 '천상회의'

여호와의 전형적인 '천상회의'가 욥기에 등장한다. 여기에는 '여호와'와 '그의 총회'로서의 '천사들'이 등장하며, '사탄'까지도 등장한다. 그리고, 이곳에서의 결정에 의하여 지상에서의 욥의 삶이 결정된다. 이것이 하늘과 땅의 구조이다는 것이다.

> 하루는 하나님의 아들들이 와서 여호와 앞에 섰고 사단도 그들 가운데 왔는지라. 여호와께서 사단에게 이르시되 네가 어디서 왔느냐 사단이 여호와께 대답하여 가로되 땅에 두루 돌아 여기 저기 다녀왔나이다. 여호와께서 사단에게 이르시되 네가 내 종 욥을 유의하여 보았느냐 그와 같이 순전하고 정직하여 하나님을 경외하며 악에서 떠난 자가 세상에 없느니라. 사단이 여호와께 대답하여 가로되 욥이 어찌 까닭 없이 하나님을 경외하리이까. 주께서 그와 그 집과 그 모든 소유물을 산울로 두르심이 아니니이까 주께서 그 손으로 하는 바를 복되게 하사 그 소유물로 땅에 널리게 하셨음이니이다. 이제 주의 손을 펴서 그의 모든 소유물을 치소서 그리하시면 정녕 대면하여 주를 욕하리이다. 여호와께서 사단에게 이르시되 내가 그의 소유물을 다 네 손에 붙이노라 오직 그의 몸에는 네 손을 대지 말지니라 사단이 곧 여호와 앞에서 물러가니라 (욥 1: 6-12)

데이빗 J.A. 클린스는 그의 『욥기』주석에서 여호와의 '천상회의'에 대해서 "고대근동신화에서 발견하는 유사한 신들의 회의의 모습을 발견한다"고 하며, 다음과 같이 말한다.

> 6절의 천상회의 모임에서 '하나님의 아들들'이 여호와의 좌정한 모습에 둘러서 있는 신하들의 태도를 연상하게 한다.…그리고 여기에 함께 왔던 구성원 가운데 사탄이 함께 있었다. 그런데 여기서 사탄의 역할은 호기심을 자극한다. 그가 자신의 주에게 말하는 자유로움, 그가 그분에게 미칠 수 있는 영향, 그리고 그에게 주어지는 절대 권한 등 이 모든 것이 구약의 세계보다는 다신론 문화에 더 잘 맞는 것 같다. 비록 엄격한 의미에서는 여기서 유일신 신앙이 도전 받고 있지 않지만, 본 장면은 정신적으로 메소포타미아의 하늘이나 가나안의 '북쪽 높은 곳' 혹은 그리스 올림푸스 신전에서나 만나는 신들의 모임을 반영한다.12)

구약성경의 "여호와와 그의 천상총회"의 개념은 다른 신화의 세계에서도 어렴풋하게 있었던 것이다. 우리 인간의 선험성에 이미 그러한 신 지식이 주어져 있기 때문이다.

나. 욥기에 나타난 하나님의 이름들

욥기에는 여호와의 이름이 거의 나타나지 않는다. 맨 앞에서 하늘천상총회를 말할 때 몇 번 나타나고, 맨 마지막에서 나타날 뿐이다. 욥과 그의 친구들과의 대화에서는 '엘로하'가 이제 최고신으로 나타난다. 구약성경에서 '엘로하'라는 이름은 몇 개를 제외하고는 욥기에서만 집중적으로 나타난다.

추정컨대, 욥기는 도량 단위 등을 보았을 때, 족장시대에 해당하며, '에돔' 등이 나타나는 것으로 보아 아브라함 바로 다음 세대로 보인다. 그런데, 이 시기에 아브라함의 후손들은 야곱의 때에 모두 애굽으로 내려가 버렸다. 그런데 가나안에는 아브라함의 때에 멜기세덱이 존재하였던 것처럼, 지혜자들이 존재하였다. 특히 욥이 우거한 에돔의 우스가 그러한 지역이었다.(욥 1:8-9) 여기에서 욥은 동방의 의인이다. 이들은 이 가나안 땅에서 '엘로힘' 신앙을 가진 자들이었다. 그런데, 이들의 용어사용을 보면, 이 '엘로힘'을 '엘로하'와 '엘'으로 구분하여 사용하고 있는 것이다. 더 나아가 욥은 '엘로하'로서의 '여호와'의 이름도 알고 있다. 그리고 이들은 '엘'이라는 이름도 사용하는데, 당시에 가나안의 종교가 '엘' 신앙이기 때문이었다. 그래서 이들의 대화를 들어보면, 이 하나님의 이름을 통하여 하늘나라의 질서와 정황들을 알 수 있다.

먼저, 여호와의 이름이다. 이 여호와의 이름은 맨 앞에서 '천상회의'에서 주인공으로 등장한다. 여호와가 천상회의를 주재하는 것이다. 여기에 사탄이 와서 욥을 정죄한다. 이때 사탄만 온 것이 아니라, 하나님의 아들들이 함께 온다. 이때 여호와의 이름은 세 차례 정도 언급된다. 그 다음에 욥에게 환란이 내리자, 욥이 고백할 때 "주신 이도 여호와시오, 거두신 이도 여호와시니, 여호와의 이름이 찬송을 받으실지라"(욥 1:21)는 위대한 고백을 한다. 그 다음 욥기 내내

---

12) 데이빗 J.A. 클린스, 『욥기(상)』, 202-203.

여호와의 이름은 언급되지 않는다. 이때 욥의 친구들은 여호와 대신에 최고신을 의미하는 엘로하라는 이름을 사용한다.

그리고 이제 욥기가 끝나갈 무렵에 여호와께서 폭풍 가운데 욥에게 나타나신다. 욥기 40장이 여호와와욥의 대화 내용인데, 여기에서 여호와의 이름이 10번 정도 나타난다. 욥은 번제를 욥기 1장에서는 엘로힘에게 드렸는데, 이때는 번제를 여호와께 드린다. 그리고 욥의 세 친구도 여호와께 제사를 드린다.

두 번째로 등장하는 하나님의 이름이 '엘로힘'이다. '엘로힘'이라는 이름도 여호와의 이름이 나타날 때 함께 언급된다. 이 '엘로힘'이 하늘의 천상회의이기 때문이다. 이 '엘로힘'에 의해 세계가 다스려진다. 그런데, 이 엘로힘은 모든 세계와 개인들의 수호신들의 연합체이다. 여기에서 합의가 되면, 이제 땅에 실행이 되어진다.

그래서 인생들은 이 엘로힘 앞에서 의로와야 한다. 이것은 매우 어렵다. 이 세계에서 많은 사람들과 집단들이 있는데, 이들의 수호신들이 하늘에서 천상회의를 한다. 그래서 땅에서 인생들끼리 충돌이 발생하면, 하늘에서 수호신들끼리 논쟁이 벌어지는 것이다. 그래서 의로움은 나 혼자만의 의가 아니라, 이 엘로힘 앞에서의 의라야 한다. 그래서 여호와께서 사탄에게 자랑할 때, "내 종 욥을 유의하여 보았느냐, 그와 같이 온전하고 정직하여 하나님을 경외하며, 악에서 떠난 자는 세상에 없느니라"고 한다. 이때 사용하는 이름이 '엘로힘'이다.

우리의 의는 바로 이렇게 엘로힘 앞에서의 의인 것이다. 그래서 욥은 자녀들을 위해 '번제'를 드렸는데, '엘로힘' 앞에서 번제를 드렸던 것이다.

그리고 사탄이 두 번째 찾아와서 욥을 정죄할 때, 사탄만 혼자오는 것이 아니라, 하나님의 아들들도 함께 와서 욥을 정죄한다.(욥기 2:1) 이때의 하나님의 아들들에서 말하는 하나님은 '엘로힘'이다.

그리고 이제 욥에게 벌을 내릴 때, 하나님의 불이 하늘에서 내려오는데, 이때의 하나님도 '엘로힘'이다. 즉, 심판을 하시는 분은 엘로힘이다. 그리고 창조를 하시는 이도 엘로힘이다. 하늘의 천상회의를 통해 창조와 심판이 진행되는 것이다. 창세기 1장에서 세계의 창조 때 '엘로힘'의 이름이 사용된다. 여호와께서 천상회의를 통해 창조를 하는 것이다. 사람을 창조할 때에는 '여호와 하나님(엘로힘)'이라는 용어를 사용한다. 이때도 창조이므로 엘로힘이 들어가는 것이다.

욥기 3장부터 이제 '엘로하'라는 이름이 본격적으로 등장한다. '엘로하'라는 이름은 '최고신'이라는 의미인데, 이것은 고유명사가 아니라 보통명사이다. 그래서 그의 친구들도 이 개념을 알아듣는다. 그런데, 이 최고신의 이름은 거의 욥에 의해서 거론된다. 욥은 이 최고신과 직접적으로 맞닥뜨릴 때에는 여호와 라는 이름을 사용하고, 멀리서 바라보며, 친구들과 대화할 때에는 '엘로하'라는 이름을 사용하고 있는 것이다. 그런데, 중요한 것은 이 욥은 이 최고신을 자신의 수호신으로 알고 있다는 것이다.

'엘'이라는 이름은 욥의 다른 친구들이 부르는 하나님이다. 당시 가나안의 종교는 '엘'종교였는데, 가나안에서 하나님을 찾는 자들은 '엘'이라는 이름을 쓴다. 즉 자신들의 수호신이 '엘'인 것이다.

이것은 욥과 엘리바스와의 대화에서 나타나는데, 엘리바스가 욥에게 하는 말을 요약하면, "너는 자꾸 엘로하를 거론하는데, 그 앞에서는 그의 의가 너무도 끝이 없어서 '엘로하 앞에서 다 멸망하고 사라진다'(욥 4:9). '어찌 엘로하보다 의롭겠느냐, 어찌 그 창조하신 이보다 깨끗하겠느냐'(욥 4:17)"라고 말한다. 그래서 "나 같으면 '엘 하나님'을 찾겠고, 내 일을 '엘로힘 하나님'께 의탁하리라"(욥 5:8)고 말한다.

욥과 그의 세 친구 간에 격론이 벌어지는데, 결국 욥은 엘로하를 자기의 수호신이라고 말하며, 세 친구는 당시의 엘 종교에 따라 엘을 수호신이라고 말하고 있는 것이다. 욥의 세 친구는 욥이 자신의 수호신으로서 자꾸 엘로하를 거론하기 때문에 욥에 대해서 교만하다고 말하며, 책망을 하는 것이다.

그래서 욥기의 3장부터 37장까지의 모든 대화의 내용에서 나타나는 하나님의 이름은 '엘로하' '엘' '엘로힘'인 것이다. 그 중에서도 주로 '엘로하'와 '엘' 하나님이 주를 이루어 등장한다. '엘로힘'의 이름은 몇 번 등장하지도 않는다.

우리는 이것을 통해 하늘나라의 구조를 알 수 있다. 모든 영혼들과 집단들의 수호신이 '엘'이다. 또 이들은 여기에 그치지 않고, 자연만물의 '하나님'이기도 하다. 이들이 창조의 직접적인 당사자들이다. 모든 인생들 위에 이 '엘'이 수호신으로 존재한다. 그들이 하늘에서 끝없이 그들의 입장을 '엘로힘'의 하늘천상회의에서 거론한다.

그런데, 욥 혹은 오늘날의 그리스도인들은 자꾸 최고신을 자신의 수호신으로 삼으려 한다. 그래서 욥과 그의 세 친구는 자꾸 충돌을 한다. 그런데, 이제 맨 마지막에 여호와가 나타나서 욥의 세 친구를 책망한다. 욥의 편을 든 것이다. 즉 엘로하, 여호와가 욥의 수호신이었던 것이다. 이것이 욥기 3장에서 37장까지의 주된 본질이다. 욥기에서 '엘로하 하나님'은 41회 등장하며, '엘 하나님'은 52회 등장한다. '엘로힘 하나님'은 욥기 1-2장에 7회 등장하고, 나머지 장에서 6회 등장할 뿐이다. 결국 욥기는 수호신 논쟁인 것이다. 우리 그리스도인들은 '엘로하 하나님, 여호와'를 우리의 수호신으로 삼는 무리들인 것이다.

다. 욥기에 나타난 '엘로하' vs '엘'

욥의 친구들의 말을 자세히 들어보면, 그들은 하늘의 하나님을 찾을 때, 제신들 중에서 자신의 수호신을 찾는다. 이것은 여호와께서 우리 모두에게 붙여주신 자신의 어깨 위의 천사를 찾는 것이다. 그러나 이들 수호신들은 여호와와 우리 사이의 전령들이다. 그리스 신화에서는 이들을 가리켜서 '헤르메스(전령의 신)'라고 불렀다. 그런데, 욥은 최고신을 자신의 진정한 수호신으로 찾고, 그와 거래를 하려한다는 것이다. 하늘 위의 높은 보좌에 앉으신 그 분을 곧바로 찾아간다는 것이다. 이에 대해 욥의 세 친구들은 반발을 하고 있는 것이다.

욥은 자신의 징계를 '엘로하 하나님'이라고 말한다. 그래서 자신에게 발생한 일이 '엘로하 하나님'의 행사라는 것이다. 욥기 3-4장에서 다음과 같이 말한다.

그 날이 캄캄하였었더라면, 하나님(אֱלוֹהַּ)이 위에서 돌아보지 마셨더라면, 빛도 그 날을 비취지 말았었더라면, (욥 3:4)
하나님(אֱלוֹהַּ)에게 둘러 싸여 길이 아득한 사람에게 어찌하여 빛을 주셨는고 (욥 3:23)
다 하나님(אֱלוֹהַּ)의 입 기운에 멸망하고 그 콧김에 사라지느니라. (욥 4:9)
인생이 어찌 하나님(אֱלוֹהַּ)보다 의롭겠느냐 사람이 어찌 그 창조하신 이보다 성결하겠느냐. (욥 4:17)

이에 대해 엘리바스는 그 징계를 벗어나는 방법으로는 '엘 하나님'에게 부탁하고, '엘로힘 하나님'께 의탁하라고 말한다. 엘리바스도 '엘로하 하나님'의 징계에 대해 욥에게 동의한다. 그런데, 엘리바스는 우리들의 수호신으로서 엘 하나님을 바라보고 있는 것이다. 여기에서 욥과 신학적인 논쟁이 시작된 것이다. 다음은 엘리바스의 말이다.

> 나 같으면 하나님(אֵל)께 구하고 내 일을 하나님(אֱלֹהִים)께 의탁하리라. (욥 5:8)
> 볼지어다 하나님(אֱלוֹהַּ)께 징계 받는 자에게는 복이 있나니 그런즉 너는 전능자의 경책을 업신여기지 말지니라. (욥 5:17)

라. 욥의 하나님과 친구들의 하나님

욥은 위의 엘리바스의 말에 대해 "엘로하 하나님이 나를 쳤다"고 말한다. 그런데, 그렇다고 할지라도 "자신이 거룩하신 이의 말씀을 거역하지 아니하였다"고 말한다. 여기에서 '거룩하신 이'는 '엘로하 하나님'을 말한다.

> 전능자의 살이 내 몸에 박히매 나의 영이 그 독을 마셨나니 하나님(אֱלוֹהַּ)의 두려움이 나를 엄습하여 치는구나.(욥 6:4)
> 하나님(אֱלוֹהַּ)이 나의 구하는 것을 얻게 하시며 나의 사모하는 것 주시기를 내가 원하나니, 이는 곧 나를 멸하시기를 기뻐하사 하나님(אֱלוֹהַּ)이 그 손을 들어 나를 끊으실 것이라. 그러할지라도 내가 오히려 위로를 받고 그칠 줄 모르는 고통 가운데서도 기뻐하는 것은 내가 거룩하신 이의 말씀을 거역하지 아니하였음이라.(욥 6:8-10)

욥이 자꾸 자신은 '엘로하 하나님'께 죄를 짓지 않았다고 말한다. 욥은 자신이 마음으로 '전능자'와 교통을 하였던 것이다. 그런데 이제 그 '전능자 경외하기'를 잃어버리게 되었는데, 그의 친구들 마저도 "남의 말을 꾸짖을 생각만 한다"고 말한다.

낙심한 자가 비록 전능자를 경외하기를 저버릴지라도 그의 친구로부터 동정을 받느니라.… 옳은 말이 어찌 그리 고통스러운고, 너희의 책망은 무엇을 책망함이냐. 너희가 남의 말을 꾸짖을 생각을 하나 실망한 자의 말은 바람에 날아가느니라. 너희는 고아를 제비 뽑으며 너희 친구를 팔아 넘기는구나.(욥 6:14-27)

이제 수아 사람 빌닷이 욥을 꾸짖는데, 이때의 책망도 모두 "네가 엘 하나님을 찾으라"는 것이다.

하나님(האל)이 어찌 심판을 굽게 하시겠으며 전능하신 이가 어찌 공의를 굽게 하시겠는가.(욥 8:3)
네가 만일 하나님(אל)을 부지런히 구하며 전능하신 이에게 빌고 (욥 8:5)
하나님(אל)을 잊어버리는 자의 길은 다 이와 같고 사곡한 자의 소망은 없어지리니 (욥 8:13)
하나님(אל)은 순전한 사람을 버리지 아니하시고 악한 자를 붙들어 주지 아니하신즉(욥 8:20)

지금 위의 본문들에 의해서 살펴볼 수 있는 것은 욥은 항상 '엘로하 하나님, 여호와'를 마음에 두고, 그와 믿음으로 교통을 하며 살아온 것이다. 그리고 이에 대한 확신을 갖게 되었다. 그는 '지존하신 하나님'과 교통을 한 것이다. '아브라함의 하나님'(창 17:1)과 동일한 하나님이다. 이 하나님을 자신의 수호신으로 삼은 것이다. 그런데, 욥의 친구들은 막연히 '하늘'을 바라보고, 그곳에서 자신들의 수호신을 찾았다. 욥의 친구들은 욥이 '전능자'와 교통하는 것이 못마땅한 것이다. 그럼에도 욥은 계속하여 자신이 '엘 하나님'께 완전하지 못할지라도, 여전히 '엘로하 하나님'께 도움을 구한다. 그러면서 욥은 이제 '엘로하 하나님'과 교제하였던 자신이 이제는 조롱거리가 되었다고 한탄한다.

내가 진실로 그 일이 그런 줄을 알거니와 인생이 어찌 하나님(אל) 앞에 의로우랴.(욥 9:2)
내가 하나님(אלוה)께 아뢰오리니 나를 정죄하지 마옵시고 무슨 연고로 나로 더

불어 쟁변하시는지 나로 알게 하옵소서. (욥 10:2)

하나님(אֱלוֹהַּ)께 불러 아뢰어 들으심을 입은 내가 이웃에게 웃음 받는 자가 되었으니 의롭고 순전한 자가 조롱거리가 되었구나 (욥 12:4)

이제 또 다른 친구 엘리바스도 욥이 '엘 하나님'을 간과하고, 자신만 '엘로하 하나님'을 안다고 말하는 욥을 책망한다. 이렇게 '엘로하'에게 직접 나아가는 것에 대해 "네가 '엘 하나님'의 위로와 말씀을 무시하고 있다"고 말하며, 또 다시 책망한다.

참으로 네가 하나님 경외하는 일을 폐하여 하나님(אֵל) 앞에 묵도하기를 그치게 하는구나. (욥 15:4)

하나님(אֱלוֹהַּ)의 모의를 네가 들었느냐 지혜를 홀로 가졌느냐 (욥 15:8)

하나님(אֵל)의 위로와 네게 온유하게 하시는 말씀을 네가 어찌 작다 하느냐 (욥 15:11)

네 영으로 하나님(אֵל)을 반대하고 네 입으로 말들을 내느냐 (욥 15:13)

이는 그 손을 들어 하나님(אֵל)을 대적하며 교만하여 전능자를 배반함이니라 (욥 15:25)

그는 목을 굳게 하고 두터운 방패로 하나님(אֵלִיו)을 치려고 달려가나니 (욥 15:26)

욥은 이에 대해 "나의 친구는 나를 조롱하나, 내 눈은 엘로하 하나님을 향하여 눈물을 흘린다"고 말한다. 그의 시선은 계속하여 엘로하 하나님께 머문다.

나의 친구는 나를 조롱하나 내 눈은 하나님(אֱלוֹהַּ)을 향하여 눈물을 흘리고, 사람과 하나님(אֱלוֹהַּ) 사이에와 인자와 그 이웃 사이에 변백하시기를 원하노니 (욥 16:20-21)

이러한 대화가 친구들과 계속 이어진다. 그런데, 결국 이러한 대화는 욥이 "자신은 하나님(אֱלוֹהִים) 앞에서 의롭다"는 형태가 되어 버렸다. 이에 대해 엘리후는 다음과 같이 "엘로하와 엘의 관계"를 말한다. 엘로하는 엘을 통해 역사하신다는 것이다.

> 욥이 자신을 의인으로 여기므로 그 세 사람이 말을 그치니, 람 족속 부스 사
> 람 바라겔의 아들 엘리후가 노를 발하니 그가 욥에게 노를 발함은 욥이 하나
> 님(מֵאֱלֹהִים)보다 자기가 의롭다 함이요 (욥 32:2)
> 욥이여 이것을 듣고 가만히 서서 하나님(אֵל)의 기묘하신 일을 궁구하라. 하나
> 님(אֱלוֹהַ)이 어떻게 이런 것들에게 명령하셔서 그 구름의 번개 빛으로 번쩍 번
> 쩍하게 하시는지 네가 아느냐 (욥 37:14-15)

욥은 이제 그동안 간과하였던 엘을 생각하게 되는 것이다. 하늘보좌 위에 앉
으신 엘로하와 그를 수종드는 신들로서의 엘을 모두 함께 고려하여야 한다. 이
렇게 여호와의 총회로서의 엘로힘을 고려하여야 하는 것이다. 대화가 여기에
이르렀을 때, 이제 여호와께서 폭풍 속에서 욥에게 나타나신다.

마. 욥에게 자신이 누구인지를 말씀하시는 '여호와'

여호와께서 최초의 사람에게 나타나신 것은 아브라함에게 였다. 그리고 족장
시대에 있어서는 이제 이곳에서 욥에게 나타나신다. 우리는 구약성경 여기저기
에서 '여호와'의 말씀을 들을 수 있다. 그런데, 욥기에서처럼 길게 말씀한 것은
없다. 다음의 욥기 38장과 39장 전체가 여호와 혼자서 말씀하신 것이다. 세상
의 모든 이치를 여호와께서 정하시고 만드셨다는 것이다.

> 그 때에 여호와께서 폭풍우 가운데에서 욥에게 말씀하여 이르시되, 무지한 말
> 로 생각을 어둡게 하는 자가 누구냐. 너는 대장부처럼 허리를 묶고 내가 네게
> 묻는 것을 대답할지니라. 내가 땅의 기초를 놓을 때에 네가 어디 있었느냐, 네
> 가 깨달아 알았거든 말할지니라. 누가 그것의 도량법을 정하였는지, 누가 그
> 줄을 그것의 위에 띄웠는지 네가 아느냐, 그것의 주추는 무엇 위에 세웠으며
> 그 모퉁잇돌을 누가 놓았느냐, 그 때에 새벽 별들이 기뻐 노래하며 하나님의
> 아들들이 다 기뻐 소리를 질렀느니라. 바다가 그 모태에서 터져 나올 때에 문
> 으로 그것을 가둔 자가 누구냐. 그 때에 내가 구름으로 그 옷을 만들고 흑암

으로 그 강보를 만들고, 한계를 정하여 문빗장을 지르고, 이르기를 네가 여기까지 오고 더 넘어가지 못하리니 네 높은 파도가 여기서 그칠지니라 하였노라. 네가 너의 날에 아침에게 명령하였느냐 새벽에게 그 자리를 일러 주었느냐, 그것으로 땅 끝을 붙잡고 악한 자들을 그 땅에서 떨쳐 버린 일이 있었느냐. 땅이 변하여 진흙에 인친 것 같이 되었고 그들은 옷 같이 나타나되, 악인에게는 그 빛이 차단되고 그들의 높이 든 팔이 꺾이느니라. 네가 바다의 샘에 들어갔었느냐 깊은 물 밑으로 걸어 다녀 보았느냐, 사망의 문이 네게 나타났느냐 사망의 그늘진 문을 네가 보았느냐. 땅의 너비를 네가 측량할 수 있느냐 네가 그 모든 것들을 다 알거든 말할지니라. 어느 것이 광명이 있는 곳으로 가는 길이냐 어느 것이 흑암이 있는 곳으로 가는 길이냐. 너는 그의 지경으로 그를 데려갈 수 있느냐 그의 집으로 가는 길을 알고 있느냐. 네가 아마도 알리라 네가 그 때에 태어났으리니 너의 햇수가 많음이니라. 네가 눈 곳간에 들어갔었느냐 우박 창고를 보았느냐. 내가 환난 때와 교전과 전쟁의 날을 위하여 이것을 남겨 두었노라. 광명이 어느 길로 뻗치며 동풍이 어느 길로 땅에 흩어지느냐.… 이는 하나님(אֱלוֹהַּ) 내가 지혜를 품부하지 아니하고 총명을 주지 아니함이니라.(욥 39:17)……(욥 38:1-39:30)

여호와께서 위의 일을 하신다. 그런데 이때 엘을 통해서 하신다. 결국 여호와의 총회로서의 엘로힘인 것이다. 계속 이어서 여호와께서는 욥에게 말씀하신다. 40장과 41장도 여호와의 말씀이다. 그리고 이제 결론적으로 욥이 이 여호와를 향하여 다음과 같이 말한다.

욥이 여호와께 대답하여 이르되, 주께서는 못 하실 일이 없사오며 무슨 계획이든지 못 이루실 것이 없는 줄 아오니, 무지한 말로 이치를 가리는 자가 누구니이까 나는 깨닫지도 못한 일을 말하였고, 스스로 알 수도 없고 헤아리기도 어려운 일을 말하였나이다. 내가 말하겠사오니 주는 들으시고 내가 주께 묻겠사오니 주여 내게 알게 하옵소서. 내가 주께 대하여 귀로 듣기만 하였사오나 이제는 눈으로 주를 뵈옵나이다. 그러므로 내가 스스로 거두어들이고 티끌과 재 가운데에서 회개하나이다.(욥 42:1-6)

모세가 여호와와 대화하였듯이, 이제 욥이 여호와와 대화하여 말한 것이다. 욥에게 여호와와의 대면이 믿음으로 온 것이다. "내가 주께 대하여 귀로 듣기만 하였사오나 이제는 눈으로 주를 뵈옵나이다"라고 말한다.

욥은 하늘보좌 위에 높이 들리우신 전능하신 삼위일체 하나님을 이렇게 만난 것이다. 그 전에는 '엘로하 하나님'을 바라보며 살았는데, 이제는 그 '엘로하 하나님'과 인격적인 만남을 갖게 된 것이다. 그때 나오는 호칭이 '여호와'이다. '여호와'는 '엘로하'의 이름으로서 믿음으로라도 대면하였을 때, 부르는 이름이다. 욥은 여호와를 '믿음'으로 대면한 것으로 보인다. 우리도 그리스도 안에서 이 여호와 하나님을 믿음으로 대면할 수 있는 것이다. 이것이 욥의 믿음이다.

바. 욥의 하나님 지식

욥은 맨 처음에는 엘로힘에게 번제의 제사를 드렸다. 즉, 하늘나라를 하나님으로 바라보는 신 지식이었다.

> 그들이 차례대로 잔치를 끝내면 욥이 그들을 불러다가 성결하게 하되, 아침에 일어나서 그들의 명수대로 번제를 드렸으니, 이는 욥이 말하기를 혹시 내 아들들이 죄를 범하여 마음으로 하나님(엘로힘, אֱלֹהִים)을 욕되게 하였을까 함이라 욥의 행위가 항상 이러하였더라.(욥 1:5)

그러다가 욥이 큰 재앙을 만났는데, 이때 그의 친구들은 죄를 회개하라고 하였다. 욥의 죄로 인해서 엘(אֵל)이 심판을 내렸다는 것이다. 여기에서의 엘은 일반적인 신을 말한다. 엘은 당시 가나안의 신이었다.

이에 대해 욥은 자신은 엘로하(אֱלֹהַּ, 최고신)로부터 연고 없이 직접 내려온 형벌이라고 말하였다. 욥은 평소에 최고신을 찾았던 것이다. 욥은 계속 엘로하에게 집중을 하며, 그의 세 친구들과 논쟁이 벌어졌던 것이다. 그들은 욥에게 "네가 하늘(אֵל)에 죄를 지어서 그러니, 하늘(אֵל, 엘)에 회개하라"고 말한다. 그러자 욥은 계속하여서 이것은 죄로 인한 것이 아니니, 나는 여전히 내가 내 수호신으로 섬기고 있는 '엘로하(אֱלֹהַּ, 최고신)'에게 기도하겠다고 하며, 양자간의 싸움이 붙었던 것이다. 그것이 욥기의 내용이다.

욥은 논쟁 중에 끝없이 '엘로하(חוֹלֶא, 최고신)'에게 집중하였다. 그러자 이제 그의 세 친구들도 엘 위에서 엘에게 모든 것을 위임한 엘로하에게 집중하게 되었다.

이때 여호와(존재자)가 욥에게 직접 나타나신다. 엘로하에 대한 지식이 이제는 여호와에 대한 지식으로 바뀐 것이다. 추상적 생각으로만 바라보던 그 여호와가 이제는 음성으로 나타난 것이다. 그리고 이제는 욥이 이 여호와를 믿음으로 직접적으로 바라볼 수 있게 된 것이다. '엘로하(חוֹלֶא, 최고신)'가 그에게 나타난 것이다. 그래서 이제는 욥이 여호와께 '번제'의 제사를 드린다. 그 내용은 다음과 같다.

> 내가 주께 대하여 귀로 듣기만 하였사오나 이제는 눈으로 주를 뵈옵나이다. 그러므로 내가 스스로 거두어들이고 티끌과 재 가운데에서 회개하나이다. 여호와께서 욥에게 이 말씀을 하신 후에 여호와께서 데만 사람 엘리바스에게 이르시되… 그런즉 너희는 수소 일곱과 숫양 일곱을 가지고 내 종 욥에게 가서 너희를 위하여 번제를 드리라. 내 종 욥이 너희를 위하여 기도할 것인즉 내가 그를 기쁘게 받으리니, 너희가 우매한 만큼 너희에게 갚지 아니하리라. 이는 너희가 나를 가리켜 말한 것이 내 종 욥의 말 같이 옳지 못함이라.(욥 42:5-8)

사. 드러나는 하나님의 경륜

욥은 결국 여호와 하나님의 음성을 들음을 통해서 하나님을 만나게 되었다. 욥에게 하나님의 마음이 계시된 것이다. 욥은 결국 여호와 하나님의 마음의 세계를 본 것이다. 세상의 모든 것을 친히 예정·섭리하시는 하나님의 마음을 목도한 것이다.

이 하나님의 계획·마음은 그리스도에 의해 더욱 깊고 넓게 계시되었다. 이것을 사도 바울은 경륜이라고 불렀다. 사도 바울의 이 발견으로 인해 기독교가 성립되었다. 그 경륜의 내용이 곧, 창세기 1장의 그 창조이며, 창조된 모든 세계를 친히 예정·섭리하는 것이며, 궁극적으로 새 하늘과 새 땅을 이 세계 속에 베푸는 것이다. 욥에게 드러난 하나님의 계획이 이렇게 확장되어 우리에게 계시된 것이다.

특히 사도 바울의 때에 이 하나님의 마음이 본격적으로 계시된 것이다. 이것이 우리에게 허용된 하나님의 마음이다. 우리는 이 하나님의 마음을 기도의 시간에 목도하는 것이다. 하나님 아버지의 마음 안에는 창조와 예정·섭리와 새 하늘과 새 땅이 모두 존재한다. 그것이 하나씩 이 세계 속에 꽃피어나는 것이다. 그래서 이 세계는 하나님에 비하면 점에 불과한 것이고, 이 세계는 하나님의 마음에서 흘러나와 창조된 것이며, 이렇게 이 세상에는 아무 것도 없는 상태인 무로부터 창조된 것이다.

[결 론] 우리가 만나는 하나님

우리가 만나야할 하나님은 누구이신가? 우리는 이것을 생각해 보아야 한다. 단순하게 우리의 생각 속에 떠오르는 하나님이신가? 아니면, 하늘 위 하나님 보좌에 앉으신 분이신가? 그 분의 이름이 여호와이시다. 욥기는 우리에게 이에 대해 생각하게 한다. 엘로힘 세계의 모든 신들이 다 하나님이라고 불리운다. 그리고 그렇게 우리에게 다가온다. 그러나 그 위에 이 모든 것의 근원이신 분이 계신다. 그가 '엘로하 하나님'으로서 '여호와'이시다. 우리는 이 '여호와 하나님'을 향하여 나아가는 것이다. 특히 우리는 이것을 우리의 기도의 시간에 잘 접목하여야 하겠다. 왜냐면, 우리는 기도의 시간에 하나님 보좌 우편에 앉으신 예수 그리스도와 함께 아버지께 기도하는 것이기 때문이다.

만군의 주 여호와

우리는 하나님을 보다 구체적으로 알게 되었다. 하나님은 여호와의 천상총회인 것이다. 구약성경에서 대부분의 하나님의 히브리어는 '여호와의 천상총회'로서의 '엘로힘'이다. 성경에서 '엘'과 '엘로하'는 거의 나타나지 않는다. 그런데, 오직 욥기서에서만, 욥기 1장의 하늘의 천상총회를 설명하면서 '엘로하'와 '엘'이 구분하여 나타난다. 욥은 '엘로힘' 세계의 맨 위에 계신 '엘로하'를 구하였다. 그를 그의 수호신으로 삼았던 것이다. 우리도 또한 예수 그리스도의 아버지 되신 영원한 하나님을 구체적으로 향한다. 이것이 우리의 신앙이다.

우리에게 계시된 여호와 하나님, 우리 아버지

우리는 정확히 욥기 38-39장에서 말하고 있는 그 여호와를 만나는 것이다. 우리는 삼위일체 하나님을 이렇게 인식하고 있는 것이다. 우리는 바로 이 하나님을 믿는다. 이 하나님은 누구이신가? 요한계시록 4장에 나타난 하나님 보좌에 좌정하신 분이시다. 이 분은 우리가 측량할 수 없다. 심지어 이 분을 보고는 살 자가 없다고 말한다.

우리는 이 하나님을 보아내거나 서술해 낼 능력이 없는 것이다. 그것은 보고 서술하고 단정 짓는 즉시 우리는 신성모독의 죄를 짓는 것이다. 바로 이 분이 욥에게 일정부분 계시가 된 것이다. 그것은 세상의 모든 존재들을 창조하시고, 그들의 움직임을 정하시고, 법칙을 정하신 분이시다.

우리는 이 하나님을 알 수 없다. 그러나 사도 바울에 의하면, 예수 그리스도의 성육신으로 이 분이 우리에게 알려졌다. 특히 예수 그리스도 안에서 우리를 향하신 그의 뜻이 우리에게 알려졌다. 그것이 곧 하나님의 경륜이다. 우리에게 여호와의 중요한 부분이 계시된 것이다. 우리는 이 경륜을 품고 계신 하나님 아버지를 기도의 시간에 그리스도와 함께 만나는 것이다.

이때 이 경륜의 내용이 무엇인가? 먼저 창세기 1장의 그 창조이며, 창조된 모든 세계를 친히 예정·섭리하는 것이며, 궁극적으로 새 하늘과 새 땅을 이 세계 속에 베푸는 것이다. 그 예정과 섭리 안에는 우리나라의 운명도 포함되며, 우리 개인도 포함된다. 이것이 우리에게 허용된 하나님의 마음이다. 우리는 이 하나님의 마음을 기도의 시간에 목도하는 것이다.

믿음으로 만나는 여호와 하나님

우리는 바로 이 하나님을 그리스도 안에서 믿음으로 대면하는 것이다. 우리의 대제사장 되신 분이 바로 이 분 앞에 계시기 때문이다. 우리는 기도의 시간에 하나님 보좌를 바라보며, 심지어는 그곳으로 나아가기도 하는데, 이때 우리는 그리스도 안에서 이 여호와를 찬양하는 것이다.

우리가 만일 기도의 시간에 하늘보좌 앞으로 나아가고자 한다면, 우리는 우리에게 계시된 삼위일체 하나님에 대한 지식을 견고히 하여야 한다. 이 삼위일체 하나님에 대한 지식은 기도하는 사람들에게는 실제적인 지식이라야 한다. 우리의 정신은 그리스도 안에서 하나님 보좌 앞으로 언제든지 나아갈 수 있기 때문이다.

2장 말씀 하나님(창1:1a)

[서 론] 2위 하나님, 로고스

기독교의 삼위일체론에 의하면, 여호와 하나님·말씀 하나님 및 성령 하나님이 세 개별적 실체이지만, 또한 한 실체이다고 한다. 그래서 여호와 하나님과 말씀 하나님이 각각의 실체가 있으시며, 성령 하나님도 또한 마찬가지이다.

우리는 먼저 여호와 하나님의 존재를 믿는다. 이 여호와 하나님은 1위 하나님으로서 가장 먼저 계신다. 그리고 그의 아들로서 말씀 하나님이 계신 것이다. 그러면서도 이 둘은 한 분 하나님이시다. 그러면서 여기에 성령께서도 독자적인 위를 가지고 함께 하신다. 우리는 이것이 어떻게 하늘보좌 앞에 펼쳐져 있는 지를 살펴볼 필요가 있다.

여호와 하나님 - 존재 자체이신 하나님

하늘의 하나님 보좌에는 여호와 하나님이 계시고, 그 우편에 아들 하나님이 계신다. 이것이 우리가 성경을 통해서 소개받은 지식이다. 또한 일반적으로 여호와 하나님은 더 깊은 곳에 계신다. 더 깊이 계신 이유는, 우리가 그를 우리의 생각으로 접하고, 그에 대한 판단을 내리면 그 사람이 신성모독의 죄에 빠지기 때문이다. 이 분을 생각으로라도 접하게 되면, 우리는 곧바로 추정을 해서 그를 믿게 된다. 그러면, 그러는 순간에 신성모독에 빠지는 것이다. 차라리 인생들이 생각으로 라도 추정할 수 없는 더 깊은 곳에 하나님께서 좌정하였을 때, 그것이 인생들을 보호하는 방법인 것이다. 이러한 것은 고대의 신화 속에도 잘 나타난다. 최고신이 은폐된 신의 모습으로 나타나는 이유가 이것 때문이다. 우리는 여호와 하나님을 바라보면서 이렇게 측량할 수 없는 하나님으로 바라보는 것이다.

이 분의 이름은 여호와이시다. 존재 자체라는 의미이다. 이 여호와께서 모든 존재들에게 존재를 나누어주신다. 그리고 또한 이 여호와 하나님께서는 모든 존재들에 대한 계획이 있으시다. 그에게는 모든 존재하는 것들에 대한 뜻이 있다. 욥기 38-39장은 여호와의 이러한 모습이 잘 나타나 있다. 그리고 이 하나님의 뜻이 이 세계 속에 드러나기 시작하였는데, 그것이 곧 창조였으며, 그후의 역사 속에서 나타나는 하나님의 예정과 섭리였으며, 장차 우리에게 다가올 새 하늘과 새 땅인 것이다. 그 예정과 섭리 안에는 우리나라의 운명도 포함되며, 우리 개인도 포함된다.

이때 여호와 하나님께서는 자신의 존재를 나누어주심을 통해서 무수한 존재자들을 산출해 내신다. 그 안에는 위의 경륜이 모두 반영되어 있는 것이다.

말씀 하나님 - 마음을 나누어주시는 하나님

여호와는 존재를 나누어주시는 하나님이시다. 그런데 어떤 무엇이 완전하게 존재하기 위해서는 반드시 그 존재에게는 마음이 필요하다. 그래서 시원적 존재로서 마음·말씀이 상정되는 것이다. 마음을 나누어주는 존재가 있어야 하는 것이다.

이렇게 마음을 나누어주는 존재가 곧 말씀 하나님이시다. 이 하나님의 존재는 요한복음 1장 1-4절을 통해서 '말씀 하나님'으로 나타난다. 그리고 고대의 지혜자들에게서는 잠언 8장을 통해 '지혜'로 나타난다. 여호와께서는 이 지혜를 가지고 천지를 창조하신 것이다. 잠언 8장의 '지혜'는 자신의 지혜를 만물에 나누어준다. 그리고 여호와도 이 지혜를 가지고 창조를 하시었다.

그런데, 성경에서는 이 말씀을 독생하신 하나님이라고 부른다. 여호와에 의해서 "아버지 품속에 있다가, 홀로 탄생하게" 되었는데, 예수께서는 여호와 하나님을 자신의 아버지라고 부른다. 이 아들이 지혜·마음·말씀이신데, 이 분이 아버지와 온전히 연합하여 하나가 된 것이다.

이렇게 하나님의 아들 예수께서는 아버지의 품(마음) 속에 계시다가 독생하셨기 때문에 아버지의 모든 계획을 알고 있다. 그래서 우리는 이 분이 보좌에 함께 앉으시어서 말씀을 발하시는 하나님으로 이해하고 있는 것이다.

이때 성경에서는 이 하나님의 말씀 안에 성령이 있었다고 말한다. 성령은 생명의 근원이다. 그리고 여기에서의 생명은 물질적인 생명으로 보인다. 성령 안에는 물질의 요소가 있었다.

하늘과 땅을 창조하신 하나님

아들 하나님께서는 자신의 마음·말씀을 나누어주심을 통해서 무수한 존재자들을 산출해 내신다. 그런데, 이것은 먼저 하늘에 반영되어 나타난다. 하나님의 뜻은 이렇게 하늘에서 먼저 이루어지고, 그 다음에 이것이 땅에 반영되어 나타난다. 하늘나라는 이렇게 시작되고 형성되는 것이다. 그래서 하늘나라는 여호와와 말씀 하나님의 자신을 나누어주시는 분유에 따라 형성되어 있다. 하늘나라의 모든 존재들은 이렇게 이 두 분의 분유에 따라 창조된 것이다.

요한복음 1장은 이때 말씀 안에 성령이 생명으로 계신다. 그래서 세 분에 의해 창조된 것이다. 그리고 그것은 물의 분자였다. 창세기 1장 2절에서는 "깊음의 수면 위에 성령이 운행하시니라"고 말하고 있다. 질료로서의 땅이 이렇게 창조된 것이다.

하늘에 보좌를 베푸시고 말씀을 발하시는 하나님

하나님께서는 이 하늘에 보좌를 베푸시고, 그곳에 좌정하신 것이다. 그리고 그 보좌를 둘러싼 천천만만의 천군천사들이 그 보좌를 호위하는 것이다. 이것이 곧 하늘나라이다. 하나님 보좌에 함께 앉으신 아들 하나님께서는 이제 아버지의 마음을 보고 말씀을 발하시는 것이다. 그러면 이 말씀이 하늘에서 창조를 이루고, 또한 이 세계 속에서 창조를 이루는 것이다.

그런 가운데에서 그의 계획 중 어떤 중요한 부분이 공개가 되었는데, 그것은 바로 하나님의 계획·경륜이라고 일컫는 부분인데, 창세기의 태초에서부터 계시가 되었다. 그러다가 이것이 사도 바울에 의해 적나라하게 드러났는데, 그것은 에베소서 1장과 3장을 통해 드러난 것이다. 하나님은 그리스도 안에서 선택받은 인생들을 그의 후사로 삼으신다는 것이었다. 이 하나님의 경륜을 좇아 창조가 이루어졌으며, 이 세계 속에서의 역사가 펼쳐지는 것이고, 새 하늘과 새 땅이 이 세계 속에 나타나는 것이다.

이 하나님의 경륜을 좇아 하나님 보좌 우편에 앉으신 말씀 하나님이 말씀을 발한다. 요한계시록 4장에서는 이 말씀을 "번개와 음성과 뇌성"으로 표현하고 있으며, 이에 따라 "이 세상에 보냄을 받은 성령 하나님"께서 이 말씀을 좇아 생명을 이루시는 것이다.

[소 결] 말씀 하나님과 우리의 관계

이 말씀 하나님과 우리의 관계는 무엇인가? 말씀 하나님은 모든 정신들을 창조하신 하나님이시다. 그런데 그도 육체를 입을 수 있는 한 영혼이시다. 그래서 그가 육체를 입으시었는데, 다윗의 후손 가운데 있는 예수 그리스도의 육체를 입으신 것이다. 이에 대해 로마서 1:3-4은 "그의 아들에 관하여 말하면 육신으로는 다윗의 혈통에서 나셨고, 성결의 영으로는 죽은 자들 가운데서 부활하사 능력으로 하나님의 아들로 선포되셨으니 곧 우리 주 예수 그리스도시니라"고 말하고 있다. 이 분이 우리의 신랑으로 오신 것이다.

1. 기독교의 삼위일체론

가. 니케아신조(325년)와 콘스탄티노플신조(381년)

기독교의 삼위일체론에 의하면, 여호와 하나님·말씀 하나님 및 성령 하나님이 세 개별적 실체이지만, 또한 한 실체이다고 한다. 그래서 여호와 하나님과 말씀 하나님이 각각의 실체가 있으시며, 성령 하나님도 또한 마찬가지이다.

삼위일체론은 초대 교회에서 형성되었으며, 4세기 초에 니케아 공의회(325년)와 콘스탄티노폴리스 공의회(381년)에서 공식적으로 교리가 정립되었다. 이 공의회에서 교회는 성부, 성자, 성령이 한 인격적 실체이면서, 동시에 각각 독립적인 실체를 가지고 있다는 신학적 입장을 채택했다. 그 후로 삼위일체론은 정통 기독교의 중요한 교리로 자리 잡았다. 다음은 니케아 신조의 내용이다.

[한 분 하나님] 우리는 한 분이신 전능하신 하나님, 하늘과 땅과 보이는 것과 보이지 않는 모든 것의 창조주를 믿습니다.

[예수 그리스도에 대한 신앙] 또한 한 분 주 예수 그리스도, 하나님의 외아들, 영원하신 성부에게서 나신 분을 믿습니다. 빛에서 나온 빛, 참 하나님에게서 나온 참 하나님, 창조되지 않고 나신 분이며 성부와 한 본체이십니다. 만물을 그분을 통해 창조하셨습니다. 그분은 우리 인간과 우리의 구원을 위하여 하늘에서 내려오셔서 성령으로 동정녀 마리아에게서 육신을 취하시고 사람이 되

셨습니다.…

[성령에 대한 신앙] 또한 주님이시며 생명을 주시는 성령을 믿습니다. 성령은 성부와 성자로부터 나오시며 성부와 성자와 함께 영광과 경배를 받으시고 예언자들을 통하여 말씀하셨습니다.…

콘스탄티노플 신조는 성령 부분에 대한 보완을 하였다.

[성령에 대한 신앙] 우리는 또한 성령을 믿습니다. 성령은 주님이시며 생명을 주시는 분으로, 성부와 성자로부터 나오시며, 성부와 성자와 함께 경배와 영광을 받으시고 예언자들을 통하여 말씀하셨습니다.

위의 신조는 성경의 내용을 반영한 것이다. 우리는 먼저 여호와 하나님의 존재를 믿는다. 이 여호와 하나님은 1위 하나님으로서 가장 먼저 계신다. 그리고 그의 아들로서 말씀 하나님이 계신 것이다. 그러면서도 이 둘은 한 분 하나님이시다.

우리는 이것이 어떻게 하늘보좌 앞에 어떻게 펼쳐져 있는 지를 살펴보면서 창세기 1장을 이해할 필요가 있다.

나. 그리스 철학자들의 '신' 지식과 삼위일체론

기독교의 삼위일체론에 그리스 철학이 많은 영향을 미쳤다. 일단 로고스라는 용어가 그리스 철학에서 온 용어이다. 이 로고스는 잠언 8장의 지혜와 그 맥락을 같이 한다. 따라서 우리는 먼저 그리스 철학에서 로고스 사상이 어떻게 나왔는지를 살펴보아야 한다. 그 로고스사상이 고스란히 기독교 내에 흡수되어 들어왔기 때문이다.

그리스 철학자들은 태고적 지식을 알고자 하여 신화를 연구하였다. 그들은 최초의 '아르케'가 신이라고 생각을 하였다. 아르케(Arche)는 고대 그리스 철학에서 세상의 근원, 원리, 또는 기초를 의미하는 개념으로, 초기 철학자들이 우주의 본질을 탐구할 때 사용되었다. 철학자들마다 물, 공기, 불, 무한 등의 다른 아르케를 제시하면서, 세상과 자연의 근본적인 원리가 무엇인가에 대한 다양한 설명을 시도했다.

즉, 앞에서 언급한 '떼홈(깊은 수면, 원시해양)'이 탈레스의 '물'이다. 모든 만물의 근원을 물이라고 생각한 것이다. 이 물을 나누어주는 신이 창조자인 것이다. 모든 물질의 근원이 곧 물이다.

그후 아낙시메네스는 인간의 호흡을 보면서, 모든 것의 근원은 '공기'라고 하였으며, 헤라클레이토스는 인간의 영혼에 있는 에너지를 보면서 모든 것의 근원은 '불'이라고 하였다. 즉, 최초의 호흡이 호흡을 다른 존재들에게 나누어주는 것이다. 그리고 에너지로서의 불이 불을 나누어주는 것이다.

그러다가 이 시원이 물질이 아니라, 정신적인 것으로 발전을 하게 된다. 아낙사고라스는 이 모든 것의 근원을 '누우스(Nous)'로 보았는데, 이것은 '정신, 마음, 또는 이성'을 의미한다. 아낙사고라스는 우주를 질서 있게 움직이게 하는 원동력으로 누스를 제시했다. 그는 누스를 물질적인 것이 아닌 비물질적인 원리로 보았으며, 이 누스는 우주의 혼합된 혼돈 속에 질서를 가져오는 지성적인 힘이라고 설명했다.

그리고 헤라클레이토스는 이 아낙사고라스의 '누우스'를 '로고스'라고 부르기 시작했다. 그리고 이 '로고스' 안에 '불'이 존재하는 것으로 보았다.

기독교의 세계에서 삼위일체론을 최초로 언급한 사람은 AD 2-3세기경의 오리게네스로 보여지는데, 그는 그의 삼위일체론에서 '일자(한 존재, 유대교의 여호와)'에서 '누우스(마음, 로고스)'이 나오며, 그 '로고스' 안에는 '성령(불)'이 있다는 형태로 이해를 하였다. 그리고 이것이 후대 기독교의 삼위일체론을 이루게 된 것이다. 삼위일체론은 AD 325년에 니케아 회의에서 형성되기 시작해서 AD 381년의 1차 콘스탄티노플 회의에서 확정된다.

결국 이 삼위일체론은 히브리인들의 유일신교에 헬라철학자들의 로고스가 결합된 모습을 가지고 있다. 이 삼위일체론에 의하면, 1위 하나님 여호와가 천지의 창조시에 2위 하나님 로고스를 가지고 창조를 행했다는 것이다. 그것이 곧 요한복음 1장 1-4절과 잠언 8장에 나타나는 말씀과 지혜의 개념인 것이다.

다. 신화 속의 창조의 원리

그리스 철학자들이 최초의 시원으로서 '아르케'를 찾았던 이유는 그 '아르케'는 신으로서 자신이 가진 모든 것을 분유해 준다는 것이다. 실질적으로 우리가 어떤 존재를 생각해 보면, 최초의 존재는 존재해야만 한다. 예컨대, 탈레스는 물을 만물의 근원이라고 생각했는데, 이것은 그리스 신화에 나오는 '떼홈, 혹은 티아마트'를 의미한다. 그러다가 이런 물질에서 아르케를 찾는 것이 이제 무한한 것으로 마음으로까지 올라간다. 여기에서 누우스(마음) 혹은 로고스(말씀)가 등장한다. 그러다가 궁극적으로 플라톤과 아리스토텔레스의 형상과 질료의 이론으로까지 나아가는 것이다. 그리고 형상과 질료이론은 기독교 내에 중요하게 자리잡게 되었다. 그 내용은 다음과 같다.

탈레스는 만물의 근원이 '물'이라고 주장했습니다. 그에 따르면 모든 것은 물에서 비롯되었으며, 물이 변화하여 다양한 사물이 된다고 보았다.

아낙시만드로스는 '아페이론(ἄπειρον, Apeiron)'이라는 개념을 주장했다. 아페이론은 무한하고 불명확한 것으로, 만물이 이 무한한 것으로부터 생겨났다가 다시 돌아간다고 보았다.

아낙시메네스는 아르케를 '공기'로 보았다. 그는 공기가 농축되거나 희박해지면서 다양한 사물이 된다고 생각했다.

헤라클레이토스는 변화하는 세계의 근본 원리를 '불'로 보았으며, "모든 것은 흐른다"는 철학적 격언을 남겼다. 이것이 곧 '로고스'이다.

엠페도클레스는 네 가지 요소인 '불, 물, 공기, 흙'이 아르케라고 주장했다. 이 네 가지 요소가 결합과 분리를 반복하면서 세상이 형성된다고 보았다.

피타고라스는 수를 우주의 근본 원리로 보았다. 그의 철학에서는 수와 수학적 비율이 만물의 조화를 설명하는 아르케로 간주된다.

아리스토텔레스는 '형상'과 '질료'를 아르케로 보았다. 형상은 사물의 본질을 결정하는 것이고, 질료는 그것이 구현되는 물질이다. 아리스토텔레스는 또한 '운동의 첫 원인'이라는 개념으로 아르케를 설명하기도 했다.

요약하자면, 아르케는 고대 철학자들이 세계의 근본적인 원인과 존재의 기원을 탐구하면서 제시한 개념으로, 다양한 형태와 요소로 설명되었다.

여기에서 공통적으로 출현하는 것이 곧 분유의 개념이다. 위의 아르케 중에서 '마음' '말씀' '형상'이 곧 기독교의 '로고스'와 그 기능이 유사하다. 기독교가 출현했을 당시 로마에서는 스토아 철학이 유행을 하였다. 이때의 아르케는 '로고스'였다. '로고스'가 그리스-로마 철학자들의 신이었다.

이때 유대교에서는 '로고스(말씀·마음·정신)' 보다 더 앞선 존재를 말하였는데, 그것이 곧 '존재'였다. 그리고 그 '존재'가 곧 히브리의 신 '여호와'였다. 이 '존재'는 모든 존재들이 존재하는 한 그 '최초의 존재'는 부인될 수 없다. 만일 이러한 신이 존재한다면, 그가 로고스보다 앞선 존재이다. 그런데, 이 '존재'라는 신은 BC 15세기 경에 유대인에게 계시되었다. 이 여호와가 1위 하나님이 되는 것이다.

그러나 존재만으로 어떤 것이 존재가 가능한가? 그렇지 않다. 그 존재 안에는 마음도 함께 있어야 한다. 그리고 그 마음이 현실적으로 역사하려면, 그 안에 생명도 존재하여야 한다. 이렇게 해서 "존재-마음-생명"의 세 존재가 시원으로서 각각 존재하게 되는 것이다. 그러나 순서상 1위 하나님이 존재이며, 2위 하나님이 말씀(마음)이고, 3위 하나님이 생기(생명)인 것이다.

2. 여호와 하나님

가. 여호와 하나님의 이름

모세가 하나님을 만났을 때, 하나님께 그 이름을 물었다. 그리고 우리가 여기에서 알 것은 어떤 이름은 그 실상과 일치한다는 것이다. 이것은 그 당사자가 거짓으로 말할 수 없다. 왜냐면, 이것을 안 자는 반드시 그 이름을 부르기 때문이다. 우리가 가진 언어의 선험성은 정신의 산물이기 때문에 어떤 이름을 가진 자를 부르면서, 바로 그 당사자를 응시하기 때문이다. 따라서 그 이름과 그 실상은 일치 될 수 밖에 없다.

모세가 하나님을 만났을 때, 그 이름을 물었고, 이때 하나님께서는 모세에게 "나는 스스로 있는 자니라"고 하시며, 그 이름을 '여호와'로 가르쳐 주시었다. 그 내용은 다음과 같다.

하나님이 모세에게 이르시되 "나는 스스로 있는 자이니라" 또 이르시되 너는 이스라엘 자손에게 이같이 이르기를 '스스로 있는 자'가 나를 너희에게 보내셨다 하라.(출 3:14)

וַיֹּאמֶר אֱלֹהִים אֶל־מֹשֶׁה אֶהְיֶה אֲשֶׁר אֶהְיֶה וַיֹּאמֶר כֹּה תֹאמַר לִבְנֵי יִשְׂרָאֵל אֶהְיֶה שְׁלָחַנִי אֲלֵיכֶם

위의 히브리어 본문에서 "אֶהְיֶה אֲשֶׁר אֶהְיֶה"가 "나는 스스로 있는 자이다"이다. אֶהְיֶה(예흐에, 여호와로 발전)는 "있다·이다"의 1인칭 미완료 능동형이다. "나는 계속 있는 자이다"의 의미이다. אֲשֶׁר는 관계대명사로서 뒤에 오는 문장이 앞 문장을 서술한다. 이때 뒤에 있는 문장은 또 다시 אֶהְיֶה 이다. 그래서 "나는 계속 있는 자로서 있는 자이다"라는 의미로서 그 존재를 타인에게 의존하지 않는다. 즉, 모든 존재의 시원인 것이다. 영어로는 "I am who I am"인데, 이것을 번역하면, "나는 내가(나를) 있게 하는 자이다"라고 번역할 수 있다. 다소 직역의 번역에 부족함이 존재한다. 궁극적으로, 이 본문은 "나는 스스로 있는 자이다"라고 번역되는 것이다.

나. 모든 존재의 근원으로서의 여호와

여호와 하나님은 모든 존재의 아르케이다. 모든 존재하는 자들에게 존재를 나누어줌을 통해서 모든 존재들이 있게 한 것이다. 그래서 우리가 우리의 합리성을 가지고 시원을 신으로 삼고 추적하면, 여호와가 나오는 것이다. 모든 존재는 여기에서 나올 수 밖에 없다.

다. 스스로 있는 자의 모습

이제 사람들은 이 '스스로 있는 자'를 듣고 추상하게 된다. 여호와 하나님을 보고자 하는 것이다. 이때 하나님께서 하시는 말씀은 "자신을 보고는 살 자가 없다"고 하신다.

모세가 이르되 원하건대 주의 영광을 내게 보이소서. 여호와께서 이르시되 내가 내 모든 선한 것을 네 앞으로 지나가게 하고 여호와의 이름을 네 앞에 선포하리라. 나는 은혜 베풀 자에게 은혜를 베풀고 긍휼히 여길 자에게 긍휼을 베푸느니라. 또 이르시되 네가 내 얼굴을 보지 못하리니 나를 보고 살 자가 없음이니라. 여호와께서 또 이르시기를 보라 내 곁에 한 장소가 있으니 너는 그 반석 위에 서라. 내 영광이 지나갈 때에 내가 너를 반석 틈에 두고 내가 지나도록 내 손으로 너를 덮었다가 손을 거두리니 네가 내 등을 볼 것이요 얼굴은 보지 못하리라.(출 33:18-23)

인간의 추상적 활동은 항상 한계를 지닌다. 인생들은 하늘을 바라보며, 하나님 보좌를 바라보며, 그 위에 계신 여호와를 추상하는 것이다. 그런데, 여호와에 대한 추상이 항상 부족하다. 그러면, 그들은 신성모독의 죄에 빠진다. 그래서 여호와께서는 "나를 보고는 살 자가 없다"고 하신 것이다.

라. 욥기 37·38장 : 여호와의 계획

여호와께서는 인생들에게 여호와를 향한 모든 추상적인 추정활동을 금지하신다. 여호와께서는 십계명에서 "내 이름을 망령되이 일컫지 말라"고 하신 것이다. 우리는 두렵고 떨림으로 여호와의 계신 보좌를 바라보는 것이다. 이러한 여호와께서 욥에게 음성으로 나타나신 것이다.

그 때에 여호와께서 폭풍우 가운데에서 욥에게 말씀하여 이르시되, 무지한 말로 생각을 어둡게 하는 자가 누구냐. 너는 대장부처럼 허리를 묶고 내가 네게 묻는 것을 대답할지니라. 내가 땅의 기초를 놓을 때에 네가 어디 있었느냐, 네가 깨달아 알았거든 말할지니라. 누가 그것의 도량법을 정하였는지, 누가 그 줄을 그것의 위에 띄웠는지 네가 아느냐, 그것의 주추는 무엇 위에 세웠으며 그 모퉁잇돌을 누가 놓았느냐, 그 때에 새벽 별들이 기뻐 노래하며 하나님의 아들들이 다 기뻐 소리를 질렀느니라. 바다가 그 모태에서 터져 나올 때에 문으로 그것을 가둔 자가 누구냐. 그 때에 내가 구름으로 그 옷을 만들고 흑암으로 그 강보를 만들고, 한계를 정하여 문빗장을 지르고, 이르기를 네가 여기까지 오고 더 넘어가지 못하리니 네 높은 파도가 여기서 그칠지니라 하였노라. 네가 너의 날에 아침에게 명령하였느냐 새벽에게 그 자리를 일러 주었느냐, 그것으로 땅 끝을 붙잡고 악한 자들을 그 땅에서 떨쳐 버린 일이 있었느냐. 땅이 변하여 진흙에 인친 것 같이 되었고 그들은 옷 같이 나타나되, 악인에게는 그 빛이 차단되고 그들의 높이 든 팔이 꺾이느니라. 네가 바다의 샘에 들어갔었느냐 깊은 물 밑으로 걸어 다녀 보았느냐, 사망의 문이 네게 나타났느냐 사망의 그늘진 문을 네가 보았느냐. 땅의 너비를 네가 측량할 수 있느냐 네가 그 모든 것들을 다 알거든 말할지니라. 어느 것이 광명이 있는 곳으로 가는 길이냐 어느 것이 흑암이 있는 곳으로 가는 길이냐. 너는 그의 지경으로 그를 데려갈 수 있느냐 그의 집으로 가는 길을 알고 있느냐. 네가 아마도 알리라 네가 그 때에 태어났으리니 너의 햇수가 많음이니라. 네가 눈 곳간에 들어갔었느냐 우박 창고를 보았느냐. 내가 환난 때와 교전과 전쟁의 날을 위하여 이것을 남겨 두었노라. 광명이 어느 길로 뻗치며 동풍이 어느 길로 땅에 흩어지느냐.… 이는 하나님(ㅠㅜㅈ) 내가 지혜를 품부하지 아니하고 총명을 주지 아니함이니라.(욥 39:17)……(욥 38:1-39:30)

위의 내용에 의하면, 이 세상의 모든 만물들은 여호와의 마음에 있는 것들이 흘러 나온 것이다. 이 세상은 하나의 점에 불과한 것이다. 인생들의 모든 자연 법칙과 인생들의 모든 과거와 현재와 미래의 역사가 모두 먼저 여호와의 마음 속에 담겨 있었던 것이다. 이것이 하나 둘씩 드러나는 것일 뿐이었다. 이것을 여호와께서는 우리 인생들에게 계시하신 것이다.

마. 엡 1·3장 : 하나님의 경륜

여호와의 계획은 사실은 창세기 1-3장에 이미 나타나 있다. 그리고 이것이 본격적으로 드러나기 시작한 것은 예수 그리스도께서 지상에 오심을 통해서 였다. 그리고 예수께서 십자가를 지시고, 성령을 보내신 후, 사도 바울에게 대대적으로 계시가 되었다. 여호와의 마음은 우리를 그리스도의 신부로 삼는 것이었다. 그래서 그와 함께 만유를 다스리는 것이었다. 그 내용을 사도 바울은 다음과 같이 말한다.

곧 창세 전에 그리스도 안에서 우리를 택하사 우리로 사랑 안에서 그 앞에 거

룩하고 흠이 없게 하시려고, 그 기쁘신 뜻대로 우리를 예정하사 예수 그리스
도로 말미암아 자기의 아들들이 되게 하셨으니, 이는 그가 사랑하시는 자 안
에서 우리에게 거저 주시는 바 그의 은혜의 영광을 찬송하게 하려는 것이라
우리는 그리스도 안에서 그의 은혜의 풍성함을 따라 그의 피로 말미암아 속량
곧 죄 사함을 받았느니라. 이는 그가 모든 지혜와 총명을 우리에게 넘치게 하
사, 그 뜻의 비밀을 우리에게 알리신 것이요 그의 기뻐하심을 따라 그리스도
안에서 때가 찬 경륜을 위하여 예정하신 것이니, 하늘에 있는 것이나 땅에 있
는 것이 다 그리스도 안에서 통일되게 하려 하심이라. 모든 일을 그의 뜻의
결정대로 일하시는 이의 계획을 따라 우리가 예정을 입어 그 안에서 기업이
되었으니, 이는 우리가 그리스도 안에서 전부터 바라던 그의 영광의 찬송이
되게 하려 하심이라.(창 1:4-12)

하나님의 경륜으로 소개된 위의 내용이 하나님의 계획인 것이다. 사도 바울
은 이 하나님의 마음을 보아낸 것이다. 우리가 여호와를 바라보면서 우리는 이
계획을 함께 바라보아야 하는 것이다. 이것이 우리에게 계시된 하나님의 모습
인 것이다.

바. 하나님의 경륜 안에 있는 새 하늘과 새 땅

하나님 안에는 이 세계에 대한 창조가 존재하며, 우리의 모든 인생들의 역사
와 구속사가 그 안에 존재하고, 새 하늘과 새 땅이 존재한다. 그것이 하나씩
이 세계 속에 반영되어 나타나고 있는 것이다. 그리고 이 경륜의 지향하는 바
가 곧 새 하늘과 새 땅이다. 이 새 하늘과 새 땅은 이미 하나님의 품에 존재한
다. 그리고 그것이 사도 요한에게 계시되었다. 그래서 우리가 하나님 아버지를
바라볼 때에는 이 새 하늘과 새 땅의 모습도 함께 바라보는 것이다.

또 내가 새 하늘과 새 땅을 보니 처음 하늘과 처음 땅이 없어졌고 바다도 다
시 있지 않더라. 또 내가 보매 거룩한 성 새 예루살렘이 하나님께로부터 하늘
에서 내려오니 그 준비한 것이 신부가 남편을 위하여 단장한 것 같더라. 내가
들으니 보좌에서 큰 음성이 나서 이르되 보라 하나님의 장막이 사람들과 함께

있으매 하나님이 그들과 함께 계시리니 그들은 하나님의 백성이 되고 하나님
은 친히 그들과 함께 계셔서, 모든 눈물을 그 눈에서 닦아 주시니 다시는 사
망이 없고 애통하는 것이나 곡하는 것이나 아픈 것이 다시 있지 아니하리니
처음 것들이 다 지나갔음이러라. 보좌에 앉으신 이가 이르시되 보라 내가 만
물을 새롭게 하노라 하시고 또 이르시되 이 말은 신실하고 참되니 기록하라
하시고, 또 내게 말씀하시되 이루었도다 나는 알파와 오메가요 처음과 마지막
이라 내가 생명수 샘물을 목마른 자에게 값없이 주리니, 이기는 자는 이것들
을 상속으로 받으리라 나는 그의 하나님이 되고 그는 내 아들이 되리라.(계
21:1-7)

창세기 1장에서 요한계시록 21장의 모든 것이 하나님의 경륜의 일환인 것이
다. 이 경륜은 우리가 예수 그리스도의 신부로서 하나님의 자녀로 드러나는 것
이다. 하나님은 우리를 향하여 사랑이시다.

사. 말씀 안에 있는 성령

여호와 안에는 이렇게 온 세계에 대한 계획이 먼저 있었다. 창조와 창조된
모든 것들에 대한 예정과 섭리, 더 나아가서는 새 하늘과 새 땅에 대한 계획이
있으시다. 이것이 하나님의 마음으로 자리하였다. 그런데, 또 하나 중요한 것은
이 모든 계획을 실행할 능력이 있으시다는 것이다. 그래서 그 말씀·마음 안에
는 그것을 실현시킬 능력과 생명이 있다는 것이다. 그가 곧 성령이시다.

그래서 여호와 안에는 이렇게 계획과 능력이 있었던 것이다. 즉 여호와 안에
는 마음과 성령이 있었던 것이다. 이 셋이 그 본질이 다르다. 그러므로 이 셋
이 각각 자신의 본질들을 나누어주어서 창조를 행해야 하는 것이다.

여호와께서는 그 모든 것들에게 자신의 경륜을 이룰 존재를 나누어주신다.
말씀 하나님은 그것에게 마음을 나누어주시고, 성령 하나님은 생명을 나누어주
신다. 이렇게 삼위일체로 계신 것이다.

3. 잠언 8장의 지혜

가. 오리게네스의 아가서 강해에서의 '로고스'

오리게네스는 기독교 세계에서 기독교의 삼위일체론을 학문적으로 언급한 최초의 인물일 수 있다. 물론 성경에는 사도 요한이나 바울 때부터 이 삼위일체론은 자리를 잡고 있었다. 그런데, 말씀 하나님이 어떻게 여호와 하나님과 동일실체인가에 대한 학문적 질문에 처음으로 그 답변을 시도한 인물이다.

이때 오리게네스는 말씀 하나님의 존재를 믿었다. 그것은 잠언 8장의 그 지혜 개념과 헬라철학에서 배운 그 로고스에 대한 개념으로 보인다. 잠언 8장의 지혜가 그리스 철학에서도 동일하게 언급되고 있었던 것이다. 오리게네스는 창세기 1장의 하나님의 말씀을 발하시던 그가 곧 요한복음 1장 4절의 '말씀 하나님'이시며, 잠언 8장의 '지혜'라고 믿었으며, 이 '말씀 하나님'이 성육신한 것으로 믿었다. 그리고 이 '말씀 하나님'이 육신을 입었을 때, 바로 그 분이 아가서에서의 그 솔로몬 왕으로 보았던 것이다. 그리고 우리 각 사람은 이제 술람미 여인인 것이다.

오리게네스는 분명히 이 공식을 가지고 있었다. 그래서 이제 그는 아가서를 통해서 이 말씀 하나님과 자신이 서로 사랑으로 합일을 이루려고 했던 것이다. 그는 이 개념을 가지고, 아가서를 해석하고 있다. 오리게네스에 의하면, 더 나아가서는 삼위일체론을 신학적으로 완성시킨 닛사의 그레고리의 경우에도 동일한 개념을 가지고 있었다. 즉, 이 태초에 말씀을 발하시던 그 말씀 하나님이 육신을 입고 이 세상에 나의 신랑으로 오셨다고 믿었던 것이다.

우리는 이들의 이러한 삼위일체론적 명제를 신뢰하면서 그 근원으로 자리잡고 있는 잠언 8장을 이해하고자 하는 것이다. 잠언에서의 화자(말하는 자)는 주로 솔로몬으로 여겨지지만, 특정 부분에서는 인격적 존재로서의 지혜가 말을 하고 있다. 그리고 아버지나 교사가 독자에게 지혜와 교훈을 전달하는 형태를 띠고 있다. 우리는 여기에서 지혜 자체가 인격적 존재로서 살아 있는 지가 중요하다.

나. 잠언 2장, 우리 '양심(영혼)'과 결합된 '지혜'

잠언 1:20-2:3에 의하면, 지혜가 길거리에서 우리를 부른다. 어떤 상황에 닥

쳤을 때, 우리 양심 안에서 지혜가 소리를 발하는 것이다. 그리고 자칫 엉뚱한 길로 가면 책망도 한다. 그리고 우리 영혼에 자신의 영을 부어주며, 자신의 말을 우리에게 보인다. 그런데, 이때 양심의 소리, 지혜의 소리를 듣지 않으면 재앙을 만난다. 이때 오직 지혜의 말을 듣는 자는 평안히 살며, 재앙의 두려움 없이 안전하게 된다. 그 내용은 다음과 같다.

> 지혜가 길거리에서 부르며 광장에서 소리를 높이며, 시끄러운 길목에서 소리를 지르며 성문 어귀와 성중에서 그 소리를 발하여 이르되,… 나의 책망을 듣고 돌이키라 보라 내가 나의 영을 너희에게 부어 주며 내 말을 너희에게 보이리라. 내가 불렀으나 너희가 듣기 싫어하였고 내가 손을 폈으나 돌아보는 자가 없었고, 도리어 나의 모든 교훈을 멸시하며 나의 책망을 받지 아니하였은즉, 너희가 재앙을 만날 때에 내가 웃을 것이며 너희에게 두려움이 임할 때에 내가 비웃으리라.…그 때에 너희가 나를 부르리라 그래도 내가 대답하지 아니하겠고 부지런히 나를 찾으리라 그래도 나를 만나지 못하리니,(잠 1:20-28)

우리의 양심은 우리의 영(정신)에서 나온다. 양심의 소리가 우리 영(정신)의 소리이다. 그런데, 그 영 이면에 지혜가 결합되어 있다. 이 지혜가 우리의 양심을 통하고 이르고 있는 것이다. 그런데, 이 지혜는 여호와와 결합되어 있다. 이 지혜가 여호와의 외아들인 것이다. 이 지혜는 여호와 경외를 가르친다. 그래서 우리의 영혼과 '지혜'와 '여호와'가 서로 맞닿아 있다. 이때 '여호와'는 '존재' 자체를 의미한다.

> 대저 너희가 지식을 미워하며 여호와 경외하기를 즐거워하지 아니하며, 나의 교훈을 받지 아니하고 나의 모든 책망을 업신여겼음이니라.…오직 내 말을 듣는 자는 평안히 살며 재앙의 두려움이 없이 안전하리라.(잠 1:29-33)

우리 양심에서 지혜의 소리가 발해지는데, 우리의 양심은 다른 우리의 정신에서 흘러나온다. 즉 우리의 정신·영의 본질이 양심이며, 이 양심은 지혜와 연결되어 있다. 즉, 지혜가 곧 정신이며, 마음인 것이다. 그리고 이것이 곧 로고스인 것이다.

한 거대한 원초적인 지혜·마음·정신이 있으며, 여기에서 모든 지혜·마음·정신이 분유되어 나오고 있는 것이다. 이 원초적인 지혜·마음이 세상의 모든 마음을 가진 존재에게 마음을 분유해 주고 있는 것이다.

다. "내 아들아" : '아버지-지혜-여호와'의 관계

잠언 1장의 위의 지혜의 말들에 이어서 잠언 2장은 계속 이어서 "내 아들아 네가 만일 나의 말을 받으며 나의 계명을 네게 간직하며"라고 말한다. 여기에서 "내 아들아"라고 말하는 이는 솔로몬이든지, 아니면 모든 인생들의 아버지들이다. 그런데, 이들은 자신의 아들들을 지혜로 연결시키고자 한다. 중간자라는 의미이다. 그렇다면, 여기에서 "내 아들아"하는 음성은 솔로몬과 아비들의 음성인 것 같지만, 사실은 그들 위에서 작용하고 있는 "지혜·로고스"인 것이다. 그 내용은 다음과 같다.

> 내 아들아 네가 만일 나의 말을 받으며 나의 계명을 네게 간직하며, 네 귀를 지혜에 기울이며 네 마음을 명철에 두며, 지식을 불러 구하며 명철을 얻으려고 소리를 높이며, 은을 구하는 것 같이 그것을 구하며 감추어진 보배를 찾는 것 같이 그것을 찾으면,(잠 2:1-4)

위에서 말한 "내 아들아"는 솔로몬이나 모든 아버지들을 통해서 말을 하고 있는 지혜인 것이다. 그래서 우리는 '지혜'가 모든 아버지들을 통하여 우리에게 "내 아들아"라고 부르며, 자신을 찾으라고 말하고 있는 것이다. 그리고 이렇게 지혜를 구하면, 그 영혼은 여호와 경외하기를 깨닫게 되고, 하나님을 알게 되며, 여호와께서 그 지혜를 준다고 하신다.

> 은을 구하는 것 같이 그것을 구하며 감추어진 보배를 찾는 것 같이 그것을 찾으면, 여호와 경외하기를 깨달으며 하나님을 알게 되리니, 대저 여호와는 지혜를 주시며 지식과 명철을 그 입에서 내심이며(잠 2:4-6)

즉, 지혜의 핵심은 여호와 경외인데, 이 여호와 경외의 마음이 있는 자에게 여호와께서 지혜를 주신다. 그래서 지혜와 여호와는 거의 동일실체 처럼 자리하고 있다. '여호와'와 '지혜'는 분명히 그 본성이 다르다. 그런데, 하나가 되어 있다. 여호와는 '존재'라는 의미를 가지고 있으며, 지혜는 '마음'이라는 의미를 가지고 있다. 여호와와 지혜는 각각 자신의 실체를 가지고 있지만, 서로 하나가 된 일체라는 것이다. 그래서 지혜의 본성이 여호와 경외여서, 여호와는 자신을 경외하는 자에게 지혜를 주신다. 그리고 이 지혜는 성도들의 길을 보전하신다.

> 그는 정직한 자를 위하여 완전한 지혜를 예비하시며 행실이 온전한 자에게 방패가 되시나니, 대저 그는 정의의 길을 보호하시며 그의 성도들의 길을 보전하려 하심이니라. 그런즉 네가 공의와 정의와 정직 곧 모든 선한 길을 깨달을 것이라.(잠 2:7-9)

그리고 이렇게 지혜가 임하기 시작하면, 이제 그 지혜가 우리 마음에 인격체로 들어오시는데, 그가 우리 안에 들어와서 우리와 함께 살며, 우리 영혼을 즐겁게 하고, 우리를 악에서 건져낸다.

> 곧 지혜가 네 마음에 들어가며 지식이 네 영혼을 즐겁게 할 것이요, 근신이 너를 지키며 명철이 너를 보호하여, 악한 자의 길과 패역을 말하는 자에게서 건져 내리라(잠 2:10-12)

오리게네스는 바로 이 여호와의 마음으로서의 지혜가 육신을 입고 이 세상에 오시었는데, 그가 바로 예수 그리스도라고 한다. 그리고 그 그리스도는 우리와 혼인을 하기 위해서 이 세상에 오신다. 이제는 우리의 신랑으로 우리 안에 들어오신다.

라. '지혜'와 맺는 인격적인 관계

지혜는 마음과 같은 존재이면서 또한 인격적 존재이다. 그리고 그 지혜는 모든 세상의 아비들을 통하여 자신을 얻으라고 말하고 있는 것이다.

지혜가 제일이니 지혜를 얻으라. 네가 얻은 모든 것을 가지고 명철을 얻을지
니라. 그를 높이라 그리하면 그가 너를 높이 들리라 만일 그를 품으면 그가
너를 영화롭게 하리라. 그가 아름다운 관을 네 머리에 두겠고 영화로운 면류
관을 네게 주리라 하셨느니라.(잠 4:7-9)

그리고 모든 아비들은 지혜와 인격적인 관계를 맺으라고 한다.

지혜에게 너는 내 누이라 하며 명철에게 너는 내 친족이라 하라. 그리하면 이
것이 너를 지켜서 음녀에게, 말로 호리는 이방 여인에게 빠지지 않게 하리라.
(잠 7:4-5)

그리고 이제는 이 지혜가 육신을 입고 예수 그리스도의 이름으로 이 세상에
오셨다. 그리고 그가 십자가를 지심으로 우리의 신랑이 되신 것이다. 요한복음
은 이것을 말해주고 있다. 요한복음 1장에서 예수 그리스도의 성육신을 말하고
있다. 그리고 요한복음 4장에서는 사마리아 여인과의 대화를 통해 자신이 신랑
이라고 우리에게 말씀하신 것이다. 우리가 이제는 이 여호와의 마음으로서의
그 지혜와 신랑·신부의 관계가 된 것이다.

마. '우리(나)'를 부르고 있는 '지혜'

지혜는 누구인가? 그는 여호와의 마음이시다. 온 땅을 덮고 있는 여호와의
마음이다. 하나님의 마음·지혜가 우리 양심 위에 드리우고 있다. 잠언서의 저
자는 이 지혜가 우리를 부르고 있다고 말한다.

지혜가 부르지 아니하느냐 명철이 소리를 높이지 아니하느냐. 그가 길 가의
높은 곳과 네거리에 서며, 성문 곁과 문 어귀와 여러 출입하는 문에서 불러
이르되,(잠 8:1-3)

그리고 이제 지혜 자신이 하는 말을 우리에게 들려준다. 다음의 말은 지혜
자신의 말이다.

사람들아 내가 너희를 부르며 내가 인자들에게 소리를 높이노라. 어리석은 자들아 너희는 명철할 지니라 미련한 자들아 너희는 마음이 밝을지니라. 너희는 들을지어다 내가 가장 선한 것을 말하리라 내 입술을 열어 정직을 내리라. 내 입은 진리를 말하며 내 입술은 악을 미워하느니라. 내 입의 말은 다 의로운즉 그 가운데에 굽은 것과 패역한 것이 없나니, 이는 다 총명 있는 자가 밝히 아는 바요 지식 얻은 자가 정직하게 여기는 바니라. 너희가 은을 받지 말고 나의 훈계를 받으며 정금보다 지식을 얻으라. 대저 지혜는 진주보다 나으므로 원하는 모든 것을 이에 비교할 수 없음이니라.(잠 8:4-11)

그리고 이 지혜는 세상의 모든 풍부함이 자신에게 있다고 말한다. 자신을 얻는 것 만큼 세상에서의 모든 것을 얻게 된다고 말한다.

나 지혜는 명철로 주소를 삼으며 지식과 근신을 찾아 얻나니, 여호와를 경외하는 것은 악을 미워하는 것이라 나는 교만과 거만과 악한 행실과 패역한 입을 미워하느니라. 내게는 계략과 참 지식이 있으며 나는 명철이라 내게 능력이 있으므로, 나로 말미암아 왕들이 치리하며 방백들이 공의를 세우며, 나로 말미암아 재상과 존귀한 자 곧 모든 의로운 재판관들이 다스리느니라. 나를 사랑하는 자들이 나의 사랑을 입으며 나를 간절히 찾는 자가 나를 만날 것이니라. 부귀가 내게 있고 장구한 재물과 공의도 그러하니라. 내 열매는 금이나 정금보다 나으며 내 소득은 순은보다 나으니라. 나는 정의로운 길로 행하며 공의로운 길 가운데로 다니나니, 이는 나를 사랑하는 자가 재물을 얻어서 그 곳간에 채우게 하려 함이니라.(잠 8:12-21)

우리는 지혜 자신의 음성을 이렇게 듣게 된다. 우리는 지혜의 이미지를 찾기가 쉽지 않다. 그럴 때에는 여호와의 마음이라고 생각하면 될 것 같다. 왜냐면, 그가 태초에 여호와께 소유되었다고 말하고 있기 때문이다.

마. 여호와와 함께 창조자가 된 지혜(마음)

지혜 자신의 말이 이제 계속 이어진다. 여기에서 지혜는 여호와께서 태초에 창조를 시작할 때, 자신을 가지셨으며, 자신을 통해서 창조를 하였는데, 이때 자신이 창조자가 되었다고 말한다.

여호와께서 그 조화의 시작 곧 태초에 일하시기 전에 나를 가지셨으며, 만세 전부터, 태초부터, 땅이 생기기 전부터 내가 세움을 받았나니, 아직 바다가 생기지 아니하였고 큰 샘들이 있기 전에 내가 이미 났으며, 산이 세워지기 전에, 언덕이 생기기 전에 내가 이미 났으니, 하나님이 아직 땅도, 들도, 세상 진토의 근원도 짓지 아니하셨을 때에라. 그가 하늘을 지으시며 궁창을 해면에 두르실 때에 내가 거기 있었고, 그가 위로 구름 하늘을 견고하게 하시며 바다의 샘들을 힘 있게 하시며, 바다의 한계를 정하여 물이 명령을 거스르지 못하게 하시며 또 땅의 기초를 정하실 때에, 내가 그 곁에 있어서 창조자가 되어 날마다 그의 기뻐하신 바가 되었으며 항상 그 앞에서 즐거워하였으며, 사람이 거처할 땅에서 즐거워하며 인자들을 기뻐하였느니라.(잠 8:22-31)

그러므로 이제 지혜가 "아들들아, 이제 내게 들으라"고 한다. 즉, 앞에서 말한 "내 아들아"의 최초 발언자이다.

아들들아, 이제 내게 들으라 내 도를 지키는 자가 복이 있느니라. 훈계를 들어서 지혜를 얻으라 그것을 버리지 말라. 누구든지 내게 들으며 날마다 내 문 곁에서 기다리며 문설주 옆에서 기다리는 자는 복이 있나니, 대저 나를 얻는 자는 생명을 얻고 여호와께 은총을 얻을 것임이니라. 그러나 나를 잃는 자는 자기의 영혼을 해하는 자라 나를 미워하는 자는 사망을 사랑하느니라.(잠 8:32-36)

4. 보좌에 앉으신 말씀 하나님

가. 잠언 8장의 지혜와 요한복음 1장의 로고스

요한복음 1장에서는 "말씀 하나님이 태초에 하나님과 함께 계셨다"고 말한다. 그 내용은 다음과 같다.

> 태초에 말씀이 계시니라 이 말씀이 하나님과 함께 계셨으니 이 말씀은 곧 하나님이시니라. 그가 태초에 하나님과 함께 계셨고, 만물이 그로 말미암아 지은 바 되었으니 지은 것이 하나도 그가 없이는 된 것이 없느니라. 그 안에 생명이 있었으니 이 생명은 사람들의 빛이라. 빛이 어둠에 비치되 어둠이 깨닫지 못하더라.(요 1:1-5)

여기에서의 말씀과 잠언 8장에서의 그 지혜는 동일인인지의 여부가 우리의 관심사이다. 이에 대해 고린도전서 1:24은 다음과 같이 말한다.

> 오직 부르심을 받은 자들에게는 유대인이나 헬라인이나 그리스도는 하나님의 능력이요 하나님의 지혜니라.(고전 1:24)

여기에서의 지혜란 최초의 그 지혜를 말한다. 그리고 이 지혜에는 빛 곧 생명이 있어서 이 지혜가 곧 생명이 된다. 그 지혜의 내용대로 그것을 이루어낸다는 것이다.

나. 로고스의 창조의 방법, 분유

우리는 로고스가 말씀 하나님이신데, 그가 어떻게 세상을 창조하는 지를 잠언서 8장을 통해 이해할 수 있다. 이 지혜가 모든 만물에 어려서 그 만물 하나하나의 본질을 이루고 있다. 지혜가 만물들에게 그와 같은 마음(지혜)을 준다는 것이다. 지혜가 자신을 나누어주어서 만물의 하나하나의 씨앗이 되게 한다는 것이다.

즉, 로고스는 자신의 지혜를 어떤 존재에 나누어준다. 그러면 그것이 씨앗이 되어 그와 같은 존재로 나타나게 된다는 것이다. 그래서 아리스토텔레스는 인간의 정신의 자리에 로고스를 놓는다. 예컨대, 우리는 인간구성 요소를 구분할 "영(정신)-혼-몸"으로 하고 있는데, 아리스토텔레스는 "로고스-혼-몸"으로 구분하고 있는 것이다. 로고스가 자신의 로고스를 나누어주었다는 의미이다.

이와 같이 로고스는 하나님과 함께 창조자가 되어서 자신의 로고스를 만물들에게 나누어줌을 통해서 만물을 창조한 것이다. 즉, 지혜가 자신을 나누어줌을 통해서 세계창조를 하신다는 것이다.

> 지혜는 그 얻은 자에게 생명 나무라 지혜를 가진 자는 복되도다. 여호와께서는 지혜로 땅에 터를 놓으셨으며 명철로 하늘을 견고히 세우셨고, 그의 지식으로 깊은 바다를 갈라지게 하셨으며 공중에서 이슬이 내리게 하셨느니라.(잠 3:18-20)

위의 잠언서에 의하면, 지혜는 자신을 누군가에게 나누어준다. 그러면 그 지혜가 그 안에 들어가는데, 그 안에 들어가서 고스란히 그 지혜의 내용을 실현시킨다. 이것이 곧 "지혜는 그 얻은 자에게 생명 나무라"는 의미이다.

여호와께서는 이와 같은 방법으로 땅과 하늘의 만물들을 세웠다는 것이다. 그 내용이 "여호와께서는 지혜로 땅에 터를 놓으셨으며 명철로 하늘을 견고히 세우셨고…"이다. 창세기 1장의 원리가 이와 같다는 것이다.

"말씀으로의 창조"를 우리는 이러한 형태로 이해할 필요가 있다는 것이다. 잠언서에 나타나 있는 지혜사상으로 창세기 1장을 해설하면, 이렇게 해설이 된다는 것이다.

다. 창세기 1장의 말씀하시는 하나님

우리는 창세기 1장의 말씀하시는 하나님과 잠언 8장의 지혜와 요한복음 1장의 말씀을 서로 연관시켜서 이해할 필요가 있다. 창세기 1장의 그 말씀하시는 하나님은 여호와와 말씀 하나님이시다. 혹은 여호와가 계시고, 말씀 하나님이 말씀을 발하신 것이다. 그 내용은 다음과 같다.

> 태초에 말씀이 계시니라 이 말씀이 하나님과 함께 계셨으니 이 말씀은 곧 하나님이시니라. 그가 태초에 하나님과 함께 계셨고, 만물이 그로 말미암아 지은 바 되었으니 지은 것이 하나도 그가 없이는 된 것이 없느니라.(요 1:1-3)
> 태초에 하나님이 천지를 창조하시니라. 땅이 혼돈하고 공허하며 흑암이 깊음

위에 있고 하나님의 영은 수면 위에 운행하시니라. 하나님이 이르시되 빛이 있으라 하시니 빛이 있었고(창 1:1-3)

위의 내용을 이미지로 표현하면, 말씀 하나님이 말씀을 발할 때, 그에게서 말씀의 내용물인 지혜가 여호와의 뜻에 따라 분유되는 것이다. 말씀이 그 안에 있는 지혜를 나누어줌을 통해서 창조를 하는 것이다. 즉, 말씀 안에서 빛이 나오는 것이다.

이때 이 말씀 안에는 생명이 있다. 요한복음 1장 4-5절은 이 말씀 안에 있는 생명이 그 말씀의 내용 따라 그것을 빚으신다. 즉, 말씀 안에 있는 생명이 곧 성령이었다.

그 안에 생명이 있었으니 이 생명은 사람들의 빛이라. 빛이 어둠에 비치되 어둠이 깨닫지 못하더라.(요 1:4-5)
주의 영을 보내어 그들을 창조하사 지면을 새롭게 하시나이다.(시 104:30)

우리가 이렇게 하나님의 창조를 분유의 원리에 따라 이해하는 것은 신화적 세계에서의 창조의 원리였다. 잠언 기자는 이 신화적 세계에서의 분유의 원리를 이해하고 있었던 것이다. 그리고, 그리스 신화나 철학에서도 자꾸 아르케(시원)을 찾았던 것은 분유의 원리따라 창조를 이해하고 있기 때문이었다. 그것은 우리 안에 있는 선험적 지식으로도 그렇게 밖에 이해할 수 없는 것이다.

라. 신화적 메타포에서의 창조, 분유

우리는 이제 신화적 메타포를 이용해서 삼위일체 하나님의 창조를 설명할 수 있게 되었다. 우리는 지난 시간에 여호와께서 세상의 모든 원리를 가지고 계시며, 욥에게 "이것을 네가 아느냐"라고 질문은 하신 것을 보았다. 여호와는 모든 창조의 계획과 원리에 따라 자신을 분유하신다. 이때 '여호와'는 '존재(있음)' 자체이시다. 여호와는 존재를 분유하시는 것이다.

하나님이 모세에게 이르시되 나는 "스스로 있는 자"이니라 또 이르시되 너는

　　이스라엘자손에게 이같이 이르기를 스스로 있는 자가 나를 너희에게 보내셨
　　다 하라.(출 3:14)

　여호와라는 이름은 위의 본문에서 "스스로 있는"을 의미하는 אֶהְיֶה(예흐에)에서
왔다. 존재를 분유하시는 것이다.
　그리고 말씀(Logos) 하나님은 이 여호와의 뜻에 따라서 이렇게 존재를 분유
받은 자들에게 로고스(logos)를 분유하는 것이다.

　　여호와께서는 지혜로 땅에 터를 놓으셨으며 명철로 하늘을 견고히 세우셨고,
　　그의 지식으로 깊은 바다를 갈라지게 하셨으며 공중에서 이슬이 내리게 하셨
　　느니라.(잠 3:19-20)

　그러면 이제 그 로고스 안에 있는 생명이 그것들에게 그 말씀에 합당한 생명
을 붓는 것이다.

　　그 안에 생명이 있었으니 이 생명은 사람들의 빛이라. 빛이 어둠에 비치되 어
　　둠이 깨닫지 못하더라.(요 1:4-5)
　　주의 영을 보내어 그들을 창조하사 지면을 새롭게 하시나이다.(시 104:30)

　즉, 여호와-말씀-성령 하나님이 여호와의 계획과 뜻에 따라서 자신의 본질을
그곳에 분유해 주시는 것이다. 그리고 여기에 맞추어서 이제는 그리스 철학자
들이 말하는 탈레스의 수면(물), 헤라클레이토스의 불(에너지), 아낙시메네스의
공기(호흡)가 분유되는 것이다. 이것뿐 아니다. 그리스 신화에 나오는 모든 신
들이 바로 자신의 요소를 여기에 부어준다. 예컨대, 아프로디테는 미를 붓는다.
이것이 신화적 메타포에서의 창조의 방법이다.
　그래서 창세기 1장에서의 그 창조는 하늘의 영들이 자신들을 말씀과 성령에
따라 분유해서 만들어낸 것이다. 따라서 창세기 1장의 이면은 천사들이다. 그
리고 이 천사들이 계속해서 지금까지 자신의 그 영들을 붓고 있다. 그래서 창
세기 1장은 하늘나라의 영들에 의해 그렇게 지탱이 되고 있는 것이다. 그래서
창세기 1장을 하나님 보좌의 모습이라고도 말하는 것이다. 그 이면이 하늘에

있는 천사들이기 때문이다. 그리고 그 천사들 위에 삼위일체 하나님이 계신다.

5. 말씀 하나님의 성육신과 혼인

가. 육신을 입으신 말씀 하나님

요한복음에서는 위의 그 말씀 하나님, 창세기 1장의 말씀하시던 그 하나님이 육신을 입고 이 땅에 오셨다고 말한다. 그 내용은 다음과 같다.

참 빛 곧 세상에 와서 각 사람에게 비추는 빛이 있었나니, 그가 세상에 계셨으며 세상은 그로 말미암아 지은 바 되었으되 세상이 그를 알지 못하였고, 자기 땅에 오매 자기 백성이 영접하지 아니하였으나, 영접하는 자 곧 그 이름을 믿는 자들에게는 하나님의 자녀가 되는 권세를 주셨으니, 이는 혈통으로나 육정으로나 사람의 뜻으로 나지 아니하고 오직 하나님께로부터 난 자들이니라. 말씀이 육신이 되어 우리 가운데 거하시매 우리가 그의 영광을 보니 아버지의 독생자의 영광이요 은혜와 진리가 충만하더라.(요 1:9-14)

이에 대해 사도 바울은 다음과 같이 설명한다.

이 복음은 하나님이 선지자들을 통하여 그의 아들에 관하여 성경에 미리 약속하신 것이라. 그의 아들에 관하여 말하면 육신으로는 다윗의 혈통에서 나셨고 성결의 영으로는 죽은 자들 가운데서 부활하사 능력으로 하나님의 아들로 선포되셨으니 곧 우리 주 예수 그리스도시니라.(롬 1:2-4)

사도 바울은 예수 그리스도의 부활을 보고 그가 하나님의 아들이라는 것을 알았다고 말하는데, 즉, '예수 그리스도의 영'이 '말씀 하나님'이라고 한다. 우리 모든 인생들의 '영'은 아리스토텔레스에 의하면 분유 받은 'logos'이다. 그런데, 예수 그리스도의 '영'은 그 본체로서의 'Logos'이다. 우리의 영혼도 어딘가로부터 왔으며, 우리의 이 영혼이 육체를 입은 것이다. 예수 그리스도도 마찬가지이다. 똑같은 영인데, 그 영이 육체를 입은 것이다. 그러나 그의 영은 맨 처음에 있던 그 아르케로서의 영인 것이다. 모든 영혼은 육체를 입는데, 예수 그리스도의 영도 이렇게 육체를 입은 것이다.

나. 말씀 하나님이 오신 이유

이 말씀 하나님이 이 세상에 오신 이유는 무엇인가? 그것은 놀라웁게도 우리 각각의 영혼들과 혼인을 위해서 오시었다고 말한다.

> 신부를 취하는 자는 신랑이나 서서 신랑의 음성을 듣는 친구가 크게 기뻐하나니 나는 이러한 기쁨으로 충만하였노라.(요 3:29)
> 예수께서 그들에게 이르시되 혼인집 손님들이 신랑과 함께 있을 동안에 슬퍼할 수 있느냐 그러나 신랑을 빼앗길 날이 이르리니 그 때에는 금식할 것이니라.(마 9:15)

그리고 사마리아 여인에게는 청혼까지 하시는데, 그것은 모든 교회의 구성원들 하나하나를 향한 청혼인 것이다.

> 내가 주는 물을 마시는 자는 영원히 목마르지 아니하리니 내가 주는 물은 그 속에서 영생하도록 솟아나는 샘물이 되리라. 여자가 이르되 주여 그런 물을 내게 주사 목마르지도 않고 또 여기 물 길으러 오지도 않게 하옵소서. 이르시되 가서 네 남편을 불러 오라. 여자가 대답하여 이르되 나는 남편이 없나이다 예수께서 이르시되 네가 남편이 없다하는 말이 옳도다. 너에게 남편 다섯이 있었고 지금 있는 자도 네 남편이 아니니 네 말이 참되도다.(요 4:14-18)

그리고 예수께서는 이 청혼을 이루기 위해 십자가 위에서 자신의 물과 피를 쏟아서 우리에게 주신다.

> 그 중 한 군인이 창으로 옆구리를 찌르니 곧 피와 물이 나오더라.(요 19:34)
> 이는 물과 피로 임하신 이시니 곧 예수 그리스도시라 물로만 아니요 물과 피로 임하셨고 증언하는 이는 성령이시니 성령은 진리니라. 증언하는 이가 셋이

니, 성령과 물과 피라 또한 이 셋은 합하여 하나이니라.(요일서 5:6-8)

이 말씀 하나님이 우리의 신랑으로 오신 것이다. 우리는 아가서에서 솔로몬과 술람미 여인의 사랑의 관계를 보았는데, 이것이 곧 말씀 하나님과 우리의 관계인 것이다.

다. 매일의 공중 혼인잔치

예수께서는 요한복음 4장에서 사마리아 여인에게 혼인잔치의 당사자로서의 초청장을 주시었다. 그것은 사마리아여인을 통해서 모든 그리스도인들에게 주신 혼인당사자 초청장이다. 그것은 바로 "성령과 진리의 예배"이다. 그 내용은 다음과 같다.

너에게 남편 다섯이 있었고 지금 있는 자도 네 남편이 아니니 네 말이 참되도다. 여자가 이르되 주여 내가 보니 선지자로소이다. 우리 조상들은 이 산에서 예배하였는데 당신들의 말은 예배할 곳이 예루살렘에 있다 하더이다. 예수께서 이르시되 여자여 내 말을 믿으라 이 산에서도 말고 예루살렘에서도 말고 너희가 아버지께 예배할 때가 이르리라. 너희는 알지 못하는 것을 예배하고 우리는 아는 것을 예배하노니 이는 구원이 유대인에게서 남이라. 아버지께 참되게 예배하는 자들은 영과 진리로 예배할 때가 오나니 곧 이 때라. 아버지께서는 자기에게 이렇게 예배하는 자들을 찾으시느니라. 하나님은 영이시니 예배하는 자가 영과 진리로 예배할지니라. 여자가 이르되 메시야 곧 그리스도라 하는 이가 오실 줄을 내가 아노니 그가 오시면 모든 것을 우리에게 알려 주시리이다. 예수께서 이르시되 네게 말하는 내가 그라 하시니라.(요 4:18-26)

본문에서 말하는 "성령과 진리의 예배"에서, '성령의 예배'는 하늘나라로 나아가 드리는 예배를 말한다. 성령이 임하면, 하늘나라와 우리가 연결이 되는 것이다. '진리의 예배'란 진리이신 예수께서 대제사장이 되시었는데, 이 분과의 연합하여 드리는 예배이다. 즉, 하늘나라로 나아가 대제사장 되신 예수 그리스도와 연합하여 드리는 예배가 '혼인잔치'인 것이다. 우리 그리스도인들의 기도는 이와 같이 예수 그리스도와 드리는 '공중혼인잔치'이다. 이러한 삶이 그리스도인의 기도 속에 펼쳐진다.

[결 론] 말씀 하나님과의 혼인잔치

기독교란 무엇인가? 인생으로 성육신하신 말씀 하나님과 신랑 신부의 연합이다. 오리게네스는 아가서 강해를 주해하면서, 이 성육신하신 말씀 하나님과의 연합과 혼인을 그 주제로 삼고 있다. 이것은 모든 그리스도인들의 소망이자 삶의 목표인 것이다.

예수 그리스도의 성육신과 그 십자가 : 세례

말씀 하나님께서 성육신하여 우리와 한 인간이 되시었고, 우리와 함께 살으시면서, 우리에게 청혼을 하시었다. 예수 그리스도의 생애는 우리에게 청혼을 하는 그러한 생애인 것이다. 이것이 그가 이 세상에 오신 목적이다.

이것을 알아본 여인이 있는데, 바로 향유 옥합을 깨뜨려 주님 발에 붓고, 자신의 머리털로 씻은 마리아이다. 그 여인은 예수 그리스도의 십자가에서의 장사를 미리 예비하며, 예수 그리스도의 청혼을 수락한 것이다. 이에 예수께서는 십자가를 지시고, 물과 피를 마리아를 비롯한 그를 믿는 자들에게 쏟아 부어 주시었다. 이에 우리는 이제 그 물과 피를 먹고 마신다. 그래서 예수 그리스도의 십자가는 혼인예식으로도 우리에게 해석되는 것이다. 자신의 생명인 물과 피를 나누어주었기 때문이다.

우리 안에 오신 예수 그리스도 : 성찬

우리는 이 주님의 물과 피를 먹고 마심으로 우리가 주님의 보혈의 연못이 된 것이다. 이 주님의 보혈은 자신의 생명을 아버지께 바치신 그 보혈로서 우리도 여기에 참여하게 한다. 이렇게 보혈의 연못이 된 우리에게 이제 성령께서 오신 것이다. 부활하신 주님이 내 안에 내 주인이자 신랑으로 오신 것이다.

하늘나라의 임재 : 열린 하늘 길

이렇게 예수께서 우리 안에 오시자, 이제 우리의 정신이 예수 그리스도의 정신과 결합되며, 우리 안에 하늘나라가 임한 것이다. 이렇게 우리 안에 하늘나라가 임하자, 이제 우리에게는 하늘나라에 올라갈 수 있는 길이 열리게 되었다. 우리에게는 하늘나라가 이렇게 임재하여 있다.

우리는 이제 성령과 진리 안에서의 예배를 드릴 수 있게 된 것이다. 여기에서의 성령은 하늘나라를 말하며, 진리는 예수 그리스도와의 연합을 말한다. 우리는 예수 그리스도의 성령과 진리 예배의 초청장을 가지고 있다. 심지어 "혼인당사자 초청장"인 것이다. 그래서 우리는 이 초청장을 가지고 매일 밤마다 하늘나라에 오른다. 그리고 그곳에서 예수 그리스도의 혼인예식을 하는 것이다. 그와 연합하여 하나님 아버지께 기도하는 것이다.

주님과 함께 하나님 보좌 앞에 이르러 주님과 함께 영원하신 하나님을 찬양한다. 그리고 주님과 함께 십자가 제사의 기도를 드린다. 술람미 여인의 춤을 추는 것이다. 이것이 그리스도인들에게 매일 이루어지는 기도의 시간이다.

우리의 혼인잔치는 장차 주님께서 오실 때 공중에서의 혼인잔치 뿐만 아니라, 이미 우리 안에서 이러한 혼인잔치는 시작된 것이다. 이것이 말세를 사는 그리스도인들의 모습이다. 그리스도인들에게 이 세상은 많은 낙심을 준다. 그리스도인들은 이 혼인잔치의 힘으로 하루를 힘 있게 살아간다.

창세기 원역사 해설

3장 '하늘과 땅'을 창조하신 하나님
(창1:1-2)

[서 론] 형상과 질료

창세기 1장에서 "무에서 유를 창조하다"를 의미하는 것으로 보이는 'בָּרָא(바라)'라는 히브리어는 세 차례 나온다. 이 단어는 매우 귀한 단어 중의 하나이다. 하나는 창세기 1:1에서 "하나님이 하늘과 땅을 창조하시니라"에서 나오고, 나머지는 '생물의 창조'와 '인간의 창조'에서 나온다. 즉, 하나님의 창조는 무에서 유를 창조하는 것과 변형과 출현으로서의 창조가 결합되어 있다는 것을 알 수 있다. 우리는 먼저 창세기 1:1의 하늘과 땅의 창조를 먼저 고찰할 필요가 있다.

하늘과 땅의 창조

창세기 1:1에 의하면, 6일 동안의 창조 이전에 하늘과 땅이 먼저 창조되었다. 첫째 날이 시작되기 전에 "태초에 하나님이 천지를 창조(בָּרָא, 바라)하시니라, 그리고…그리고 첫째 날에…"로 계속 이어지기 때문이다. 그렇다면, 창세기 1:1에서 이루어진 그 하늘과 땅의 창조를 재료 삼아서 이 세상이 출현하고 있다는 것이다. 우리는 창세기 1장의 6일 동안의 창조를 그렇게 이해하여야 한다. 이 때 생물창조시 또 한 번의 '창조(בָּרָא, 바라)'가 나오고, 인간의 영혼 창조시 또 다시 '창조(בָּרָא, 바라)'가 나온다. 이 셋의 재료가 각각 다를 수 있다.

여호와의 마음

먼저, 성경에서는 '하늘'을 שָׁמַיִם(솨마임)이라고 표기하는데, 이것은 복수형으로서 '하늘들'이라고 번역하는 것이 직역이다. 그렇게 표기하는 것이 맞을 수 있다. 왜냐하면, 창조주 하나님께로부터 무언가가 창조되어서 흘러나오기 때문이다. 맨 처음 창조되는 하늘이 있고, 그 다음의 하늘이 있다. 이렇게 하늘들로 이해하는 것이 타당하다.

예컨대, 여호와 하나님은 가장 높은 곳에 계시다. 하나님께서는 모세에게 "나를 보고는 살 자가 없다"고 말씀하신다. 무엇이라고 규정하는 순간에 그 규정은 잘못된 규정이 되어서 죄 가운데 빠진다는 이야기이다. 하나님은 100이라는 가치를 지니는데, 우리는 10밖에 열거를 못하면서 우리의 태도를 결정하게 된다. 그러면, 그것은 '신성모독'이 되는 것이다. 그런데 그 하나님의 어떠하심 중에서 우리에게 알려진 하나님의 계획들이 있다. 그 대표적인 것이 사도바울이 에베소서 1장에서 말하는 하나님의 경륜(우리를 자녀로 삼겠다는 구속사의 예정과 섭리)이다. 우리는 이렇게 계시된 것만을 아는 것이다.

분유의 원리에 따른 하늘의 존재들 : 하늘

우리가 신화를 접하다 보면, 신들이 자신의 신성을 다른 존재들에게 나누어준다. 예컨대, 아프로디테는 미의 여신인데, 사람들이 이 신전에 와서 이 신에게 예배를 드린다. 그러면 아프로디테는 자신의 아름다움을 예배하는 자에게 나누어준다. 아리스토텔레스는 우리의 영 혹은 정신을 logos(말씀, 마음, 이성, 정신)라고 표기하였다. 그것은 인간들의 영혼이 Logos로부터 정신을 분유 받은 것이기 때문이다.

이와 같이 여호와의 모든 계획을 따라 이 로고스가 분유되어 형성된 세계가 일차적으로 하늘에 존재한다. 이것이 하늘의 영적존재들이다. 그리고 우리는 이 영적인 존재들을 천군 천사라고 부르며, 하늘에는 이들이 존재하는 것이다.

이 하늘의 존재들은 여호와의 마음 혹은 말씀으로부터 분유 받아 생성된 존재로서 여호와의 마음과는 그 위계가 다르다.

창세기 1장 1절에서 "하나님이 하늘과 땅을 창조하시니라"(창 1:1)의 말씀은 바로 이 '하늘들'을 의미하는 것으로 보인다. 고대인들은 이 '하늘'을 '형상'이라고 불렀다. 이 형상들이 땅의 질료와 결합하여 이 세계의 창조가 나타나기 시작한다. 그리고 그 형상을 낸 존재는 바로 말씀 하나님이신 것이다.

혼돈 · 공허 · 흑암의 깊음 : 땅

우리는 성경에서 말씀과 성령이 하나의 짝처럼 나타나는 것을 곧잘 목격한다. 요한복음 1:1-4에서는 "태초에 말씀이 계시니라 이 말씀이 하나님과 함께 계셨으니 이 말씀은 곧 하나님이시니라,…그(말씀) 안에 생명이 있었으니"라고 말한다. 이 둘은 항상 서로 상호침투하고 있다.

여기에서 우리가 주의하여야 할 것이 있는데, 이 생명은 호흡과 같은 물리적인 생명이라는 것이다. 이 생명은 물리적인 원소를 가지고 있다. 그리고 이 물리적인 원소에 분유(나누어 줌)가 일어나면, 그것이 수분이 되고, 수면이 되는 것이다. 모든 신들은 자신을 나누어 줄 수 있으므로 이 생명은 수면이라는 질료 덩어리를 창조해 내는 것이다. 이것이 창세기 1장 2절의 "혼돈·공허·흑암의 깊은 수면"인 것이다. 즉, 창세기 1장 2절의 "혼돈·공허·흑암의 깊은 수면"은 성령의 창조 혹은 성령께서 자신을 나누어주신 것이다. 그 물리적인 존재가 하나님 밖에 별도로 존재하지 않았었다.

창세기 1:2은 "땅이 혼돈하고 공허하며 흑암이 깊음 위에 있고 하나님의 영은 수면 위에 운행하시니라"고 말하고 있다. 이 수면을 "알을 품듯이 품고 있는('운행하다'의 의미)" 존재는 바로 성령이시다. 성령이 이 수면에 대한 창조자인 것이다. 물이 다른 어떤 곳에서 먼저 존재한 것이 아니라, 하나님에게서 출현하여 나온 것이다.

[소 결] Creatio ex nihilo : 무로부터의 창조

창세기 1장 1절의 "하나님이 천지를 창조하시니라"는 이렇게 무로부터 창조가 이루어졌음을 말하고 있다. 즉, 삼위일체 하나님의 마음과 그 안에 있는 생명으로부터 출발해서 이 모든 만물이 꽃피어난 것이다. 그래서 하나님은 만유보다 크신 분이시다. 모든 것이 하나님 자신에게서 나와서, 지금도 그 안에 서 있는 것이다.

1. 하늘과 땅의 창조(창 1:1)

가. 창세기 1장 1절과 2절의 관계이해

어거스틴은 창세기 1장 1절에서 '하늘과 땅'이 창조되었으며, 2절부터는 '땅의 창조'라고 부른다. 이것은 창세기 1장 1절과 2절과의 관계를 계속된 관계로 이해할 경우 그렇게 설명된다. 창세기 1장 1절과 2절의 관계를 성경본문을 통해서 살펴보면 다음과 같다.

태초에 하나님이 (그)하늘과 (그)땅(천지)을 창조하시니라. (그)땅이 혼돈하고 공허하며 흑암이 깊음 위에 있고 하나님의 신은 수면에 운행하시니라 (창 1:1-2)

בְּרֵאשִׁית בָּרָא אֱלֹהִים אֵת הַשָּׁמַיִם וְאֵת הָאָרֶץ

וְהָאָרֶץ הָיְתָה תֹהוּ וָבֹהוּ וְחֹשֶׁךְ עַל־פְּנֵי תְהוֹם וְרוּחַ אֱלֹהִים מְרַחֶפֶת עַל־פְּנֵי הַמָּיִם (창1:1-2)

1장 1절과 2절의 관계를 규명하는 것은 매우 중요하다. 성경본문 해석의 방향을 결정해 주기 때문이다. 1장 1절, "태초에 하나님이 하늘과 땅을 창조하시니라"를 표제로 볼 경우, 1절과 2절은 서로 단절시켜서 보아야 한다. 그런데, 1장 1절과 2절을 연결시켜서 볼 경우, 1장 1절에서 "태초에 하나님이 하늘과 땅을 창조(בָּרָא)하셨다. 그리고 그 땅은 혼돈하고 공허하였다"라고 해석을 하며, 2절은 이 1절의 창조된 '땅'에 대한 묘사가 된다. 그래서 이제 창세기 1장은 땅의 창조에 대한 묘사가 되는 것이다. 어거스틴은 창세기 1장 1절을 이렇게 해석한다.

일단, 성경본문에 나타난 문맥대로 해석할 경우, 창세기 1장 1절과 2절은 서로 연결시켜서 보아야 한다. 1절과 2절의 연결은 "그리고 그 땅은(וְהָאָרֶץ)"으로 시작된다. '그리고'라는 '접속사'가 있으며, '그 땅'이라는 '정관사'가 여기에 첨부되고 있다. 이것은 이 두 구절은 연속된 관계 속에 있는 구절임을 밝혀주고 있다. 이에 따라 우리는 1절은 '땅의 창조'를 말하고, 2절은 1절에서 창조된 땅의 모습을 말한다고 보아야 할 것이다.

나. 영적인 세계로서의 하늘의 창조

모세오경의 우주관은 그 이후의 모든 세대들에도 영향을 미쳤음은 분명하다. 창조에 관한 새로운 계시를 도입하지 않는 한, 이 창세기 1장의 우주관은 지속적으로 영향력을 발휘하였다. 이에 따라 후대의 '하늘'의 창조에 대한 언급을 돌아보면, '하늘'은 분명히 창조되었는데, 이때 '하늘'과 '궁창'이 별도로 언급되는 경우들이 대거 존재한다. 그래서, '하늘'은 '하늘들'로 묘사되기도 한다.

이때, '궁창'의 하늘은 우리 눈에 보이는 하늘이며, '그 위의 하늘'은 영적인 세계를 지칭하는 것으로 보인다. 이에 대한 내용들을 언급하면 다음과 같다.

> 하나님이 궁창을 하늘이라 칭하시니라 저녁이 되며 아침이 되니 이는 둘째 날이니라.(창 1:8)
> 하늘과 모든 하늘의 하늘과 땅과 그 위의 만물은 본래 네 하나님 여호와께 속한 것이로되(신 10:14)
> 하나님이 참으로 땅에 거하시리이까 하늘과 하늘들의 하늘이라도 주를 용납지 못하겠거든 하물며 내가 건축한 이 전이오리이까.(왕상 8:27)
> 하늘의 하늘도 찬양하며, 하늘 위에 있는 물들도 찬양할지어다.(시 148:4)
> 그가 하늘을 지으시며 궁창으로 해면에 두르실 때에 내가 거기 있었고(잠 8:27)
> 내가 그리스도 안에 있는 한 사람을 아노니 십 사년 전에 그가 세째 하늘에 이끌려 간 자라.(고후 12:2)
> 내리셨던 그가 곧 모든 하늘 위에 오르신 자니 이는 만물을 충만케 하려 하심이니라.(엡 4:10)

위에 언급된 하늘들을 보면, '하늘'은 '영적인 세계'를 지칭하는 것으로 보이며, '궁창'은 우리의 가시권에 있는 '하늘'을 지칭하는 것으로 보인다. 그리고 이 양자는 긴밀하게 관련이 되어 있으며, 이 모두가 전부 피조 된 존재이다.

따라서 1장 1절의 "하나님이 하늘과 땅을 창조하시니라"는 6절의 '궁창'이 아닌 '하늘들'을 의미하며, 영적인 세계를 의미한다고 보아야 한다. 그리고 만일 이와 같이 '하늘'의 창조와 '궁창'의 창조를 별도로 놓아야 한다면, 창세기 1장 1-2절은 연속된 문장으로서 태초에 대한 묘사이다. 그럴 경우, 1장 1절에서 "하나님이 하늘과 땅을 창조하시니라. 그리고 땅은 혼돈하고 공허하며…"를 우리가 해석할 때, "하나님이 하늘과 땅을 창조하시니라"에서 이미 '하늘'이 창조된 것으로 보아야 할 필요가 있다.

다. 1장 1절, 태초에 대한 묘사

결국 창세기 1장의 이해와 관련하여서 가장 먼저 분별하여야 할 과제는 1장 1절의 "하나님이 태초에 하늘과 땅을 창조하시니라"에서 이것이 이미 이루어진 태초에 대한 묘사인가, 아니면 전체의 창조에 대한 표제인가의 문제이다. 그런데, 이것은 이미 이루어진 태초에 대한 묘사인 것으로 보여진다.

먼저, 앞에서 언급한 바와 같이 1절의 '하늘'과 6절의 '궁창'이 서로 다른 존재이기 때문이다. 성경에서는 분명이 '영적 세계'로서의 '하늘'도 창조되었다고 말하는데, 이 '영적세계'로서의 '하늘'이 둘째 날의 '궁창' 창조시에 만들어진 것은 아니기 때문이다. 둘째 날의 궁창은 분명히 '수면' 사이의 '공간'이며, '하나님'은 '신들의 총회'로서 이미 그들의 거처로서의 '하늘'이 있다. 그리고 이 '신들의 거처'로서의 '하늘'도 창조 된 것이라면 그것은 6일 창조이전에 창조된 것이다. 이에 대한 묘사가 1장 1절의 '하늘의 창조'인데 이것이 곧 '태초'에 대한 묘사인 것이다.

둘째, "태초에 하나님이 하늘과 땅을 창조하시니라"의 1절에 이어지는 2절과의 관계인데, "그리고 그 땅은 혼돈하고 공허하며 심연의 흑암 위에 있고, 하나님의 신은 수면에 운행하시니라"로 이어지기 때문이다. 즉, "그리고 그 땅은"으로 이어지며 "땅의 모습이 혼돈과 공허와 흑암"으로 묘사된다. 그리고 여기에 첫째 날의 '빛의 창조'가 언급된다. 이에 의하면, 2절은 3절의 빛의 창조를 위한 상태의 묘사이다. 그리고 이 상태묘사는 1장 1절과 이어져있다. 그렇다면, 1장 1절의 '하늘과 땅'의 창조는 그 이후의 6일 동안의 창조와 다른 창조인 것이다.

셋째, 2절 이후에서는 이제 '하늘'의 창조는 언급되지 않는다. 이후에 1절의 '하늘'의 창조는 이제 언급되지 않기 때문에 어거스틴은 결국 1장의 창조 이야기를 '땅의 창조'에 관한 것이라고 말한다. 6절에서의 '궁창'은 '때려서 만든 둥근 천장'인데, 결국은 '하늘세계'를 보여주며, 그곳과 연결된 '창문'이다. '하늘나라' 자체가 둘째 날에 창조된 것이 아니라, 땅의 창조의 일환이었다. 그러면서도 만일 '궁창'이 아닌 다른 '하늘'이 창조된 것으로 성경본문들에서 언급되고 있다면, 이 '영적인 세계'로서의 '하늘'은 1장 1절에서 '창조된 것'으로 볼 수 밖에 없다.

라. '하늘들'을 지으신 하나님

창세기 1장 1절에서 '하늘'이라는 용어를 사용할 때에는 הַשָּׁמַיִם 이라고 표기하는데, 이것은 '하늘들'을 의미하는 '복수형'이며, 여기에 '관사'까지 붙어 있어서 구체적인 대상을 지칭한다.

> 하늘과 모든 하늘의 하늘과 땅과 그 위의 만물은 본래 네 하나님 여호와께 속한 것이로되(신 10:14)

성경본문들에 의하면, '하늘'이라는 용어는 다양하게 등장한다. 특히 이 '하늘'은 '하나님의 계신 곳'이며, '신들의 처소'이고, 심지어는 우리가 앞으로 '나아갈 곳'이며, 이곳과 우리와의 관계는 뗄래야 뗄 수 없다.

그리고 성경에서는 '하늘'의 창조를 부단히 말한다. 이때 많은 언급들에서 '하늘'과 '궁창'을 지었다고 말하여서 이 둘 모두를 구체적으로 언급하며 피조되었다고 말한다. 이 경우, 이 둘에 대한 창조의 사실은 창세기 1장 1절과 6절에만 나타난다. 그렇다면, 1절의 창조는 '영적인 세계'의 창조로 귀속시켜야 하고, 6절의 창조는 '궁창'의 창조로 귀속시켜야 할 것이다. 다른 선택 대안은 존재하지 않기 때문이다.

2. '영적인 세계인 하늘'의 창조

가. 보이지 않는 세계 · 하늘을 창조하신 하나님

하나님께서는 '보이지 않는 세계'도 또한 창조하시었다. 그리고 보이지 않는 세계란 신들의 세계를 의미한다. 이것이 곧 '하늘'이다. 이 '하늘'은 '공중'과는 다르다.

> 만물이 그에게서 창조되되 하늘과 땅에서 보이는 것들과 보이지 않는 것들과 혹은 왕권들이나 주권들이나 통치자들이나 권세들이나 만물이 다 그로 말미암고 그를 위하여 창조되었고(골 1:16)
> 만방의 모든 신은 헛것이요 여호와께서는 하늘을 지으셨음이로다.(대상 16:26)

이 '보이지 않는 세계'에 대한 창조가 있어야 '여호와'에 대하여 '하나님(엘로힘)'이라는 지칭이 가능하다. 우리는 '하나님'을 "만군의 주 여호와"라고 불렀다. 그리고 우리는 "여호와의 총회"로서의 "엘로힘"을 말하고 있다. 여호와가 하나님으로 불리울 때에는 이미 여호와가 보이지 않는 세계, 천군천사들(신들)을 지으신 것이다. 그래서 여호와가 말씀을 발하시면, 이제 천군천사들이 창조자가 되어서 모든 만물들에 자신의 영성을 불어넣는 것이다. 이렇게 하여 창세기 1장의 창조가 이루어지는 것이다.

> 하늘과 모든 하늘의 하늘과 땅과 그 위의 만물은 본래 네 하나님 여호와께 속한 것이로되(신 10:14)
> 오직 주는 여호와시라 하늘과 하늘들의 하늘과 일월 성신과 땅과 땅 위의 만물과 바다와 그 가운데 모든 것을 지으시고, 다 보존하시오니 모든 천군이 주께 경배하나이다.(느 9:6)

모세는 '하나님'을 '전능자'로 바라보고 있다. 그렇기 때문에 이미 그 안에는 그에게 부속된 제신들이 존재한다. 그리고 이들의 거하는 세계가 '하늘'이다. 여호와께서는 이 '하늘'을 창조하신 것이다.

나. 하늘 창조의 방법 : 존재와 마음의 분유

이 신들의 세계는 어떻게 창조되었나? 우리 고대의 지혜자들은 창조에 대한 연구에 상당한 심혈을 기울였다. 그리고 그들은 최초의 원인자가 신이라는 것을 발견하였다. 이것은 인간의 선험성 속에 주어진 신 지식인 것이다.

이 신들의 세계가 지어지려면, 맨 먼저 '존재'라는 시원적 존재가 있어야 한다. '존재'가 먼저 '있음'을 나누어 주어야 그것이 존재하는 것이 되는 것이다. 그가 바로 여호와이다. 여호와가 자신의 마음에 품은 것을 미리 계획한 후에 그러한 '존재'를 나누어주는 것이다. 그러기 위해서는 '여호와(스스로 있는 자)'가 있어야 한다. 모세는 출애굽기 3:14에서 이러한 존재가 여호와라고 말한다. 그래서 '여호와'는 보통명사이면서 고유명사가 된다.

모세가 하나님께 아뢰되 내가 이스라엘 자손에게 가서 이르기를 너희의 조상의 하나님이 나를 너희에게 보내셨다 하면 그들이 내게 묻기를 그의 이름이 무엇이냐 하리니, 내가 무엇이라고 그들에게 말하리이까. 하나님이 모세에게 이르시되 나는 스스로 있는 자이니라 또 이르시되 너는 이스라엘 자손에게 이 같이 이르기를 스스로 있는 자가 나를 너희에게 보내셨다 하라(출 3:13-14)

이렇게 하여 어떤 존재가 생성된다고 하자. 이 존재에게는 그 존재의 존재의 미, 혹은 그 '본질'을 정해줄 '마음'이 필요하다. 이것을 구약성경에서는 '지혜'라고 불렀고, 헬라철학자들은 '로고스' 혹은 '누우스'라고 불렀던 것이다. 그 존재를 분유 받은 또 다른 존재자에게, 그 존재자의 의미를 정해주는 로고스를 분유해 주어야 한다. 이러한 존재가 여호와와 함께 창조자가 된 지혜인 것이다. 사도 요한은 이 지혜를 로고스라고 부르는 것이다.

지혜가 부르지 아니하느냐 명철이 소리를 높이지 아니하느냐. 그가 길 가의 높은 곳과 네거리에 서며, 성문 곁과 문 어귀와 여러 출입하는 문에서 불러 이르되, 사람들아 내가 너희를 부르며 내가 인자들에게 소리를 높이노라.… 내게는 계략과 참 지식이 있으며 나는 명철이라 내게 능력이 있으므로 나로 말미암아 왕들이 치리하며 방백들이 공의를 세우며, 나로 말미암아 재상과 존귀한 자 곧 모든 의로운 재판관들이 다스리느니라.…여호와께서 그 조화의 시작 곧 태초에 일하시기 전에 나를 가지셨으며, 만세 전부터, 태초부터, 땅이 생기기 전부터 내가 세움을 받았나니(잠 22:1-23)

이렇게 여호와의 존재가 분유된 곳에 이제는 이 지혜·로고스가 분유되는 것이다. 그리고 그들이 곧 영적존재로서 하늘의 천군천사들인 것이다.

다. 로고스의 내용물로서의 형상
하늘의 존재가 이와 같이 존재를 주시는 여호와 하나님과 마음을 주시는 말씀 하나님의 분유로 말미암았다면, 이들의 본질은 여호와의 계획을 이루는 것으로 이루어져 있다. 심지어는 창조와 타락과 구속까지 모두 그 계획 속에 담겨 있다. 이것이 하늘 존재들의 본질이다. 그리고 이것이 하늘인 것이다. 창세기 1:1의 "하나님이 하늘과 땅을 창조하시니라"에서의 하늘은 이렇게 여호와의 존재와 말씀 하나님의 마음을 나누어 줌을 통해서 형성된 것이며, 이것을 고대인들은 형상이라고 부른 것이다. 이것이 천사들의 본질이며, 하늘의 본질인 것이다. 하늘에는 땅에 이룰 아름다운 것들로 가득하다. 특히 창조도 그렇게 이루어진다. 우리는 그것을 '형상'이라고 부르는 것이다.

> 여호와께서 너를 위하여 하늘의 아름다운 보고를 여시사 네 땅에 때를 따라 비를 내리시고 네 손으로 하는 모든 일에 복을 주시리니 네가 많은 민족에게 꾸어줄지라도 너는 꾸지 아니할 것이요.(신 28:12)

우리는 천사들의 본질은 이런 관점으로도 파악한다. 심지어 하늘에는 '바다'가 존재한다. 땅에만 바다가 존재하는 것이 아니라, 하늘에도 유리바다가 존재한다. 그리고 이 유리바다는 땅의 창조와 생명과 심판과 관련이 있어 보인다. 곧 천사들의 무리일 수 있다는 것이다. 이들이 땅의 '질료' 가운데 영향을 미치는 '형상들'일 수 있다는 것이다.

> 보좌 앞에 수정과 같은 유리 바다가 있고 보좌 가운데와 보좌 주위에 네 생물이 있는데 앞뒤에 눈들이 가득하더라.(계 4:6)
> 또 내가 보니 불이 섞인 유리 바다 같은 것이 있고 짐승과 그의 우상과 그의 이름의 수를 이기고 벗어난 자들이 유리 바다 가에 서서 하나님의 거문고를 가지고(계 15:2)

우리는 하늘의 모든 존재, 특히 천군과 천사를 이 세계 속에 영향을 미치는 존재로 파악한다. 이 세계의 본질을 이루는 존재들인 것이다. 그들에 의해서 이 세계가 좌우된다.

라. 천사들 위에 좌정하신 하나님

하늘의 구성물을 우리는 천사들로 볼 수 있다. 하나님께서는 하늘에 천사들을 창조하시고, 그 위에 좌정하신 것이다. 이렇게 권능의 존재들로 가득한 곳이 '하늘'이다. 그리고 여호와께서는 그 하늘에 거처를 삼으신 것이다.

그래서, 이제 이 하늘이 곧 여호와의 거처가 되었기 때문에, 이 하늘 자체를 이제는 사람들이 하나님이라고 부르는 것이다. 그래서 하늘을 하나님이라고 불러도 크게 다르지 않다. 하늘은 여호와의 거처이며, 하늘의 모든 신들은 여호와께 부속되어 있다. 이 전체를 가리킬 때, 우리는 엘로힘(하나님)이라고 부르는 것이다. 즉 여호와의 총회로서의 하나님인 것이다. 그래서 이제는 이 하늘이 인격적 존재로서 불리기도 한다. 이곳은 인격적인 존재로서 묘사되는 것이다.

> 하늘이 그의 죄악을 드러낼 것이요 땅이 일어나 그를 칠 것인즉(욥 20:27)
> 그가 꾸짖으신즉 하늘기둥이 떨며 놀라느니라.(욥 26:11)
> 여호와께서 이 일을 행하셨으니 하늘아 노래할지어다 땅의 깊은 곳들아 높이 부를지어다.(사 44:23)
> 너 하늘이여 위에서부터 의로움을 비 같이 듣게 할지어다 궁창이여 의를 부어 내릴지어다. 땅이여 열려서 구원을 내고 의도 함께 움돋게 할지어다 나 여호와가 이 일을 창조하였느니라.(사 45:8)

우리는 하늘을 바라본다. 하나님께서는 둘째 날에 궁창을 지으시며, 이 궁창을 하늘이라고 부르게 하였다. 즉 궁창은 하늘을 보여주는 거울이다. 모형이자 통로이기도 하다. 그래서 우리는 이제 궁창을 바라보며, 그 위에 천군천사들이 가득하고, 그 위에 여호와가 좌정하신 곳으로 바라보아도 된다.

오히려 하나님께서는 우리가 그와 같이 하늘·궁창을 바라보길 원하신다. 이렇게 하여 하나님께서는 우리가 곧바로 하나님을 바라볼 수 있게 하시었다.

3. 땅을 창조하신 하나님

가. 혼돈과 공허의 땅

창세기 1장 1절은 "하나님이 하늘과 땅을 창조하였다"고 말한다. 그리고 바로 이어서 "그리고 그 땅은 혼돈하고 공허하며…"라고 말한다. 즉, 땅에 대한 서술이 이어진다는 것이다. 그리고 그 땅을 성령이 보듬고 있다. 그 내용은 다음과 같다.

> 태초에 하나님이 하늘과 땅을 창조하시니라. 그리고 그 땅이 혼돈하고 공허하며 흑암이 깊음 위에 있고 하나님의 영은 수면 위에 운행하시니라.(창 1:1-2)

성경 본문에 의하면, 땅도 하나님께서 창조하셨다. 그런데, 거의 땅으로서의 형체가 존재하지 않는다. "혼돈과 공허와 흑암의 깊음"만이 있을 뿐이다. 그러나 여기에서 강조하고자 하는 것은 땅도 무에서 유로 창조되었다는 것이다. 이때 그 모습은 "깊은 혼돈·공허·흑암"이다. 형체는 하나도 존재하지 않는다.

나. 수면에 운행하시는 성령님

무에서 유의 창조를 말할 때, 우리는 항상 분유의 원리를 생각하여야 한다. 성령께서는 태초에 모든 창조물보다 먼저 계셨다. 이 성령께서도 자신의 신성을 나누어주는 것이다. 여호와께서 존재를 나누어주시고, 로고스가 마음·정신을 나누어 주듯이, 이제 성령께서는 생명을 나누어주시는 것이다. 그것은 마치 '물'의 구성분자인 원소일 수도 있다. 그리고 여기에서 '수분'이 나오고, '물'이 나오고, '호흡'이 나오는 것이다. 이 성령께서 수면을 품고 계신다.

> 흑암이 깊음 위에 있고 하나님의 영은 수면 위에 운행(מְרַחֶפֶת)하시니라.(창 1:2)

위의 본문에서 '깊음(떼홈)'을 고대신화에서는 '원시해양'이라고 말한다. 이에 대해 성경은 이 '떼홈' 위에 성령이 계신다고 말한다. 그 '떼홈'을 성령께서 창조하셨다는 것이다.

다. '원시해양(תְּהוֹם, 떼홈)'을 창조하신 하나님

고대세계의 모든 창조신화에서 이 תְּהוֹם'떼홈'이 등장한다. 메소보다미아 신화에서는 '티아맛'으로 등장한다. 그리스 철학자 탈레스가 말하는 '물'은 바로 이 חהום'떼홈'을 의미한다. 그런데 성경에서는 이러한 '떼홈'으로서의 '땅'이 성령에 의해 마치 '부화'하듯이 탄생했다고 말한다.

위의 성경본문에 나타난 "운행하다"의 원어는 מְרַחֶפֶת (므라헤파크)는 רחַף(라파크)라는 동사의 현재분사형인데, 이것의 의미는 "알을 품다, 날개치다, 날다, 떠다니다" 등의 의미를 가지고 있다.

이 '수면(물)'은 그냥 스스로 생겨난 것이 아니라, 태초에 무로부터 창조되었다는 것이다.

라. 카오스와 코스모스

그리스 신화에서 이 '원시해양(떼홈, 티아맛)'은 카오스로 등장한다. 거대한 질료 덩어리인 것이다. 여기에 에로스가 들어가서 이것이 코스모스가 되어 나오게 한다. 성경에서는 이 에로스 대신에 하나님의 말씀과 이 말씀에 따라 어둠을 향하여 나아가는 빛을 말한다. 하나님께서는 첫째 날에 빛을 창조하였는데, 이 빛이 이제 어둠 속으로 들어가며, 창조를 행한다. 바로 이 어두움이 카오스이며, 물이며, 질료인 것이다. 그리고 그 빛 안에는 하나님의 말씀과 형상이 있다. 그래서 형상이 질료 속으로 들어가는 것이다.

4. 6일 동안, 말씀으로 창조

가. "말씀으로 창조"가 의미하는 바

히브리서 기자는 "천지가 말씀으로 창조되었다"고 말한다. 이때 히브리 기자는 로고스 대신에 레마의 말씀을 사용한다. 그 내용은 다음과 같다.

믿음으로 모든 세계가 하나님의 말씀(ῥῆμα 레마)으로 지어진 줄을 우리가 아나니 보이는 것은 나타난 것으로 말미암아 된 것이 아니니라.(히 11:3)

히브리서 기자가 레마의 말씀을 이용한 것은 히브리어 "아마르"(말하다)를 적용한 것이다. 즉, 하늘에 보좌를 좌정하신 하나님께서 "뇌성과 음성과 번개"와 같은 말씀을 발하신 것이다. 그러자 이제 이 말씀을 따라서 흑암 속에 빛이 내려가는 것이다. 그리고 그 빛 안에는 각종 하늘에 속한 영들, 곧 형상이 존재한다. 그래서 카오스의 질료 속에 침투하면서, 그 질료에 그 형상을 실현시켜 내는 것이다. 이것이 곧 "말씀으로 창조"의 의미이다.

나. 하나님 보좌에서 나오는 말씀

결국 "말씀으로 창조하셨다"는 것은 하나님 보좌에서 누군가가 말씀을 발하였다는 것이다. 우리는 이 말씀이 나오는 곳을 사도 바울이 말하는 셋째 하늘, 곧 하나님 보좌가 펼쳐진 그곳으로 본다. 요한계시록 4장의 그 하늘이 하나님 보좌이다.

이때 그 하나님의 보좌 위에 여호와께서 좌정하여 계신데, 또 그 위에 벽옥과 홍보석 같은 푸른 그 무엇이 펼쳐져 있다. 그것은 이 보좌로 하늘을 한정지을 수 없다는 것이다. 여호와 하나님 안에 펼쳐진 세계는 우리가 측량할 수 없다. 사도 요한은 일단 보좌를 다음과 같이 서술하고 있다.

> 이 일 후에 내가 보니 하늘에 열린 문이 있는데 내가 들은 바 처음에 내게 말하던 나팔소리 같은 그 음성이 이르되 이리로 올라오라 이 후에 마땅히 일어날 일들을 내가 네게 보이리라 하시더라. 내가 곧 성령에 감동되었더니 보라 하늘에 보좌를 베풀었고 그 보좌 위에 앉으신 이가 있는데, 앉으신 이의 모양이 벽옥과 홍보석 같고 또 무지개가 있어 보좌에 둘렸는데 그 모양이 녹보석 같더라. 또 보좌에 둘려 이십사 보좌들이 있고 그 보좌들 위에 이십사 장로들이 흰 옷을 입고 머리에 금관을 쓰고 앉았더라. 보좌로부터 번개와 음성과 우렛소리가 나고 보좌 앞에 켠 등불 일곱이 있으니 이는 하나님의 일곱 영이라. 보좌 앞에 수정과 같은 유리 바다가 있고 보좌 가운데와 보좌 주위에 네 생물이 있는데, 앞뒤에 눈들이 가득하더라.(계 4:1-6)

우리의 보좌의 존재를 다 바라볼 수도 없고, 더 나아가 이해할 수도 없다. 다만 그 존재를 알 뿐이다. 그리고 위의 보좌를 목격하고 이해할 때, 예수 그리스도의 몸 안에서 간접적으로 목격하고 이해할 뿐이다. 왜냐면, 여호와를 보고는 살 자가 없기 때문이다. 우리는 이것을 기억하면서, 이곳을 생각으로라도 바라보는 것이다. 우리는 이곳을 한정적으로만 이해할 뿐이다. 우리는 그 존재만을 이해할 뿐이다.

① 이곳에는 보좌가 있다. 그리고 그 보좌 위에 끝없이 펼쳐진 그 무엇이 있다. 이것을 벽옥과 홍보석으로 표현하는데, 이것은 또 다른 하늘의 표현으로 보인다. 그리고 이것은 여호와의 마음 위에 펼쳐진 세계에 대한 모습이다.
② 그 보좌를 둘려 이십사 보좌들이 있고, 이십사 장로들이 희 옷을 입고 금관을 쓰고 앉았다. 인생들이 이렇게 존귀한 자리에 앉아있다.
③ "보좌로부터 번개와 음성과 우렛소리"가 나는데, 이것은 여호와의 말씀이다. 그리고 "그 보좌 앞에 켠 등불 일곱이 있으니 이는 하나님의 일곱 영이라"고 하는데, 이것은 성령 하나님에 대한 형용이다.
④ "보좌 앞에 수정과 같은 유리 바다가 있고 보좌 가운데와 보좌 주위에 네 생물이 있는데, 앞뒤에 눈들이 가득하더라."고 하는데, 이것은 천천만만의 천군 천사들이다.

위에서 ①~③은 보좌의 모습이고, ④의 유리바다가 곧 하늘의 천군천사들일 수 있다. 그런데, 이것은 마치 바다와도 같다. 보좌는 몇 평의 공간으로 묘사될 수 없다. 그 앞에는 바다가 있다. 고대인들은 하늘이 파란 것에 대한 이유를 이 유리바다에서 찾은 것 같다. 우리는 이러한 것들을 우리의 생각을 틀로 이미지화 시킬 수 없다. 다만 그 존재들을 바라보는 것일 뿐이다.

다. 보좌 위에 앉으신 이

우리는 이 보좌 위에 앉으신 이가 있는데, 그것은 "앉으신 이의 모양이 벽옥과 홍보석 같고 또 무지개가 있어 보좌에 둘렸는데 그 모양이 녹보석 같더라"고 형용되고 있다. 우리는 보좌에 앉으신 이를 여호와라고 부른다.

보라 하늘에 보좌를 베풀었고 그 보좌 위에 앉으신 이가 있는데, 앉으신 이의 모양이 벽옥과 홍보석 같고 또 무지개가 있어 보좌에 둘렸는데 그 모양이 녹

보석 같더라.(계 4:2-3)

그 분 안에는 이와 같은 또 다른 차원의 세계가 담겨 있는 것이다. 우리는 앞에서 욥에게 나타나 말씀을 발하시는 여호와를 보았다. "네가 이러한 것들을 아느냐"고 하면서, 세상 모든 만물의 이치를 말한다. 그 안에 세상에 대한 모든 경영이 담겨 있었고, 이 세상의 모든 존재들은 그 경영에 따라 움직인다. 모든 것을 예정하시고 섭리하신다는 의미이다. 그 세계가 여호와 안에 이미 모두 담겨져 있다. 이것을 사도 바울은 경륜이라고 표현하였다. 경륜이 여호와 안에 감추어진 여호와의 마음이며 크기이다.

곧 창세전에 그리스도 안에서 우리를 택하사 우리로 사랑 안에서 그 앞에 거룩하고 흠이 없게 하시려고, 그 기쁘신 뜻대로 우리를 예정하사 예수 그리스도로 말미암아 자기의 아들들이 되게 하셨으니, 이는 그가 사랑하시는 자 안에서 우리에게 거저 주시는 바 그의 은혜의 영광을 찬송하게 하려는 것이라. 우리는 그리스도 안에서 그의 은혜의 풍성함을 따라 그의 피로 말미암아 속량 곧 죄 사함을 받았느니라. 이는 그가 모든 지혜와 총명을 우리에게 넘치게 하사 그 뜻의 비밀을 우리에게 알리신 것이요 그의 기뻐하심을 따라 그리스도 안에서 때가 찬 경륜을 위하여 예정하신 것이니, 하늘에 있는 것이나 땅에 있는 것이 다 그리스도 안에서 통일되게 하려 하심이라. 모든 일을 그의 뜻의 결정대로 일하시는 이의 계획을 따라 우리가 예정을 입어 그 안에서 기업이 되었으니(엡 1:4-11)
영원부터 만물을 창조하신 하나님 속에 감추어졌던 비밀의 경륜이 어떠한 것을 드러내게 하려 하심이라.(엡 3:9)

사도 바울은 셋째 하늘에 계신 여호와를 위와 같이 서술하고 있다. 그 안에는 이 세계의 모든 과거와 현재와 미래가 다 담겨져 있다. 오늘날 우리가 바라보는 세계는 이러한 세계가 반영된 하나의 점일 뿐이다. 그 분은 만유보다 크신 하나님이시다.

라. 여호와와 함께 계신 말씀 하나님

사도 바울은 하나님의 경륜 곧 여호와의 마음을 보았다. 사도 바울은 그 여호와의 마음을 하나의 세계로 인식하는 것 같다. 그 세계는 여호와 안에 존재하는 여호와의 마음인데 이 세계 보다 더 크다. 이 세계는 그 세계가 일시적으로 나타나는 것일 뿐이다. 이 세계의 모든 변화가 이미 그 분 안에 먼저 있다. 사도 바울은 이 하나님을 가리켜서 예정하시고 섭리하시는 하나님이라고 불렀다. 그 예정과 섭리 안에는 우리나라의 운명도 포함되며, 우리 개인도 포함된다. 이곳이 보좌 위에 펼쳐진 여호와의 모습이다. 이곳을 사도 요한은 "앉으신 이의 모양이 벽옥과 홍보석 같고 또 무지개가 있어 보좌에 둘렸는데 그 모양이 녹보석 같더라"고 표현한 것으로 보인다.

그런데, 이 여호와의 마음을 알고 있는 유일한 분이 있다. 그가 곧 독생하신 말씀 하나님이신 것이다. 곧 그의 아들인 것이다. 이때 하나님의 독생자 말씀 하나님은 누구신가? 이 하나님의 마음으로부터 탄생하신 분이시다. 그래서, 이 분만이 그 하나님의 경륜, 곧 여호와의 마음을 안다. 그리고 이 분이 말씀을 발하시는 것이다. 이 분은 창조 때에도 하나님과 함께 창조자가 되시었다. 이렇게 말씀 하나님이 여호와의 마음을 알아 말씀을 발하면, 그 말씀대로 하늘의 천군과 천사들이 출동하여 그 창조를 이룬다. 이때 그 우편에서 말씀을 발하는 이가 존재한다. 사도 요한은 그것을 다음과 같이 표현한다.

> 태초에 말씀이 계시니라 이 말씀이 하나님과 함께 계셨으니 이 말씀은 곧 하나님이시니라. 그가 태초에 하나님과 함께 계셨고, 만물이 그로 말미암아 지은 바 되었으니 지은 것이 하나도 그가 없이는 된 것이 없느니라.(요 1:1-3)

천지창조가 이렇게 이루어진 것이다. 거대한 하늘나라가 이렇게 이 세상에 반영되는 것이다. 이렇게 세상은 없는 것으로부터 창조되었으며, 말씀으로 창조되었다. 이 아무것도 없는 상태를 흑암이라고 표현한다.

[결 론] 창조를 위해 말씀을 발하시는 분

우리는 창세기 1장 1절에서, "태초에 하나님이 하늘과 땅을 창조하시니라"는 말씀을 듣는다. 우리는 이 본문을 통해 하늘과 땅을 창조하신 이로서 '삼위일체 하나님'을 보는 것이다. 그런데, 이제 조금 진행하여 6일 동안의 창조가 시작될 때에는 "그 말씀을 발하시는 이"를 목격하고 된다. 우리 고대 교부들은 그를 '말씀 하나님'으로 보고 있다. 오리게네스나 닛사의 그레고리는 바로 이분이 성육신하였다고 말한다.

창 1:1, 하늘과 땅을 창조하신 하나님

여호와 하나님께서는 존재를 나누어주시고, 말씀 하나님께서는 마음(지혜)을 나누어주심으로 하늘의 영적인 존재들을 창조하시었다. 이때 여호와 하나님의 계획·혹은 경륜이 무한하여서 그 하늘은 천천만만의 천군천사들로 가득하게 된다. 이렇게 하늘을 창조하신 것이다. 이들은 모든 창조와 섭리를 이룰 영적인 존재들이며, 자신을 무한하게 나누어줄 수 있는 권능의 존재들인 것이다.

또한 하나님께서는 생명의 근원이 되는 질료로서의 땅을 창조하시었다. 이것은 처음에는 아무런 형태가 없어서 "혼돈과 공허와 흑암의 깊은 수면"일 뿐이었다. 카오스 상태라는 것이다. 이렇게 성령께서는 '깊은 수면'을 창조하시었다.

이렇게 창세기 1장 1절은 6일 동안의 땅의 창조 이전에 '하늘'과 질료(혼돈과 흑암)로서의 '땅'이 창조된 것을 말하고 있다. 이때 ' ברא(바라, 무에서 창조하다)'라는 히브리어가 사용된다.

말씀을 발하시는 하나님

이렇게 하늘과 땅을 창조하신 하나님께서 6일 동안의 창조를 행하신다. 이때 하나님께서는 하늘에 보좌를 베푸시고, 그곳에서 말씀을 발하시는 것이다. 그러면, 하늘의 천군과 천사들이 빛을 타고, 흑암의 질료 속으로 들어가서 창조를 이루어내는 것이다. 그리고 그 모습이 곧 창세기 1장의 모습이다.

하나님이라는 용어에는 이와 같은 하늘의 모든 천군천사들과 그 위에 좌정하신 여호와와 그의 아들이 모두 포함되어 있다. 이들이 이 땅에 창조를 베푸신 것이다. 오늘날의 이 세계는 이렇게 해서 지어진 바가 되었다.

아버지의 뜻에 따라 말씀을 발하시는 말씀 하나님

이 세계 속에는 끝없이 여호와의 계획이 반영되어 나타난다. 이것을 가리켜서 경륜이라고 한다. 여호와께서는 자신이 가지신 우주를 향한 계획이 있으시다. 이것이 지금도 하늘의 하나님 보좌에서 흘러내려오고 있는 것이다.

이 영원하신 아버지의 뜻을 아는 이는 그의 아들인 말씀 하나님 밖에 없다. 그래서 이 아들이 아버지의 마음을 보고, 말씀을 발하는 것이다. 창조도 그와 같고, 이 세상의 모든 운영도 그와 같다. 그래서 결국 아버지의 뜻이 이 세계 속에 실현되어 나타난다.

그것이 바로 하나님의 계획이고, 경륜이다. 그런데, 이 계획이 참으로 놀라웠는데, 그의 아들을 이 세계 속에 보내어 우리의 구주로 삼는다는 것이었다. 그의 아들을 우리의 신랑으로 삼는다는 것이었다.

이것이 가장 중요하다. 그 말씀을 발하시는 그 말씀 하나님이 우리의 신랑으로 우리 안에 오신다는 것이다. 이것이 하나님의 경륜이었다. 그렇게 해서 하나님 보좌 우편에서 말씀을 발하시는 그 독생자가 이 땅위에 성육신하여 오신 것이다. 그가 바로 예수 그리스도이시다. 그런데, 그가 왜 이 세상에 오셨느냐면, 그가 우리의 신랑으로서 우리와 혼인을 위해 오시었다. 하나님께서는 그의 지으신 모든 것을 그의 아들과 우리에게 맡기는 것을 그의 계획·경륜으로 삼고 계신다. 이것은 창세기 1장에서부터 나타난다.

창세기 원역사 해설

4장 말씀으로 창조하신 하나님 (창1:3a)

[서 론] 보좌에서 말씀을 발하시는 하나님

헬라어에서 '말씀'에는 '레마(ῥῆμα)'와 '로고스(λόγος)'가 있다. '로고스'는 그리스어로 "말씀, 이성, 논리 등"을 의미한다. 일반적으로 하나님의 보편적 말씀을 가리킨다고 일컬어지지만, 우리는 이것을 잠언서 8장의 '지혜(호크마, חָכְמָה)'와 같은 개념으로 볼 필요가 있다. 그리고 '레마'는 특정 상황 속에서 "쏟아내어 말해진 것"을 의미하며, 히브리어로는 '아마르(אָמַר)'에 해당한다.

말씀과 그 말씀을 발하시는 분

잠언 8장에 의하면, 하나님께서는 창조 때에 지혜를 가지고 창조를 행하신다. 이 지혜는 "여호와께서 그 조화의 시작 곧 태초에 일하시기 전에 나를 가지셨으며"(잠 8:22), "내가 그 곁에 있어서 창조자가 되어 날마다 그의 기뻐하신 바가 되었으며"(잠 8:30)라고 말한다.

욥기 38-39장에 의하면, "내가 땅의 기초를 놓을 때에 네가 어디 있었느냐 네가 깨달아 알았거든 말할지니라"(욥 38:4)고 하며, "네가 하늘의 궤도를 아느냐 하늘로 하여금 그 법칙을 땅에 베풀게 하겠느냐"(욥 38:33)라고 말한다. 여호와의 마음 속에는 온 우주에 대한 설계와 장래의 계획이 다 있다는 것이다. 온 우주의 과거와 현재와 미래가 다 있다. 이가 곧 보좌에 앉으신 여호와 하나님이시다.

이제 이에 따라 말씀을 발하시는 이가 계신다. 하나님은 3위1체 하나님으로서 2위 말씀(로고스) 하나님과 함께 천지를 창조하시었다. 그런데, 계시록 4:5에 의하면, 보좌에 앉으신 하나님께로부터 "번개와 음성과 뇌성"이 나온다. 말씀을 발하시는 하나님이신 것이다.

창조의 원리 : 말씀에 의한 형상과 질료의 결합

고대의 지혜자들은 오늘날의 현대인들보다 훨씬 형이상학적 지혜에 몰두하였다. 그들이 이 형이상학적 세계를 알 수 있는 길은 '꿈과 환상과 표적'에 의존하는 신화적 지식을 통해서 였다.

그리고 이러한 신화적 지식이 정점에 이르자, 여기에서 욥기·잠언서의 고대 지혜자들이 출현하였으며, 그리스철학자들이 출현하였다. 그러면서 이들은 하늘의 형상과 땅의 질료가 결합하여 이 세상이 창조되었다고 말하기에 이르렀다. 이것이 플라톤 아리스토텔레스의 형상·질료이론이다. 그리고 이 이론이 무르익을 당시 기독교가 출현하였고, 당시의 모든 그리스철학자들이 기독교인이 되면서 이것은 기독교에 흡수되고 기독교의 삼위일체론을 형성하게 되었다.

그런데, 이때 히브리서 기자는 이 형상과 질료가 결합하기 이전에 그 이면에 말씀하시는 하나님이 계신다고 하였다. 그것이 히브리서 11:3의 "믿음으로 모든 세계가 하나님의 말씀으로 지어진 줄을 우리가 아나니 보이는 것은 나타난 것으로 말미암아 된 것이 아니니라"는 말씀이다.

여호와의 어전회의로서의 창세기 1장

복음주의 구약학 신학자들 사이에서 많은 사람들이 창세기 1장을 여호와의 어전회의로 파악한다. 이들은 먼저 '엘로힘'이라는 하나님의 이름을 "여호와의 천상총회"로 파악을 한다. 이 천상총회에서 결정되는 내용들이 창세기 1장의 창조를 이룬다는 것이다.

이것을 좀더 정치하게 접근하면서 그 모습을 형용해 보면, "여호와의 계획(경륜)"이 여호와 안에 존재하고, 말씀을 발하는 이가 보좌에 앉으셔서 "번개와 음성과 뇌성"의 말씀을 발하신다. 그리고 이 말씀 안에는 생명이 있다. 그리고 이 말씀은 빛처럼 흑암에 비추인다. 그리고 이 빛의 통로를 통해 천천만만의 천군과 천사들, 곧 모든 피조물들의 본질을 이루는 형상들이 땅의 질료 속에 씨앗처럼 틀어박히는 것이다. 그리고 이제 그 질료로 하여금 형상을 갖추고 피조물로서 나타나게 하는 것이다. 이것이 창세기 1장의 모습이라는 것이다.

그리고 이 창세기 1장의 어전회의는 지금도 진행되고 있다. 그래서 창세기 1장의 그 어전회의의 모습은 오늘날의 보좌의 모습이라는 것이다. 창세기 1장의 그 창조가 지금 우리 머리위에 있는 것이다.

[소결] 말씀을 발하시는 이

고대 기독교의 가장 위대한 교부 중 하나인 오리게네스는 이 보좌 앞에서 말씀을 발하시는 그를 말씀 하나님, 곧 예수 그리스도라고 말한다. 그리고 그가 이 땅에 성육신하였다고 말한다. 그가 우리의 신랑이라는 것이다. 그러면서 오리게네스는 아가서를 강해한다. 그는 이렇게 예수 그리스도와 우리가 혼인으로 연합하고, 서로 사랑의 교제를 나누는 것을 일생일대의 사명으로 삼고 살았다. 이것이 우리 그리스도인들의 삶의 표본인 것이다.

1. "하나님이 이르시되"의 '말씀' (창 1:3)

가. '~이 있으라'는 말씀

창세기 1장 3절에 의하면, 하나님께서 "빛이 있으라고 말씀하시자, 빛이 있었다"고 한다. 여기에서의 '말씀'은 'אָמַר, 아마르'라는 동사로서 '말하다'를 의미한다.

하나님이 이르시되 빛이 있으라 하시니 빛이 있었고 (창 1:3)
וַיֹּאמֶר אֱלֹהִים יְהִי אוֹר וַיְהִי־אוֹר

우리는 이렇게 말씀을 발하는 하나님의 모습을 계시록 4장의 하나님 보좌에서도 볼 수 있는데, 여기에서는 그것을 "번개와 음성과 우렛소리"로 표현하고 있다.

보좌로부터 번개와 음성과 우렛소리가 나고 보좌 앞에 켠 등불 일곱이 있으니 이는 하나님의 일곱 영이라.(계 4:5)

헬라어에서는 '말하다'가 ῥέω(레오, 말하다, 쏟아내다)동사가 있으며, λέγω(레고, 말하다. 논리적으로 이야기 하다)동사가 있다. 이것을 명사화 했을 때, 전자를 ῥῆμα(레마)라고 하며, 후자를 λόγος(로고스)라고한다.
히브리어에서는 입술로 쏟아내어 말하는 것을 אָמַר(말하다)라고 한다. 이것이 오히려 히브리서 11장 3절의 ῥῆμα(레마)와 일치한다. 그리고 요한복음 1장의 로고스는 잠언 9장의 지혜(חָכְמָה, 호크마)와 일치한다.

우리는 이것을 이해할 때, 하나님의 경륜, 계획과 같은 거대한 하나님의 마음을 우리는 지혜(חָכְמָה, 호크마) 혹은 λόγος(로고스)라고 부르고자 한다. 그리고 이제 이 로고스가 현실에 맞추어서 입으로 언급될 때, 이것이 אָמַר(말하다)라고 말하고자 한다.

그렇다면, "빛이 있으라"는 하나님의 말씀은 "누군가가 여호와의 마음을 이해하는 자가 그 마음을 좇아 '빛이 있으라'는 말을 발설한 것"을 말한다. 즉, 여호와와 함께 있는 그 지혜(잠언 8장, 혹은 요한복음 1장의 말씀)가 여호와의 경륜(계획)을 이해하고, "빛이 있으라"는 말을 한 것이다. 이때 여호와의 경륜(계획)은 욥기 38-39장에 나타난 "그 여호와의 오묘한 예정과 섭리"를 말한다.

그러자 이제 이 선언된 말씀(레마)에 따라 빛 혹은 형상 혹은 천사들이 출동하여 그 내용을 이 '흑암(호세크)의 세계' 혹은 '떼홈이라는 수면' 속에 씨앗처럼 임하는 것이다. 그러면, 이제 그 씨앗으로서의 '형상'은 그 '질료'와 결합하여 '보이는 존재'로 태어나는 것이다.

나. '말씀'으로의 창조를 말하는 히브리서 기자

히브리서는 사도시대에 쓰여진 책이다. 이 히브리서의 저자는 유대교와 헬레니즘(그리스) 철학에 정통한 자인 것으로 보인다. 이 양자는 창조론에 있어서 모두 신화적인 요소를 흡수하고 있었다. 이때 그리스 철학은 그리스 신화를 발전시켜서, 그 안에서 창조론을 수립하고 있었다. 이 그리스 철학에 의하면, 모든 만물들은 땅에 있는 질료 속에 하늘의 형상이 들어가서 이것이 나타난 것으로 이해를 하였다. 그리고 이 형상의 출처가 결국은 신들이었는데, 이들은 자신의 신성을 분유(나누어줌)함을 통해서 이러한 창조를 수행한다고 생각하였다.

이때, 히브리 기자는 하나님의 말씀(ῥήμα, 레마)으로 지어졌다고 말한다. 그런데, 이 히브리 기자가 말하는 바는 자신의 형상을 나누어주는 그 신들이 하나님의 입으로 나온 말씀에 따라 그 형상을 나누어주었다고 하는 것이다. 헬라철학이 기독교 내에 대거 흡수되어 하나님의 말씀 아래로 재정립되었기 때문에 이러한 내용들이 히브리서에 반영된 것이다. 다음의 히브리서의 말씀은 이것을 반영하고 있다.

> 믿음으로 모든 세계가 하나님의 말씀으로 지어진 줄을 우리가 아나니 보이는 것은 "나타난 것"으로 말미암아 된 것이 아니니라(히 11:3)
>
> Πίστει νοοῦμεν κατηρτίσθαι τοὺς αἰῶνας ῥήματι θεοῦ, εἰς τὸ μὴ ἐκ φαινομένων τὸ βλεπόμενον γεγονέναι.
>
> (원문직역) ①믿음으로 우리는 알 수 있는데, ②모든 세계가 하나님의 입으로 나온 말씀으로부터 "만들어졌으며(정돈·완전하게 되었으며)", ③보이는 것은 "빛나게 하는 것(나타나게 하는 것)"으로부터 발생된 것이 아니다.

위의 본문에서 히브리 기자는 ①"믿음으로 우리는 알 수 있다"고 말한다. 즉, ② 창세기 1장의 창조의 이야기를 우리는 믿음으로 알 수 있다는 것이다. ③기존의 신화에서는 우리에게 보이는 것은 신들이 나타나게 하여 발생된 것이라고 하는데, 그렇지 않다는 것이다. 그 나타난 것은 그 자체가 스스로 나타난 것이 아니라, 그 이면에 형상이라는 실상이 있는데, 그것을 나타나게 한 것은 말씀이라는 것이다. 그리고 그 말씀 이면에 존재하는 하나님의 계획(마음)이라는 것이다. 이 하나님의 말씀이 명령을 하자 형상이 드러났다는 것이다. 형상 스스로 나타난 것이 아니라는 것이다.

히브리 기자의 창조이해를 보면, 기존 신화들이 말하는 창조론 위에 하나님의 말씀을 놓고 있다. 기존 신화들이 말하는 창조론은 제신들이 자신들의 형상을 질료 속에 나누어주어서 나타나게 한 것으로 말한다. 즉, 기존의 신화는 천사들의 창조이다. 그런데, 위의 히브리 기자의 창조는 하나님의 말씀이 있고, 그 말씀에 따라 천군과 천사들이 자신들의 형상을 나누어주어서 창조가 이루어진다고 말하는 것이다.

다. 믿음으로 알 수 있는 창세기 1장

우리에게 신의 세계가 계시되어지는 방법에는 세 가지 정도가 있는데, 그것은 꿈과 환상과 믿음이다. 이 히브리 기자는 믿음을 꿈과 환상과 함께 보이지 않는 세계를 알 수 있는 중요한 도구로 보고 있다. 이 히브리 기자는 믿음의 원리에 대한 확신을 가지고 있다. 그 내용은 다음과 같다.

> 믿음은 바라는 것들의 실상이요 보이지 않는 것들의 증거니, 선진들이 이로써 증거를 얻었느니라.(히 1:1-2)

이 히브리 기자에 의하면, 믿음은 그 이면에 실상이 있어야 오는 것이다. 마치 우리에게 꿈과 환상이 주어지면, 그 꿈과 환상은 그 이면에 무엇인가를 담고 있기 때문이다. 특히 태고적 환상이나 신화는 그렇다. 서로 다른 사람들이 공통적인 꿈과 환상을 보기 때문이다. 이렇게 해서 신화가 형성된 것이다. 그래서 무조건 신화를 거짓으로 치부할 수 없다.

그리고 우리에게는 이것을 분별할 수 있는 도구가 있다는 것이다. 그것은 바로 '믿음'이다. 어떤 것을 믿고자 시도하였을 때, 그 이면에 그 실상이 존재하지 않으면, 믿음이 오지 않는다. 그러나 그 이면에 실상이 존재하면 믿음이 된다. 그래서 히브리 기자는 "믿음은 바라는 것들의 실상이고, 보이지 않는 것들의 증거이다"고 말을 하는 것이다. 이것은 오늘날 우리에게도 적용되어 진다. 우리는 믿음으로 창세기 1장 속으로 들어갈 수 있는 것이다. 그리고 그 세계를 믿음으로 만나기도 하는 것이다.

이러한 시도를 하였을 때, 히브리 기자는 하나님의 창조는 신화 속에 나타나서 당시의 사람들에게 자리잡고 있는 창조론은 맞지 않다는 것이다. 그 신들은 천사들이고, 그 위에 말씀 하나님이 있다는 것이다. 그리고 그 천사들은 자신의 지위를 이탈하기도 한다는 것이다.

라. 보이는 것 이면의 존재 : 말씀

히브리 기자에 의하면, "우리 눈에 보이는 것은 나타난 것으로 말미암아 된 것이 아니다"고 말한다. 여기에서 '나타난 것'은 '빛나게 하는 것'이라고 말해질 수 있다. 즉, 어떤 형상이 그 질료 안에 들어가서 그것이 나타나게 하였다는 것이다. 이때 '형상'은 주로 '영적인 존재(씨앗), 빛나는 존재'로서 이해되었다. 그런데, 그것만이 아니라, 그 이면에 '말씀'이 있다는 것이다. 그 말씀은

"로고스-레마"일 것이다. 형상이 알아서 스스로 질료와 결합하는 것이 아니라, 누군가의 명령과 계획에 따라 그렇게 되어진다는 것이다.

믿음으로 모든 세계가 하나님의 말씀으로 지어진 줄을 우리가 아나니 보이는 것은 '나타난 것(빛나게 하는 것)'으로 말미암아 된 것이 아니니라(히 11:3)

위의 본문에서 "나타난 것(빛나게 하는 것)"의 헬라어 원어는 φαινομένων(파이노메논)인데, 이것은 φαίνω(파이노)동사의 중간태(능동과 수동 중복적용) 현재형 분사이다. 이때 φαίνω는 '밝게(빛나게)하다', 즉 '빛을 주어 보이게 하다'의 의미를 지니며, "빛나게 하다, 빛을 내뿜게 하다, 나타나다"의 의미를 지니고 있다. 이 동사는 φῶς의 연장형이다. 이때, φῶς는 "빛, 불빛, 별빛, 등빛"을 의미하며, "하나님의 빛, 진리의 빛, 마음의 빛"을 의미한다.

2. 말씀에 따라 질료에 투입되는 형상

가. 형상과 질료 : 하늘과 땅

고대 철학자들은 모두 그리스 철학을 그 기본으로 두고 있기 때문에, 창조의 원리를 "영적인 존재인 하늘의 형상"이 "수면이라는 질료" 속으로 투입되는 것으로 이해되었다. 형상이 수면 속으로 들어가기 시작하는 것이다. 눈에 보이지 않는 하늘의 존재들(형상)이 씨앗처럼 질료 속으로 들어가는 것이다.

창세기 1장 1절에 의하면, "하나님이 하늘과 땅을 창조하시니라. 땅이 혼돈하고 공허하며…"라고 말한다. 여기에서 '하늘'에 형상이 존재한다. 이것이 '땅' 곧 질료에 투입되는 것이다. 앞의 본문에서 "땅이 혼돈하고 공허하며…"가 곧 그것이다.

태초에 하나님이 천지를 창조하시니라. 땅이 혼돈하고 공허하며 흑암이 깊음 위에 있고 하나님의 영은 수면 위에 운행하시니라.(창 1:1-2)

본문에서 형상을 간직하고 있는 하늘이 존재한다. 이 하늘에는 그 형상을 품은 영적존재들이 있다. 천사들이라고 말해질 수도 있다. 그리고 이 형상으로서의 영적존재들도 창조되었다. 그 천사들 위에 보좌가 있으며, 그 보좌에 앉으신 여호와 하나님은 그 마음에 만유를 품고 계시다. 그것이 하나님의 경륜이다. 이 마음을 이해하고, 그 말씀을 발하는 이가 있는데, 그가 곧 하나님의 아들이시다. 이 아들이 말씀을 발하면, 이제 그 형상들이 질료로서의 카오스 속으로 투입하여 들어가는 것이다. 그런데, 이것을 실어 나르는 도구가 빛이다.

고대 철학자들은 모두 신학자들이었는데, 이들은 "형상과 질료"의 결합으로 모든 존재를 이해하였다. 여기에서 형상은 하늘에 있는 보이지 않는 것이며, 질료는 보이는 신체와 같은 것이다. 그래서 모든 존재하는 것들의 이면에는 영적인 어떤 보이지 않는 생명이 존재한다. 형상과 질료의 이론은 모든 그리스철학의 주제였다. 그리고 당시에 그리스 철학은 모든 로마세계의 정통학문이었다. 그리고 히브리인들도 로마세계 내에 있었기 때문에 이것을 수용하고 있는 것이다. 그런데, 여기에 이 형상이 거저 질료 속으로 들어가는 것이 아니라, 하나님의 입으로 나오는 말씀에 따라 들어가는 것이다. 즉, 당시 모든 학문들은 형상과 질료의 결합으로 창조를 이야기했는데, 기독교인들은 이 형상을 보내는 이가 하나님의 말씀이라는 것이었다. 창세기 1장을 이렇게 이해했다는 것이다.

나. 형상과 질료이론의 모태로서 신화

구조주의 철학자 구스타프 칼 융에 의하면, 태초에 대한 계시는 주로 꿈을 통해서 이루어졌다. 오늘날처럼 현대화되지 않았던 고대세계에서는 신들을 섬기는 신전들이 보편화되어 있었고, 특히 4대 문명의 발상지인 메소보다미아에서는 신화가 융성하였다. 아브라함의 선친들도 이 세계의 사람이며, 이들에게 전해져 내려오는 신화를 믿고 있었다. 그러면, 그들이 믿은 신화는 어떻게 출현을 했는가? 그것은 어떤 개인이 지어낸 것이 아니라, 꿈과 환상을 통해서 신들이 계시된 것이었다. 이렇게 해서 형성된 신화가 메소보다미아 신화였으며, 아브라함도 이 세계의 사람이다.

이 세계에 살던 아브라함에게 새로운 계시가 임한 것이다. 그것은 이 메소보다미아 신화를 초월하는 여호와의 계시가 있었던 것이다. 그것은 바로 그 신화

위에 그 신들을 부리는 여호와 하나님의 말씀이 있었던 것이다. 혹자는 그 하나님의 말씀과 만물 사이에 성령 외에는 다른 신들(천사들)은 아무것도 없었다고 말할 수도 있다. 그러나 아브라함을 비롯한 히브리인들은 그 말씀을 이루기 위해서 순복하는 천구천사들의 존재를 인정하고 있다. 물론 이 신들은 신화 속에 나오는 그런 신들은 아닐 것이다. 고대 신화를 좇는 사람들은 이 신들의 모습을 왜곡시켰을 것이다. 그러나 형태에 있어서 아브라함을 비롯한 히브리인들은 이 메소보다미아의 신들을 천군천사들의 왜곡 정도로 보았고, 그 천군천사들 위에 여호와와 그 말씀을 두었던 것이다.

예컨대, 메소보다미아 신화 속의 창조를 말하는 사람들은 그 신화 속의 신들에 의해서 세상이 만들어졌다고 말한다. 그런데 히브리인들은 이 신들은 부리는 신들이며, 왜곡된 신들이고, 그 위에 말씀하시는 하나님이 계신다고 말을 한다. 그리고 이것을 믿고 기도하였을 때, 그들 앞에 창세기 1장에 대한 믿음이 왔다는 것이다.

다. 질료로서의 수면(물)

창세기 1장에서의 질료는 무엇인가? 그것은 수면이었다. 이 수면이 맨 처음에 지어진 땅의 모습일 수 있다. 하나님이 맨 먼저 하늘과 땅을 지으셨다. 그리고 그 땅은 혼돈과 공허와 흑암의 수면이었다. 그리고 여기에 하나님의 말씀 따라 빛이 임한 것이다. 여기에서 수면은 질료이며, 빛은 하늘의 형상이 질료 속에 내려가는 것이다. 그 내용은 다음과 같다.

> … 땅이 혼돈하고 공허하며 흑암이 깊음 위에 있고 하나님의 영은 수면 위에 운행하시니라.…(창 1:2)
>
> וְהָאָרֶץ הָיְתָה תֹהוּ וָבֹהוּ וְחֹשֶׁךְ עַל־ פְּנֵי תְהוֹם וְרוּחַ אֱלֹהִים מְרַחֶפֶת עַל־ פְּנֵי הַמָּיִם
>
> 땅이 "깊음(תְהוֹם 떼홈, 심연, 원시해양)" 위에 있는 "혼돈(토후)과 공허(보후)하며 흑암(호세크)"이었다. 그리고 하나님의 신은 수면(마임, 물, 바다)위에 운행하고 있었다.

우리는 위의 문장에서 "땅이 혼돈하고 공허하며 흑암이 깊음 위에 있고 하나님의 영은 수면 위에 운행하시니라"를 먼저 면밀히 이해할 필요가 있다.

본문에서 '깊음(떼홈)'이 '수면(물)'이며, 최초의 질료이다. 이 '떼홈(물)'이 이제 고대 신화에서 나오는 최초의 신, '티아맛'이다. 티아맛(Tiamat)은 고대 메소포타미아 신화, 특히 아브라함이 기거하던 메소보다미아 창조 신화인 에누마 엘리쉬에 등장하는 '혼돈'의 상징적인 존재이다. 티아맛은 대개 '원시의 바다' 또는 '혼돈의 물'을 의인화한 신으로 묘사된다. 티아맛은 혼돈 속에서 창조된 우주의 첫 번째 신들 중 하나이며, 질서가 세워지기 전에 존재한 혼돈을 상징한다. 바벨론 신화는 이 티아맛과 마르둑의 전쟁으로 창조가 이루어지는 것으로 묘사한다.

라. 신화 속에서 발견되는 창조이야기

고대의 메소보다미아 신화는 가나안 우가릿 신화에 고스란히 승계되었고, 또 이 우가릿 신화는 고스란히 그리스 신화로 자리잡게 되었다. 그리고 이 그리스 신화에서 그리스철학이 나왔는데, 이때 탈레스는 모든 존재의 시원(아르케)로서 '물'을 말하였다. 탈레스가 말하는 그 '물'은 바로 위의 '티아맛'을 말한다. 그리고 이 '물'이 발전하여 그리스 철학자들의 '질료'가 되었다.

탈레스는 만물의 근원(아르케)으로서 '물'을 말하였다. 이 '물'은 티아맛을 말한다. 물을 신적인 존재로 생각한 것이다. 이 티아맛 신은 자신을 나누어줌을 통해서 창조에 참여한다.

아낙시메네스는 공기를 만물의 근원이라고 말하였다. 우리의 호흡을 보고 그렇게 말한 것이다. 이 공기도 또한 신이다. 이 호흡을 나누어줌을 통해서 창조에 기여하는 것이다.

헤라클레이토스는 사물들을 관찰한 결과, 사물들이 물질로만 되어 있는 것이 아니라, 그 이면에 에너지로서의 '불'이 있는 것을 발견하였다. 그래서 만물의 근원을 '불'이라고 하였다. 여기에서의 '불'은 신을 의미한다. 이 불의 신이 모든 사물들에게 에너지를 일으키는 영혼과 같은 것을 분유해준다.

아낙사고라스는 우주의 변화를 설명하는 원동력으로 누스(이성, Mind)라는 개념을 도입했다. 누스는 세상의 혼합물들을 움직이고 질서를 부여하는 초월적이고 독립적인 지성적 원리로 마음을 의미한다. 즉 만물이 물질만이 아니라는 것이다. 오히려 그 이면의 마음이 더 근원이라는 것이다.

이러한 가운데 플라톤과 아리스토텔레스가 출현하였는데, 이들은 형상과 질료의 이론을 전개하였다. 플라톤은 이데아론을 통해서 형상이론을 전개하였다. 이 형상은 하늘에 존재하는 이데아가 모든 생명 있는 것들에게 이데아를 분유한 것이다. 그리고 그의 제자 아리스토텔레스는 이 이데아이론을 더욱 발전시켜서 형상과 질료의 이론을 수립하였다. 그리고 이것이 그리스 철학의 세계를 완성하였으며, 이러한 사상이 고스란히 기독교 사상으로 흡수되어 들어왔다.

이 그리스철학은 자연스럽게 로마시대의 철학으로 발전하였는데, 당시의 철학은 스토아철학으로서 이들은 이 누우스 혹은 형상을 로고스라고 불렀다. 그리고 이 로고스가 기독교의 2위 하나님으로 인정받게 된 것이다.

그 결정적인 역할을 한 사도가 곧 사도 바울이다. 사도 바울은 로마서 1장 4절에서 "말씀(로고스) 하나님의 성육신"을 말하였는데, 하나님의 말씀, 마음으로서의 하나님의 아들이 육체를 입어서 그리스도로 오셨다고 말한 것이다. 즉, 그의 로고스의 성육신으로서 예수 그리스도는 그리스 철학을 그 배경으로 삼고 있는 것이다. 그리고 사도 요한은 한참 후에 바로 이 로고스의 성육신을 그의 복음서 전면부에서 "말씀 하나님이 성육신하였다"고 선언을 하였다.

그리고 이것이 기독교의 삼위일체론이 되었다. 맨 먼저 삼위일체론이라는 표현을 한 신학자는 AD 200년경의 오리게네스(오리겐)이다. 그리고 그 삼위일체론은 AD 325년도 니케아 공회의를 통해서 형성되고, AD 381년에 콘스탄티노플회의를 통해서 확정되었다.

3. 창세기 1장, 여호와의 어전회의

가. 엘로힘과 여호와의 창조

구약 성경에 의하면, 어느 곳에서는 "하나님의 창조"를 말하고, 또 어느 곳에서는 "여호와의 창조"를 말하며, 또 어느 곳에서는 "여호와 하나님의 창조"를 말한다. 일단 창세기 1장의 내용은 모두 "하나님의 창조"로 되어 있다.

> 하나님이 이르시되 빛이 있으라 하시니 빛이 있었고,…이는 첫째 날이니라
> 하나님이 이르시되 물 가운데에 궁창이 있어 물과 물로 나뉘라 하시고…이는
> 둘째 날이니라
> 하나님이 이르시되 천하의 물이 한 곳으로 모이고 뭍이 드러나라 하시니 그대
> 로 되니라.…이는 셋째 날이니라.
> 하나님이 이르시되 하늘의 궁창에 광명체들이 있어 낮과 밤을 나뉘게 하고…
> 이는 넷째 날이니라
> 하나님이 이르시되 물들은 생물을 번성하게 하라 땅 위 하늘의 궁창에는 새가
> 날으라 하시고…이는 다섯째 날이니라
> 하나님이 이르시되 땅은 생물을 그 종류대로 내되 가축과 기는 것과 땅의 짐
> 승을 종류대로 내라 하시니 그대로 되니라…이는 여섯째 날이니라.(창 1장)

창세기 2장에 의하면, "여호와 하나님이 땅과 하늘을 만들었다"고 기록하고 있다. 창세기 2장은 "인간의 창조"에 관한 내용인데, 모두 "여호와 하나님(יְהוָה אֱלֹהִים)"이 주체가 되어서 인간의 창조를 이룬다. 그 내용은 다음과 같다.

> 이것이 천지가 창조될 때에 하늘과 땅의 내력이니 여호와 하나님이 땅과 하늘
> 을 만드시던 날에 (창 2:4)

"여호와 하나님(יְהוָה אֱלֹהִים)"은 "하나님이신 여호와"라고 표현할 수 있을 것이다. 즉, 여호와의 천상총회의 주권자이신 여호와라는 의미이다. 여호와가 주도적으로 인생의 창조에 개입하셨다는 것이다.

그런데, 창세기 1장의 창조를 말할 때에는 하나님(אֱלֹהִים)의 창조를 말한다. 이때 엘로힘이라면, 여호와의 천상총회이다. 그렇다고 하여서 온통 천상총회의 회의를 통해서 천지가 창조된 것은 아니다. 이때에도 여호와의 모든 의도가 창조에 반영되었다. 그래서 다른 곳에서는 창세기 1장의 창조도 "여호와의 창조"라고 말한다. 그 내용은 다음과 같다.

> 이는 나와 이스라엘 자손 사이에 영원한 표징이며 나 여호와가 엿새 동안에

천지를 창조하고 일곱째 날에 일을 마치고 쉬었음이니라 하라.(출 31:17)

너는 알지 못하였느냐 듣지 못하였느냐 영원하신 하나님 여호와, 땅 끝까지 창조하신 이는 피곤하지 않으시며 곤비하지 않으시며 명철이 한이 없으시며 (사 40:28)

무리가 보고 여호와의 손이 지으신 바요 이스라엘의 거룩한 이가 이것을 창조 하신 바인 줄 알며 함께 헤아리며 깨달으리라(사 41:20)

하늘을 창조하여 펴시고 땅과 그 소산을 내시며 땅 위의 백성에게 호흡을 주 시며 땅에 행하는 자에게 영을 주시는 하나님 여호와께서 이같이 말씀하시되 (사 42:5)

나는 빛도 짓고 어둠도 창조하며 나는 평안도 짓고 환난도 창조하나니 나는 여호와라 이 모든 일들을 행하는 자니라 하였노라(사 45:7)

대저 여호와께서 이같이 말씀하시되 하늘을 창조하신 이, 그는 하나님이시니 그가 땅을 지으시고 그것을 만드셨으며, 그것을 견고하게 하시되 혼돈하게 창 조하지 아니하시고, 사람이 거주하게 그것을 지으셨으니 나는 여호와라 나 외 에 다른 이가 없느니라(사 45:18)

나. 하나님(אֱלֹהִים)의 창조

우리는 하나님의 창조를 여호와 천상총회를 통한 창조라고 이해할 필요가 있 다. 그래서 어떤 신학자는 창세기 1장을 "여호와의 천상총회(어전회의)를 통한 창조"라고 이해한다. 그리고 이렇게 이해할 경우, 창세기 1장을 비롯한 많은 신적세계에 대한 서술을 우리는 바르게 이해할 수 있다.

하나님이 이르시되 빛이 있으라 하시니 빛이 있었고,…이는 첫째 날이니라. (창 1:3)

즉, 창조는 여호와의 총회에서 이루어진다. 여호와의 보좌가 있고, 여기에서 빛의 창조에 관한 논의와 함께 말씀이 발해진다. 그러면, 여호와의 천상총회의 결정은 여호와의 어전회의의 결정인 것이다. 그러면, 이제 모든 천군천사들이 이 명을 받들고 자신의 임무를 수행한다. 이렇게 하여 "빛이 흑암에 비추이며,

수면에 형상이 씨앗으로 임재하는 것"이다.

이것은 다른 날들에 대해서도 모두 적용되는 것이다. 그래서 창세기 1장 26절은 다음과 같이 "우리"라는 표현을 쓰고 있다. 여기에서의 우리를 엘로힘으로 보는 것이다.

> 하나님이 이르시되 우리의 형상을 따라 우리의 모양대로 우리가 사람을 만들고 그들로 바다의 물고기와 하늘의 새와 가축과 온 땅과 땅에 기는 모든 것을 다스리게 하자 하시고(창 1:26)

다. 창세기 1장, 여호와의 어전회의

우리는 창세기 1장의 "하나님(엘로힘)"을 "여호와의 어전회의" 혹은 "여호와의 천상총회"라고 이해할 필요가 있다. 이 어전회의의 결과 이 세상의 모든 존재하는 사물들이 생겨난 것이다.

> 너희는 눈을 높이 들어 누가 이 모든 것을 창조하였나 보라. 주께서는 수효대로 만상을 이끌어 내시고 그들의 모든 이름을 부르시나니 그의 권세가 크고 그의 능력이 강하므로 하나도 빠짐이 없느니라.(사 40:26)

우리가 '하나님(엘로힘)'을 '하늘의 천상총회'라고 정의한다면, 이 '하늘의 천상총회' 안에 모든 형상들이 존재한다. 그리고 그 위에 말씀을 발하는 보좌가 있고, 또 그 위에 앉으신 여호와 하나님이 있다. 이 여호와 하나님 안에는 영원이 펼쳐져 있다. 이렇게 '엘로힘'으로서의 '하나님'의 개념 안에는 천국이 다 들어오며, 창세기 1장의 내용은 곧 여호와의 어전회의인 것이다.

그래서 구약학에 창세기 1장을 여호와의 어전회의라고 개념하는 신학자들이 많이 있다.

라. 지금도 여전히 존재하는 하나님의 선창총회

그런데, 그 어전회의가 지금은 사라졌나? 그렇지 않다. 그 어전회의는 여전히 살아서 약동하고 있는 것이다. 그래서 이 세계가 이렇게 운행하는 것이다. 그

곳에서 계속 이 세계 속에 생명을 공급하기 때문에 만물이 살아 약동하고 인생들의 역사가 진행되는 것이다.

우리는 지금 하늘나라를 생각해 볼 수 있다. 그곳은 바로 창세기 1장의 세계를 운영하는 곳이다. 그곳의 하나님 보좌로부터 이 세계의 모든 운영이 이루어지고 있는 것이다. 요한계시록 4장의 내용물이 곧 창세기 1장인 것이다.

4. 여호와의 계획-말씀-천사들

가. 하나님 보좌와 창세기 1장

요한계시록 4장에는 하나님 보좌의 모습이 나온다. 우리는 이 하나님의 보좌에서 이 세계에 대한 운영이 이루어진다는 것을 알고 있다. 이 세계는 자연과 인간세계 모두를 포함한다. 사도 요한은 그 보좌를 다음과 같이 말하고 있다.

내가 곧 성령에 감동되었더니 보라 하늘에 보좌를 베풀었고 그 보좌 위에 앉으신 이가 있는데, 앉으신 이의 모양이 벽옥과 홍보석 같고 또 무지개가 있어 보좌에 둘렸는데 그 모양이 녹보석 같더라. 또 보좌에 둘려 이십사 보좌들이 있고 그 보좌들 위에 이십사 장로들이 흰 옷을 입고, 머리에 금관을 쓰고 앉았더라. 보좌로부터 번개와 음성과 우렛소리가 나고 보좌 앞에 켠 등불 일곱이 있으니 이는 하나님의 일곱 영이라. 보좌 앞에 수정과 같은 유리 바다가 있고 보좌 가운데와 보좌 주위에 네 생물이 있는데, 앞뒤에 눈들이 가득하더라.(계 4:2-6)

계시록 4장의 내용이 곧 하늘의 가장 거룩한 곳, 하나님 보좌의 모습이다. 이곳에서 자연세계와 인간세계의 모든 것이 논의되어 진다. 우리는 이 하나님의 보좌를 이렇게 이해한다. 그곳에서 자연만물의 운행과 모든 나라의 운행에 대해서 논의되어 진다.

우리가 나라를 위한 기도의 시간에 이곳으로 나아가고자 하는데, 그 이유는 이곳에서 이 모든 것이 논의되어지기 때문이다. 그리고 이곳이 속죄소이며, 지성소이다. 우리는 이곳에 나아가 우리나라와 교회를 위하여 기도하는 것이다.

그리고 자연세계에 대한 창조와 운행을 말하는 것이 곧 창세기 1장이다. 창세기 1장은 위의 요한계시록 4장의 내용물 중의 하나이며, 요한계시록 4장과 창세기 1장은 서로 오버랩되어 있다.

이곳에서 창세기 1장은 항상 현재 진행형이다. 창세기 1장의 그 창조는 이곳에서 항상 진행되고 있다. 창조의 때에만 하늘나라의 천군천사들이 창세기 1장에서 역사한 것이 아니라, 지금도 역사하고 있는 것이다. 그래서 창세기 1장은 우리 안에 항상 존재한다. 그때 역사하던 천군천사들이 지금도 역사하고 있다. 그 천군천사들이 활동하는 곳이 요한계시록 4장의 하늘나라의 하나님보좌이다.

나. 보좌에 앉으신 이

요한계시록에 의하면, "보좌에 앉으신 이"가 나타난다. 이 보좌에 앉으신 이의 위에는 "앉으신 이의 모양이 벽옥과 홍보석 같고 또 무지개가 있어 보좌에 둘렸는데 그 모양이 녹보석 같더라"고 말한다. 이 분의 이름이 욥기에서는 여호와라고 말한다. 이 여호와가 욥에게 나타나시어 말씀하시었는데, 그 에게는 이 세계와 인생들을 향하여 계획이 있으시다. 우리는 이것을 욥기 38-39장을 통해서 확인하였다.

그 때에 여호와께서 폭풍우 가운데에서 욥에게 말씀하여 이르시되, 무지한 말로 생각을 어둡게 하는 자가 누구냐. 너는 대장부처럼 허리를 묶고 내가 네게 묻는 것을 대답할지니라. 내가 땅의 기초를 놓을 때에 네가 어디 있었느냐 네가 깨달아 알았거든 말할지니라. 누가 그것의 도량법을 정하였는지, 누가 그 줄을 그것의 위에 띄웠는지 네가 아느냐. 그것의 주추는 무엇 위에 세웠으며 그 모퉁잇돌을 누가 놓았느냐. 그 때에 새벽 별들이 기뻐 노래하며 하나님의 아들들이 다 기뻐 소리를 질렀느니라. 바다가 그 모태에서 터져 나올 때에 문으로 그것을 가둔 자가 누구냐. 그 때에 내가 구름으로 그 옷을 만들고 흑암으로 그 강보를 만들고…(욥기 38장)

이것을 사도 바울은 여호와의 경륜이라고 말한다. 여호와께서는 자연세계 뿐 아니라, 인생들 하나하나에 대해서도 이와 같은 계획을 가지고 계시고, 섭리하며 운행하신다.

곧 창세 전에 그리스도 안에서 우리를 택하사 우리로 사랑 안에서 그 앞에 거룩하고 흠이 없게 하시려고, 그 기쁘신 뜻대로 우리를 예정하사 예수 그리스도로 말미암아 자기의 아들들이 되게 하셨으니,… 이는 그가 모든 지혜와 총명을 우리에게 넘치게 하사, 그 뜻의 비밀을 우리에게 알리신 것이요 그의 기뻐하심을 따라 그리스도 안에서 때가 찬 경륜을 위하여 예정하신 것이니, 하늘에 있는 것이나 땅에 있는 것이 다 그리스도 안에서 통일되게 하려 하심이라. 모든 일을 그의 뜻의 결정대로 일하시는 이의 계획을 따라 우리가 예정을 입어 그 안에서 기업이 되었으니(엡 1:4-11)

위의 내용들은 보좌에 앉으신 이의 계획들이다. 욥기에서는 주로 자연세계의 창조를 말하였는데, 사도 바울은 인생들을 향한 하나님의 예정과 섭리가 선포되어진다. 그래서 여호와 안에는 거대한 세계가 존재한다. 그 세계에서 보좌를 통하여 이 세계 속에 흘러나와서 이 세계를 형성하고 운행하고 있는 것이다.

여호와 안에는 인류의 모든 과거와 현재와 미래가 다 담겨있다. 그리고 그는 그의 마음의 생각들을 이 세계 속에 풀어놓고 있는 것이다. 이 세계 속에 풀어놓을 뿐 아니라, 이 세계의 모든 것들이 그 분의 결정 따라 되어 진다. 이 세계는 허상이고, 실상은 여호와의 마음이다. 그의 세계는 광대하며, 우리 인생들의 역사는 하나의 점에 불과한 것이다. 그는 만유보다 크시다.
이 여호와의 마음을 온전히 아시는 분이 말씀(지혜) 하나님이시다. 이 분은 창세 전에 독생하시었다. 하나님의 아들이 하나님 보좌 우편에 앉으신 것이다. 이 분이 여호와의 마음을 알고, 말씀을 발하시는 것이다. 우리 고대교부들은 이렇게 이해를 하고 있다.

다. 말씀을 발하는 이
계시록 4장의 보좌의 모습에 의하면, 그 보좌에서 말씀을 발하는 이가 있다.

그가 누군인지는 구체적으로 말하지 않으나, 우리는 그가 말씀 하나님 곧 아들 하나님으로 알고 있다. 그곳에서 "번개와 음성과 우렛소리(뇌성)"이 흘러나오고 있다고 한다. 그 내용은 다음과 같다.

보좌로부터 번개와 음성과 우렛소리가 나고 보좌 앞에 켠 등불 일곱이 있으니 이는 하나님의 일곱 영이라.(계 4:5)

보좌에서 "번개와 음성과 우렛소리(뇌성)"의 음성이 흘러나온다. 이 음성이 곧 창세기 1장의 "하나님이 이르시되"의 그 "אָמַר(말하다)"동사이다. 그러면, 이 말하다의 주체는 누구인가? 잠언 8장에서는 '지혜'라고 말한다. 그리고 창세전에 이 지혜가 하나님의 아들로 독생하시었다. 이 독생하신 하나님이 여호와의 뜻을 좇아 말씀하시는 것이다. 그리고 요한복음 1장에서는 이 말씀 하나님 안에 성령 곧 생명이 있다고 말한다.

그 안에 생명이 있었으니 이 생명은 사람들의 빛이라.(요 1:4)

이 성령이 곧 위의 "보좌 앞에 켠 등불 일곱, 하나님의 일곱 영"이다. 보좌 위에 계신 이가 말씀을 발하시면, 그 말씀은 번개와 음성과 뇌성이 되어서 모든 만물들이 듣는다. 그리고 그와 함께 성령이 역사하는 것이다. 그리고 여기에 맞추어서 하늘의 천군과 천사들이 함께 역사하는 것이다.

라. 유리바다

성경에서는 하나님 보좌 앞에 수정과 같은 유리바다가 있다고 말한다. 계시록에서는 하나님 보좌를 말하면서 유리바다를 말한다. 바다란 온 세상을 덮을 만큼 넓은 것이다. 그런데, 또 종말의 때에 싸움에서 이긴 자들이 "유리바다 가에 서서 하나님의 거문고를 가지고 하나님의 종 모세의 노래, 어린 양의 노래"를 부른다. 그 내용은 다음과 같다.

보좌 앞에 수정과 같은 유리 바다가 있고 보좌 가운데와 보좌 주위에 네 생물

이 있는데 앞뒤에 눈들이 가득하더라.(계 4:6)
또 내가 보니 불이 섞인 유리 바다 같은 것이 있고 짐승과 그의 우상과 그의 이름의 수를 이기고 벗어난 자들이 유리바다 가에 서서 하나님의 거문고를 가지고 하나님의 종 모세의 노래, 어린 양의 노래를 불러 이르되 주 하나님 곧 전능하신이시여 하시는 일이 크고 놀라우시도다 만국의 왕이시여 주의 길이 의롭고 참되시도다.(계 15:2-3)

이 유리바다의 내용물은 무엇일까? 솔로몬은 이 유리바다를 그의 성전건립과 관련하여 실현해 놓았는데, 그것을 놋 바다라고 하였다.

또 놋을 부어 바다를 만들었으니 지름이 십 규빗이요 그 모양이 둥글며 그 높이는 다섯 규빗이요 주위는 삼십 규빗 길이의 줄을 두를 만하며, 그 가장자리 아래에는 돌아가며 소 형상이 있는데 각 규빗에 소가 열 마리씩 있어서 바다 주위에 둘렸으니 그 소는 바다를 부어 만들 때에 두 줄로 부어 만들었으며, 그 바다를 놋쇠 황소 열두 마리가 받쳤으니 세 마리는 북쪽을 향하였고 세 마리는 서쪽을 향하였고 세 마리는 남쪽을 향하였고 세 마리는 동쪽을 향하였으며 바다를 그 위에 놓았고 소의 엉덩이는 다 안으로 향하였으며(대하 4:2-4)

모세는 이것을 물 두멍이라고 한다. 그렇다면, 물두멍은 무엇을 하는 곳인가? 그것은 세례의 씻음이 일어나는 곳이다. 이런 관점에서 보았을 때, 유리바다는 천천만만의 천군천사들의 무리일 수 있다.

이들이 이 세계 속에서 생수의 강물이다. 에덴동산에서는 네 강이 흘러서 온 땅을 소성케 하는데, 그 생수의 강물의 진원지가 바로 이 유리바다일 수 있다. 그래서 그 유리바다는 생명수이다. 그리고 그 내용물은 생명을 주는 천군천사들이다. 보좌에서 여호와의 말씀이 발해지면, 성령이 운행을 하고, 이 유리바다의 천군천사들이 그곳으로 흘러내려간다.

창세기 1장 1절에 의하면, 하나님께서 태초에 하늘과 땅을 지으셨다. 이때 땅의 상태가 "떼홈(깊은 심연, 원시해양, 바다물)"이라고 불리우는 '수면'이라는 상태였다. 이 떼홈은 원시해양이다. 고대 철학자들은 이 수면을 가리켜서 '티아맛'이라고 불렀으며, 이것이 이 세상의 '질료'가 되었다. 그리고 하늘에서 '형상'이 이 질료 속에 내려온다. 우리는 이것을 '빛'이라고 불렀다. 그리고 그 내용물이 곧 '유리바다'일 수 있다는 생각을 하게 한다. 그래서 하늘에 있는 유리바다는 천군천사들의 무리이며, 하늘의 생명으로서 이제 땅의 생명인 수면과 연합을 하는 것이다.

마. 하나님의 계획 - 하나님 보좌 - 유리 바다

여호와 하나님의 마음은 만유보다 더 크시다. 이 거대한 세계가 여호와의 마음인데, 이것이 실상의 세계이다. 우리 눈에 보이는 세계는 이 세계가 점처럼 흘러나와 있을 뿐이다. 여호와께서는 모든 것을 예정하고 섭리하고 계신다. 그가 예정하고 섭리하는 것만 이 세계 속에 현실이 되어 나타난다.

이 하나님의 만유에 대한 예정과 섭리를 아시고 말씀을 발하시는 분이 아들 하나님이시다. 이 여호와의 마음은 보좌에서 이 세계를 향하여 뇌성과 음성으로 말해진다. 그러면 여기에 성령께서 역사하신다.

그러면서 하늘의 천군과 천사들이 이 말씀의 내용 따라 자신의 역사를 수행한다. 유리바다의 그 물들이 교회를 의미하는 에덴동산의 네 강을 통하여 온 세계에 흐른다. 이렇게 하여 만유를 소성케 하는 것이다.

[결 론] 말씀 하나님과 우리의 관계

오리게네스는 솔로몬과 술람미 여인의 사랑을 말하는 아가서를 강해할 때, 이 솔로몬을 예수 그리스도에 비유하는데, 그를 성육신하신 말씀 하나님으로 말하고 있다. 즉, 하나님 보좌 우편에서 여호와 하나님의 마음을 알고, 그것을 말씀으로 명령하는 이가 계시는데, 그가 성육신하여 오신 이가 예수 그리스도라는 것이다.

말씀 하나님의 성육신을 말하는 사도 요한

사도 요한은 이 창세때 말씀을 발하시는 분이 우리 안에 오시어서 우리의 신랑이 되신 것을 말한다. 이것이 요한복음의 주제이다. 이 말씀 하나님이 여호

와 하나님의 경륜을 이해하고, 그것을 말씀으로 발하시는 것이다. 창세기 1장
에서의 발하시는 그 말씀도 그 일환이었다. 이 창세기 1장 3절의 말씀과 사도
요한이 말하는 요한복음 1장 1-5절은 한 가지 내용이다. 그런데 그가 이 세상
에 오셨다는 것이다.

> 하나님이 이르시되 빛이 있으라 하시니 빛이 있었고(창 1:3)
> 태초에 말씀이 계시니라 이 말씀이 하나님과 함께 계셨으니 이 말씀은 곧 하
> 나님이시니라. 그가 태초에 하나님과 함께 계셨고, 만물이 그로 말미암아 지
> 은 바 되었으니 지은 것이 하나도 그가 없이는 된 것이 없느니라. 그 안에 생
> 명이 있었으니 이 생명은 사람들의 빛이라 빛이 어둠에 비치되 어둠이 깨닫지
> 못하더라.(요 1:1-5)

영접의 방법 : 혼인잔치

하나님 아들의 성육신을 믿고, 그를 영접하는 자가 곧 믿는 자이며, 그러한
자가 이제 하나님의 자녀가 된다. 우리는 이 말씀 하나님과 사랑을 나누며 혼
인잔치를 하는데, 그것이 곧 이 본문에서 말하는 영접이다.

> 참 빛 곧 세상에 와서 각 사람에게 비추는 빛이 있었나니, 그가 세상에 계셨
> 으며 세상은 그로 말미암아 지은 바 되었으되 세상이 그를 알지 못하였고, 자
> 기 땅에 오매 자기 백성이 영접하지 아니하였으나, 영접하는 자 곧 그 이름을
> 믿는 자들에게는 하나님의 자녀가 되는 권세를 주셨으니, 이는 혈통으로나 육
> 정으로나 사람의 뜻으로 나지 아니하고 오직 하나님께로부터 난 자들이니라.
> 말씀이 육신이 되어 우리 가운데 거하시매 우리가 그의 영광을 보니 아버지의
> 독생자의 영광이요 은혜와 진리가 충만하더라.(요 1:9-14)

신부의 즐거움 : 아가서의 혼인잔치

이렇게 말씀 하나님이신 하나님의 아들을 알고 믿는 자는 이제 하나님 아들
과의 사랑을 나누는 것이 인생에서 최고의 즐거움이다. 이 사람들에게 가장 고
귀한 가치는 이 예수 그리스도와 영적으로 만남을 갖는 것이다. 이것은 이 세

상에서 서로 사랑하는 남녀가 만나서 교제를 나누는 것보다 더 큰 즐거움이다. 이것이 아가서 주제인데, 이것을 아가서에서는 다음과 같이 표현하고 있다.

내게 입 맞추기를 원하니 네 사랑이 포도주보다 나음이로구나.(아 1:2)

그리스도인들은 기도의 시간에 매일 이 주님을 만난다. 그리고 아가서의 사랑을 노래한다. 이것을 우리는 혼인잔치라고 표현할 수 있을 것이다. 이 여인은 그 사랑을 춤으로 표현한다.

돌아오고 돌아오라 술람미 여자야 돌아오고 돌아오라 우리가 너를 보게 하라 너희가 어찌하여 마하나임에서 춤추는 것을 보는 것처럼 술람미 여자를 보려느냐. 귀한 자의 딸아 신을 신은 네 발이 어찌 그리 아름다운가 네 넓적다리는 둥글어서 숙련공의 손이 만든 구슬 꿰미 같구나. 배꼽은 섞은 포도주를 가득히 부은 둥근 잔 같고 허리는 백합화로 두른 밀단 같구나. 두 유방은 암사슴의 쌍태 새끼 같고 목은 상아 망대 같구나 눈은 헤스본 바드랍빔 문 곁에 있는 연못 같고 코는 다메섹을 향한 레바논 망대 같구나. 머리는 갈멜 산 같고 드리운 머리털은 자주 빛이 있으니 왕이 그 머리카락에 매이었구나. 사랑아 네가 어찌 그리 아름다운지, 어찌 그리 화창한지 즐겁게 하는구나.…(아 6:13-7:7)

[적 용]
이러한 혼인잔치의 연장에 있는 것이 예수 그리스도의 재림과 공중혼인잔치이다. 어떤 의미에서 이 공중혼인잔치는 이미 시작되었다. 우리 매일의 기도의 시간이 공중혼인잔치의 시간인 것이다.

5장 '빛·궁창'의 창조 (창1:3-8)

[서 론] 무로부터의 창조

창세기 1장은 무로부터의 창조(creatio ex nihilo)를 강조하고 있다. 이것은 아무것도 없는 상태에서 세계와 우주가 창조되었다는 것을 가리킨다. 이때 창세기 1장 2절에 있는 "혼돈·공허·흑암의 깊은 수면"까지도 창조된 것이라고 말한다. 즉, 이 창세기 1장 2절의 모습이 창세기 1장 1절의 "하나님이 하늘과 땅을 창조하시니라"에서의 땅의 모습이다. 무로부터 맨 먼저 나온 것은 "하늘과 땅"(창 1:1)인데, 이때의 땅의 모습이 바로 이와 같은 "혼돈·공허·흑암의 깊은 수면"이라는 것이다. 그리고 여기에 빛이 비추어서 이 질료들을 6일 동안 빚기 시작하는 것이다. 우리는 여호와 하나님의 창조를 고백하고 찬양할 때, 이런 형태로 하여야 한다. 이것이 무로부터의 창조이다. 그 "혼돈과 공허라는 수면"의 재료가 먼저 존재하는 것이 아니다.

혼돈·공허·흑암의 깊은 수면

창세기 1:1은 "하나님이 하늘과 땅을 창조하시니라"고 말하고 있다. 이때 하늘과 땅이 창조되었다. 우리는 창세기 1:1의 그 '하늘과 땅'을 '형상과 질료'라고 말할 수도 있다. 그런데, 이때 창조된 땅은 완전히 완성된 땅이 아니라 수면과 뒤죽박죽이 되어 있는 질료 덩어리였다. 창세기 1:2에 의하면, 이 땅의 상태는 "혼돈하고 공허하며 흑암이 있은 깊음의 수면"이었다.

여호와 하나님의 계획과 마음은 이 하늘 위에 있다. 하나님이 하늘과 땅을 창조하셨기 때문이다. 이 하나님의 계획과 마음은 이제 하늘에 먼저 반영된다. 하늘의 영적존재들은 어떻게 보면 이런 존재들일 수 있다. 이 세상의 질료 덩어리들에 투입될 형상들인 것이다.

이 질료 덩어리마저 하나님의 창조로서, 하나님 안에 있는 그 무엇이 나온 것이다. 우리는 "이 수면 위에 성령이 운행하시느니라"는 말씀을 듣고, 이 질료 덩어리는 하나의 물이라는 원소로서, 생명의 근원이 되신 성령에게서 나온 것으로 파악하고자 한다. 이 하나의 원소가 나타나면, 이것이 순식간에 분유가 되어져서 방대한 양의 카오스, 곧 수면을 이룬다.

흑암에 비추이는 빛

하나님께서 첫째 날에 빛을 창조하셨다. 이 빛은 하나님의 말씀을 나르는 통로이다. 여호와께서는 만물에 대한 마음과 계획을 가지고 계시다. 말씀 하나님이신 하나님의 아들은 이것을 알아보고, 말씀을 발하신다. 이 말씀의 통로가 곧 빛이다. 그래서 이 빛 안에는 말씀이 있다. 그리고 그 말씀 안에는 성령이 있으며, 그곳에 천천만만의 천군천사들이 뒤를 따른다. 이 하늘의 존재들이 곧 형상인 것이다. 이 빛이 흑암의 질료 속으로 침투해 들어가는 것이다. 그러면서 말씀의 내용에 따라 질료가 빚어지는 것이다.

그래서 이 빛의 내용물은 어둠을 비추는 말씀이며, 성령이며, 하늘의 형상들이다. 그러면서 수면의 내용물들을 조합하여 그 말씀대로 창조를 이루어내는 것이다. 어떻게 보면 이 빛이 바로 만유의 법칙이다. 자연법칙이며 사회법칙이다. 말씀을 세계 땅 끝까지 이르게 하며, 이 빛이 만물의 법칙을 이룬다. 혼돈과 흑암과 무질서의 세계에 질서가 찾아오는 것이다.

궁창의 하늘

하나님께서 둘째 날에 궁창을 만드시었다. 그래서 물을 둘로 갈라서 궁창 위의 물과 궁창 아래의 물로 나누셨다. 그리고 이 궁창을 하늘이라고 부르게 하였다. 원래는 하늘과 땅이 하나로 이어져 있었는데, 이 궁창이 창조됨을 통하여 이 양자가 분리되었다. 하늘은 오히려 보이지 않는 세계라 불리고, 땅은 보이는 세계라 불렀으며, 보이는 세계는 기본적으로 자연법칙이 자리잡게 되었다. 그런데, 보이지 않는 세계는 이 자연법칙을 적용하면 안 된다. 그래서 자연법칙적 사고를 하는 우리의 사고로 보이지 않는 세계를 추정하면 잘못된 결론에 도달하게 된다. 이제 이 궁창 아래가 인간들이 지배할 수 있는 세계인 것이다. 이렇게 하나님께서는 인생들에게 한계를 정해주신 것이다.

하나님께서는 이 궁창을 하늘로 부르게 하시었다. 하나님 계신 곳이라는 의미이다. 우리는 이제 궁창을 하나님 계신 곳으로 바라본다.

그런데 이제 이 궁창이 하나님을 찬양한다. 하늘이 하나님을 찬양하며, 궁창이 하나님을 찬양하는 것이다. 이 궁창에 인격이 있기 때문이다. 이 궁창의 신은 거대한 신중의 하나이다. 우리는 이 하늘과 함께 하나님을 찬양하는 것이다.

[소 결] 궁창과 함께 하나님 찬양

우리는 이 땅에서 하늘로 불리우는 궁창을 바라본다. 그리고 그 궁창이 하나님을 찬양하는 모습을 본다. 이 궁창은 하나님의 천사장이다. 우리는 이 궁창과 더불어 하나님을 찬양하는 것이다. 그리고 궁창 위의 세계를 자칫 땅의 지식을 확장하여 추론하지 않는다. 그 세계에 통용되는 법칙과 이 자연세계의 법칙이 달리 적용된다. 그 세계는 시간과 공간을 초월한 세계이다.

1. 최초의 땅 : 깊음(수면)위의 혼돈·공허·흑암

가. 하늘과 땅을 창조하신 하나님

창세기 1장 1절은 하나님이 하늘과 땅을 창조하였다고 기술하고 있다. 그리고 여기에서 이어서 2절에서 땅의 모습이 이어진다. 따라서 창세기 1장 1절은 창세기 1장에 대한 표제라기 보다는 실제의 하늘과 땅의 창조이다.

태초에 하나님이 (그)하늘과 (그)땅(천지)을 창조하시니라.(창 1:1)

성경에 의하면, 하늘도 하나님이 지으신 것이다. 그런데, 이 하늘은 하나님께 속하여 있다. 그들이 모두 합하여 엘로힘이라 불리우는 것이다. 그런 상태에서 이제 땅의 창조가 전개되는 것이다. 하늘도 하나님이 창조하셨다는 내용은 다음과 같다.

주께서 옛적에 땅의 기초를 놓으셨사오며 하늘도 주의 손으로 지으신 바니이다.(시 102:25)
네 구속자요 모태에서 너를 지은 나 여호와가 이같이 말하노라 나는 만물을 지은 여호와라 홀로 하늘을 폈으며 나와 함께 한 자 없이 땅을 펼쳤고(사

44:24)

내가 땅을 만들고 그 위에 사람을 창조하였으며 내가 내 손으로 하늘을 펴고 하늘의 모든 군대에게 명령하였노라(사 45:12)

대저 여호와께서 이같이 말씀하시되 하늘을 창조하신 이 그는 하나님이시니 그가 땅을 지으시고 그것을 만드셨으며, 그것을 견고하게 하시되 혼돈하게 창조하지 아니하시고, 사람이 거주하게 그것을 지으셨으니 나는 여호와라 나 외에 다른 이가 없느니라(사 45:18)

과연 내 손이 땅의 기초를 정하였고 내 오른손이 하늘을 폈나니 내가 그들을 부르면 그것들이 일제히 서느니라(사 48:13)

하늘이여 노래하라 땅이여 기뻐하라 산들이여 즐거이 노래하라 여호와께서 그의 백성을 위로하셨은즉 그의 고난 당한 자를 긍휼히 여기실 것임이라.(사 49:13)

그런데, 창세기 1:1에서 하늘과 땅의 창조를 말하고, 그 후에는 땅에 대한 기술만 이어지며, 하늘에 대한 기술은 나타나지 않는다. 그 이유는 하늘이 먼저 지어지고, 그 다음에 그 하늘의 존재들과 함께 땅을 건설하기 때문이다.

나. 땅의 모습 : 깊음의 수면

창세기 1:1에 의하면, 하나님께서 하늘과 땅을 만드셨다. 그리고 그 만들어진 땅은 "깊음(원시 해양, 수면)위의 혼돈과 공허와 흑암", 즉 "깊은 수면 위에 있는 혼돈과 공허와 흑암"이었다. 이 "깊음(떼홈, תְּהוֹם)"이 곧 "수면(바다, מַיִם)"이었다. 우리는 이 수면의 기원도 하나님께 두고자 한다. 왜냐면, "이 수면 위에 성령이 운행하시니라"는 말씀은 이 질료 덩어리가 성령의 품에 있다는 것을 보여주고 있기 때문이다. 여기에서 "운행하시니라"의 '라하프, רָחַף'라는 동사는 '알을 품다'라는 의미를 가지고 있다. 성령이 하나의 물이라는 원소를 품고 계신 것이다. 그리고 이 하나의 원소가 순식간에 분유가 되어서 방대한 양의 카오스, 곧 수면을 이룬다. 우리는 '물의 원소'가 이 생명의 근원이 되신 성령님에게서 나온 것으로 파악하고자 한다. 즉, 하나님 안에 있는 것이 분유되어 창조된 것이다. 즉, 창세기 1:1은 물질의 원소도 무로부터 창조된 것이라고 말하고 있다.

태초에 하나님이 (그)하늘과 (그)땅(천지)을 창조하시니라. (그)땅이 혼돈하고 공허하며 흑암이 깊음 위에 있고 하나님의 신은 수면에 운행하시니라 (창 1:1-2)

בְּרֵאשִׁית בָּרָא אֱלֹהִים אֵת הַשָּׁמַיִם וְאֵת הָאָרֶץ
וְהָאָרֶץ הָיְתָה תֹהוּ וָבֹהוּ וְחֹשֶׁךְ עַל־פְּנֵי תְהוֹם וְרוּחַ אֱלֹהִים מְרַחֶפֶת עַל־פְּנֵי הַמָּיִם
(창1:1-2)

그런데 우리는 위의 본문에서 땅의 존재를 좀더 면밀히 추적할 필요가 있다. 창조의 셋째 날 이 물을 궁창으로 둘로 가른 후, 이 궁창 아래의 물들을 한 곳으로 모으자, 땅이 드러났다. 그렇다면, 자칫 이 번역을 잘못하면, 깊음 아래에 땅이 있었을 수 있다. 그런데, 베드로후서에서는 이 땅이 물에서 나와 물에서 성립되었다고 말한다. 그 내용은 다음과 같다.

이는 하늘이 옛적부터 있는 것과 땅이 물에서 나와 물로 성립된 것도 하나님의 말씀으로 된 것을 그들이 일부러 잊으려 함이로다.(벧후 3:5)

위의 본문에 의하면, 물에서 땅이 나온다. 즉, 창세기 1:1에서 "하나님께서 하늘과 땅을 창조하시니라. 그리고 땅이 혼돈하고 공허하며 흑암이 깊음 위에 있고 하나님의 영은 수면 위에 운행하시니라"고 하고 있다. 이때의 땅의 모습은 물이었다. 그런데, 창세기 1:9에서 "하나님이 이르시되 천하의 물이 한 곳으로 모이고 뭍이 드러나라 하시니 그대로 되니라"고 한다. 그렇다면, 창세기 1:1의 창조시에 '땅'이 수면 아래에 있었는가를 우리는 검토하여야 한다.

그런데, 우리는 그 '땅'을 베드로처럼 해석할 필요가 있다. 그렇게 완성된 땅이 수면 아래에 있는 것으로 보는 것은 전체적인 흐름상 맞지 않기 때문이다. 창조는 하나님 자신에게서부터 하늘로부터 흘러내려오며, 이 세계 속으로 흘러내려온다. 무에서 유가 나타나는 것이다. 땅이라는 유가 존재하다가 물이 걷히자 드러나는 것이 아니다. 다른 곳의 고대 신화를 보더라도 땅은 수면 위에 떠 있다.

하나님께서 최초의 하늘과 땅을 이렇게 창조하신 것이다. 창세기 1:1 상반부에서 이미 하늘은 어디까지 인지는 모르지만 창조 되었다. 이 하늘은 하나님께서 그의 부리는 신들로 가득한 장소이다. 그리고 이 하늘의 존재들이 이제 여호와 말씀과 성령을 좇아 혼돈의 수면으로 가득 차 있는 땅에 역사하는 것이다.

다. 형상과 질료를 창조하신 하나님

창세기 1:1에서 "하나님이 하늘과 땅을 창조하였다"고 할 때, 여기에서의 "하늘과 땅"은 "형상과 질료"를 의미하는 것으로 우리는 이해할 필요가 있다.

여호와의 마음·계획이 아들을 통해 나타날 때, 하늘 위에 형상으로 펼쳐진다. 이 하늘을 창조하신 것이다. 그리고 이 여호와의 계획은 아들을 통해 계속 변화를 거듭하며 나타날 때, 그것은 먼저 하늘에 반영되어 나타날 것이다. 그래서 이 하늘도 땅의 창조가 진행됨과 더불어서 하늘도 함께 새로워질 것이다. 그래서 하늘을 고정적으로 붙들어 매어놓을 필요는 없다. 우리는 하늘을 이렇게 이해할 필요가 있다.

광대하신 여호와 하나님의 마음·계획·경륜은 그 안에 감취어 있다. 이것은 하늘의 존재들도 모른다. 이것은 아들이 알며, 아들이 이것을 알고 말씀을 발하는 것이다. 그때마다 하늘에서 먼저 어떤 일이 이루어지고, 천군천사들이 그 일을 땅에 쏟아내는 것이다. 우리는 여호와와 하늘의 관계를 이렇게 이해하여야 한다.

그러면 이제 땅은 어떠한가? 땅은 이때 "깊음(심연, 지하 물, 바다, 원시 해양)위에 있는 혼돈·공허·흑암"이었다. 이것은 "텅빈 공간에서 질료들이 혼돈스럽게 뒤죽박죽 뒤엉켜있는 깜깜한 상태들"이라는 것이다.

그래서 어거스틴은 창세기 1장의 6일 동안의 창조를 땅의 창조라고 말한다. 이 질료 덩어리들이 이제 형체를 입기 시작하는 것이다.

나. 메소보다미아의 신화 : 티아마트

티아마트(영어: Tiamat)는 메소포타미아 신화의 여신이다. 티아마트는 염수를 의미하며, 반려자인 압주(Abzu, Apsu)는 담수를 가리킨다. 여기에서의 티아마트가 성경에서의 '떼홈(테홈)'과 일치한다. 그리고 이것이 그리스 철학에서의 질료이다. 그리스 철학자 탈레스는 모든 시원(아르케)은 물이라고 하였다. 탈레스의 물이 바로 성경 창세기 1장2절의 '깊음(떼홈)의 수면'이다.

> 위에 하늘이 아직 불리지 않았고, 아래 마른 땅이 이름으로 불리지 않았을 때, 신들의 아버지 태초의 압수와 신들을 낳은 모체 티아마트가 자기들의 물을 한데 섞고 있었다. 늪지가 형성되지도 않았고 섬도 나타나지 않았다. 신이 나타나지 않아 이름으로 불리지 않았고 운명이 결정되지 않았다. 그리고 신들이 그들 안에서 생겨났다. -에누마 엘리쉬 서두부분 (티아마트, 위키백과)

우리는 신화에서 창세기와 공통점을 발견하는데, 이것은 신화적 팩터(사실로 드러난 요소)[13]가 일치한다. 그러나 그 이면의 내용물은 전혀 다르다. 양자 모두 창조의 결과 외양적으로 드러난 것이 있으며, 이것을 이어서 계속 창조를 설명하려 한다. 그러나 성경의 설명은 그 이면이 천사들이며, 신화는 그 사실 자체를 독립적인 신이라고 말한다. 그런 상태에서 서로 이어져야 하는데, 신화는 여기에 결혼과 전쟁이라는 메타포를 이용한다.

성경에서는 하나님이 궁창을 지음을 통해서 물과 물을 갈라놓는데, 메소보다미아 신화에서는 마르둑이 티아마트와 전쟁을 하여 그 몸을 둘로 찢어서 하나는 하늘을 만들고, 또 하나는 땅을 만든다는 이야기를 전개한다. 그렇게 해서 하늘과 땅의 창조를 설명하려 하는 것이다. 마르둑은 바벨론의 수호신이다.

다. 그리스 신화 : 카오스

성경에서의 "혼돈·공허·흑암의 떼홈(깊은 심연)"을 그리스 신화에서는 '카오스'라고 표현하고 있다.

---

13) 팩터(factor)은 요소라는 의미를 가지고 있는데, 신화적 팩터란 필자가 임의로 사용한 전문 용어이다. 신화와 창세기에 있어서 드러나 요소가 같다는 것이다. 그러나 그 이면의 이야기는 서로 다르다. 그렇다면, 그 본질은 서로 다른 것이다. 드러난 외양의 사실만 같을 뿐이다.

카오스(고대 그리스어: χάος, Chaos)는 헤시오도스의 그리스 신화에서 최초로 언급된 개념인 '공허'(우주가 들어갈 공간)를 말한다. 카오스는 무(無) 또는 절대공간으로, 카오스 외에 처음으로 무언가가 나타나기 전까지는 어떤 것도 존재하지 않았다. 다른 전승으로는 그는 남성으로 나타나는데 자신이 생성한 여신 가이아인 딸과 결혼하고 그녀가 아이와 비롯하여 세계를 창조할 수 있도록 에로스를 사용하여 그녀에게 모든 권한을 준 것으로 나타난다. 즉, 배우자는 가이아이다.

헤시오도스(기원전 7세기경)의 《신통기》에 따르면, 카오스 다음에 '자연적으로' 나타난 것은 가이아(땅, 대지)이다. 즉, 신통기에 따르면 가이아는 카오스로부터 태어난 것이 아니라 카오스 다음에 '자연적으로' [카오스라는 공간 속에] 나타났다. 마찬가지로 자연적으로 타르타로스와 에로스가 순서대로 나타남으로써 태초에 자연적으로 나타난 네 신(즉, 4가지 힘 · 원리 또는 법칙)이 있게 되었다.(카오스, 위키백과)

성경 속의 "혼돈과 공허"를 그리스 신화에서는 위와 같이 표현하고 있다. 여기에서 이제 만물이 생성되는 것이다. 그런데, 성경에서는 바로 이것이 땅(에레쓰)이며, 하나님께서는 태초에 이것을 창조하시었다.

라. 형상과 질료이론

그리스 신화에서 그리스 철학이 출현했다. 그리스 철학자 탈레스가 모든 만물의 근원(아르케)은 물이라고 하였을 때, 이 물은 위의 '수면'을 가리키는 것이었다. 그후 이 그리스 철학이 발전하여, 소크라테스 · 플라톤 · 아리스토텔레스의 형상과 질료의 이론까지 산출하였다. 소크라테스의 사상을 고스란히 표현해 낸 플라톤은 하늘에 있는 절대적인 것을 이데아라 하였고, 이 이데아의 세계에 있는 것들이 감각세계에 반영되어 나타난다고 하였다. 그리고 아리스토텔레스는 이 이데아를 형상이라 하였으며, 그것이 반영되는 물질적인 것을 질료라고 하였다. 그래서 하늘은 형상을 제공하고, 땅은 질료를 제공하여 창조가 이루어진 것으로 설명하였다. 이때 위의 땅 · 수면을 의미하는 티아마트는 질료에 해당한다.

플라톤의 이데아론(Idea theory), 즉 형상론은 플라톤 철학의 중심 개념으로, 감각으로 인식할 수 있는 물질 세계 너머에 있는 절대적이고 불변하는 실재인 이데아(Idea, Eidos)를 설명하는 이론이다. 이데아는 개별 사물들의 본질적이고 이상적인 형태로, 모든 사물의 원형이다. 우리가 감각으로 인식하는 것은 이데아의 모방일 뿐이며, 진정한 실재는 이데아 세계에 존재한다고 플라톤은 주장했다. 감각 세계는 우리가 보고 듣고 만질 수 있는 물질 세계로, 모든 것은 변하고 소멸하는 불완전한 모사이다. 이데아 세계는 이성으로만 접근할 수 있는 영원하고 불변하는 세계로, 모든 감각적 사물들의 본질적이고 보편적인 형상이 존재한다.

형상과 질료는 아리스토텔레스 철학에서 중요한 개념으로, 존재와 변화를 설명하는 데 사용된다. 질료는 사물의 가능태를 의미한다. 즉, 사물을 이루는 기초적인 물질이나 재료를 말한다. 질료는 그 자체로 특정한 형체나 성질을 가지지 않고, 잠재적으로 여러 가지 형태를 가질 수 있는 성질을 가진다. 아리스토텔레스에 따르면, 질료는 그 자체로 완전한 실체가 아니며, 어떤 형상과 결합할 때에만 비로소 완전한 실체가 된다. 형상은 질료가 어떤 사물로 구체화되는 방식을 가리킨다. 즉, 사물의 구조나 본질을 의미합니다. 형상은 질료에게 특정한 성질이나 본질을 부여하는 역할을 하며, 사물이 그 본래의 기능이나 역할을 할 수 있게 한다. 예를 들어, 점토로 만든 도자기는 그 형상이 도자기의 기능을 하도록 만들어 주는 것이다. 사물은 질료와 형상이 결합하여 존재한다. 예를 들어, 나무로 만든 의자는 나무라는 질료와 의자라는 형상이 결합하여 하나의 실체를 이룬다.(챗GPT를 이용한 필자의 요약)

창세기 1장에서 "하나님이 하늘과 땅을 창조하시니라"고 하였는데, 이때 하늘은 이데아의 세계로서 형상을 제공하며, 땅은 감각적 세계로서 질료를 제공한다. 하늘의 형상이 질료에 주입되어 창조가 일어나는 것이다. 이러한 그리스 철학은 기독교가 출현하였을 때, 기독교에 모두 흡수가 된다.

2. 첫째 날, "빛"을 창조하신 하나님

가. "빛이 있으라"는 하나님의 말씀

혼돈 · 공허 · 흑암의 상태에 있는 이 질료 덩어리를 향하여 하늘로부터 "빛이 있으라"는 음성이 들려온 것이다. 여기에서 '빛'은 무엇인가? 우리는 그것을 요한복음 1장을 통해서 이해하고자 한다.

> 태초에 말씀이 계시니라. 이 말씀이 하나님과 함께 계셨으니 이 말씀은 곧 하나님이시니라. 그가 태초에 하나님과 함께 계셨고, 만물이 그로 말미암아 지은 바 되었으니 지은 것이 하나도 그가 없이는 된 것이 없느니라. 그 안에 생명이 있었으니 이 생명은 사람들의 빛이라. 빛이 어둠에 비치되 어둠이 깨닫지 못하더라.(요 1:1-5)

창세기 1:3에서도 "빛이 있으라"고 하였으며, 요 1:4에서도 "빛이 어둠에 비쳤다"고 하고 있다. 그리고 "그 빛 안에는 생명이 있었다"라고 말하고 있다. 그렇다면, 이 '빛'은 무엇인가? 어둠의 반대로서 '진리, 법칙, 질서'를 의미한다.

이때 비추인 빛은 '유형의 빛'이라기 보다는 '무형의 빛'이다. 유형의 빛은 넷째 날 태양이 생기면서부터 일 수 있기 때문이다. 이 무형의 빛이 유형의 빛을 옷 입고 있다. 그래서 유형의 빛도 생명이다. 그런데, 이 생명은 물질적 존재들에게 생명을 준다. 이 빛이 비취면, 식물들은 호흡을 하기 시작한다. 그리고 동물들은 움직이기 시작하기 때문이다.

이 진리로서의 빛은 모든 만물들의 법칙과 질서를 이룬다. 그리고 마음을 가진 자들의 세계에서는 양심을 통해 도덕과 같은 진리를 산출한다. 그래서 마음으로 움직이는 인간사회에도 법칙이 있는 것이다. 이 빛을 성경에서는 다음과 같이 말하고 있다. 한편, 다음의 글들은 '하나님의 모습'을 빛으로 묘사하고 있다.

> 온전히 아름다운 시온에서 하나님이 빛을 발하셨도다.(시 50:2)
> 하나님은 우리를 긍휼히 여기사 복을 주시고 그 얼굴 빛으로 우리에게 비취사 (시 67:1)

요셉을 양떼 같이 인도하시는 이스라엘의 목자여 귀를 기울이소서 그룹 사이에 좌정하신 자여 빛을 비취소서.(시 80:1)

하나님이여 우리를 돌이키시고 주의 얼굴 빛을 비취사 우리로 구원을 얻게 하소서(시80:3)

여호와여 보수하시는 하나님이여 보수하시는 하나님이여 빛을 비취소서.(시 94:1)

주께서 옷을 입음 같이 빛을 입으시며 하늘을 휘장 같이 치시며(시 104:2)

그러하온즉 우리 하나님이여 지금 주의 종의 기도와 간구를 들으시고 주를 위하여 주의 얼굴 빛을 주의 황폐한 성소에 비취시옵소서(단 9:17)

다시는 낮에 해가 네 빛이 되지 아니하며 달도 네게 빛을 비취지 않을 것이요 오직 여호와가 네게 영영한 빛이 되며 네 하나님이 네 영광이 되리니(사 60:19)

이스라엘 하나님의 영광이 동편에서부터 오는데 하나님의 음성이 많은 물소리 같고 땅은 그 영광으로 인하여 빛나니(겔 43:2)

이 빛은 하나님의 말씀과 떨어져 있지 않다. 하나님의 음성이 온 땅에 퍼지면, 그 안에 빛이 있고, 그 안에 진리와 생명이 있다. 그리고 그 생명은 온갖 하늘의 영들로 가득하다. 그 생명은 성령인데, 그 안에는 온갖 하늘의 영들로 가득하다. 그 안에서 천천만만의 천군과 천사가 이동을 하는 것이다. 그래서 그 말씀의 내용대로 이 세계 속에 법칙을 만들어 낸다.

나. '빛'의 내용물

하나님께서 "'빛'이 있으라"고 하였을 때, 그 '빛'이 어두움 속을 뚫고, '깊음의 수면(질료)' 위에 임한다. 즉 하늘의 형상이 땅의 질료 속에 침투한 것이다. 그리고 그 안에서 생명의 법칙이 이제 역사하기 시작한다. 그래서 이제 생명이 꽃 피어나기 시작하는 것이다. 창조는 이때부터 시작되는데, 빛이 이 어두움에 비취임으로 이제 하늘의 존재들이 창조를 수행할 수 있는 그 통로가 마련된 것이다.

만물이 그(말씀)로 말미암아 지은 바 되었으니 지은 것이 하나도 그가 없이는 된 것이 없느니라. 그 안에 생명이 있었으니 이 생명은 사람들의 빛이라. 빛이 어둠에 비치되 어둠이 깨닫지 못하더라.(요 1:1-5)

빛은 하나님의 진리의 말씀과 그 말씀 안에 있는 생명이 흐르는 통로이다. 이 통로가 마련된 것이다. 즉 빛이 임하면, 그 빛 안에 하나님의 마음 · 말씀이 강물같이 흐른다. 그리고 그 말씀 안에는 성령의 생명이 있다. 그래서 그 말씀 따라 꽃피어나게 한다. 그리고 그 생명에는 온갖 천군과 천사들이 뒤 따른다. 이들이 모든 만물의 형상을 이룬다. 그래서 질료 속으로 침투하여 들어간다. 그래서 창조가 이루어지게 한다. 그래서 이 빛이 곧 자연법칙이며, 이 세계 속의 인생들 사이에서도 법칙이 된다.

이 통로를 통해서 "하늘의 형상들"과 "질료"가 연합하여 이 세계 속에 창조가 시작되는 것이다. 사실상 모든 창조는 이때 완성이 되었다. 이제부터는 말씀에 따라 하늘의 존재들이 그 질료들에게 꽂히기만 하면 되는 것이다. 즉, "빛이 있으라"는 말씀은 이 혼돈의 어둠 속에 질서가 생기며, 생명체들이 생기기 시작하는 법칙이 선 것을 의미한다. 카오스의 세계 속에 진리의 법칙이 서게 된 것을 의미한다. 이때 이미 어둠은 이미 패배하였고, 이제 하늘의 법칙이 울려퍼지며, 하늘의 천군과 천사들이 질료와 결합하여 어떤 존재를 생성하기만 하면 되는 것이다. 이 질서가 세워진 것을 의미한다. 카오스에서 코스모스가 펼쳐지기 시작한 것이다.

다. 창세기 1장의 영적 존재들

어떻게 보면, 이 빛은 말씀과 성령이다. 말씀과 성령이 온 세상에 흐르는 통로이다. 하나님의 말씀과 성령은 이렇게 하여 온 천지에 충만하게 임한다. 이 말씀과 성령을 통하여 제신들이 그 자리에 서게 되는 것이다. 이것을 창세기 2장 1절에서 다음과 말하고 있다.

천지와 만물이 다 이루어지니라.(창 2:1)

וַיְכֻלּוּ הַשָּׁמַיִם וְהָאָרֶץ וְכָל־צְבָאָם

(직역) 하늘과 땅과 천군의 모든 것이 이루어지니라.

위의 본문에 의하면, 하늘과 땅 안에 있는 '모든 만물'을 '모든 천군(צְבָאָם)'이라고 표현하고 있다. 즉, 모든 만물을 신적인 존재로 파악하고 있는 것이다. 이들은 모두 하늘의 천군과 천사들이다. 하늘보좌와 모두 연결되어 있으며, 통제를 받고 있다는 것이다.

그러나 신들에 의해서 이 세계가 서있는 것은 사실이다. 그래서 창세기 1장에 나타나는 모든 피조물들이 곧 신들의 나타남이다. 그래서 우리는 창세기 1장을 계시록 4장의 하나님 보좌의 또 다른 모습이라고 말할 수 있다는 것이다.

라. 모든 창조에 관여하는 빛

하나님께서 맨 먼저 창조한 빛은 말씀과 성령과 그에 속한 영적존재들의 통로이다. 가장 먼저 그 빛의 통로 안에 존재하는 것은 말씀과 성령이다. 이 말씀이 질료 가운데 박히며, 그것이 곧 그것의 진리이며, 법칙을 이룬다. 그리고 그것이 말씀대로 꽃피어나게 하시는 이가 곧 성령이시다. 이때 이 성령께 부속된 많은 영적인 존재들이 그 생명에 맞게 따라붙는다. 이제 모든 창조에 개입한다. 빛은 곧 자연만물 사이의 법칙이 된다.

여호와의 말씀으로 하늘이 지음이 되었으며 그 만상을 그의 입 기운으로 이루었도다.(시 33:6)
그의 소리가 온 땅에 통하고 그의 말씀이 세상 끝까지 이르도다 하나님이 해를 위하여 하늘에 장막을 베푸셨도다.(시 19:4)
주의 영을 보내어 그들을 창조하사 지면을 새롭게 하시나이다.(시 104:30)
풀은 마르고 꽃은 시드나 우리 하나님의 말씀은 영원히 서리라 하라.(사 40:8)
이는 하나님의 영광의 광채시요 그 본체의 형상이시라 그의 능력의 말씀으로 만물을 붙드시며…(히 1:3)

빛이 온 어둠에 침투함으로 이제 모든 곳에 하늘의 질서가 서는 것이다. 그 다음에 이어지는 궁창이나, 물이나, 광명이나, 생물이나 할 것 없이 모든 만물에 스며드는 하나님의 빛이다. 그리고 그 안에 말씀과 성령(생명)이 있는 것이다. 그리고 말씀이 준 본질에 따라 성령이 역사하며, 모든 천군과 천사들이 그 질료에게 형상을 부여한다. 그래서 만물이 꽃피어 나게 한다. 그리고 이 빛은 그것이 존재하는 한 그에게 생명을 공급한다.

신화에서 이 빛은 마치 카오스 안에서 역사하는 에로스와 같다. 모든 만물에 스며들어 그 본질을 이루게 한다. 그러나 이것은 빛을 흉내낸 것이다.

마. "있으라"는 창조방법 : 분유(나누어줌)

창조의 경우에는 여호와라는 표현보다 엘로힘이라는 표현을 사용한다. 엘로힘은 여호와의 천상총회인데, 그 천천만만의 천군과 천사들이 여호와께 속하여 있다는 표현이다. 그래서 이제 이곳에서의 여호와의 결정은 천천만만의 천군천사들의 결정이다. 이곳에서는 결정만 되면, 곧 바로 그것은 현실로 드러난다. 이곳의 천천만만의 천군과 천사들에게는 없는 것이 없으며, 능치 못할 것도 없다. 여호와의 생각이 드러나고 입 밖으로 나오고 이곳에서 결정이 되면, 그것은 곧바로 천지만물에 울려 퍼져서 결정이 된다.

하나님이 가라사대 빛이 '있으라' 하시매 빛이 '있었고'(창 1:3)

하나님이 말씀하시자 '빛'이 있었다고 말하고 있다. 한편, 여기에서의 '창조'에서는 '창조하다, בָּרָא'나 '만들다, עָשָׂה'가 아니라, '있다, הָיָה(하야)'라는 동사의 '3인칭 미완료형'이 사용된다. 즉 "빛이 있으라 하자, 빛이 있었다"라고 표현하고 있는 것이다.

여기에서 '하야, הָיָה'동사의 사용에 대해서 심사숙고하여야 할 필요성이 존재한다. 왜냐면, '여호와'의 고유 이름이 '하야'이기 때문이다. 모세에게 계시된 '여호와'의 이름은 다음과 같다.

하나님이 모세에게 이르시되 나는 스스로 있는 자니라 또 이르시되 너는 이스라엘 자손에게 이같이 이르기를 스스로 있는 자가 나를 너희에게 보내셨다 하

라 (출3:14)

וַיֹּאמֶר אֱלֹהִים אֶל־מֹשֶׁה אֶהְיֶה אֲשֶׁר אֶהְיֶה ...

위의 히브리어 원어에 의하면, "'엘로힘(하나님)'이 모세에게 '나'는 '있는 자'이다고 말하였다"가 된다. 이 본문에 의하면, '엘로힘'과 '여호와'가 같은 존재가 되고 있다. 이것은 이미 모든 하늘의 천상총회가 여호와께 속하였음을 의미한다. 그리고, "'나, 곧 여호와'는 '있는 자'이다"가 된다.

이때 '있는 자'에 대한 해석은 모든 존재에 있어서 '여호와' 만이 '있는 자'이고 나머지의 모든 존재들은 '있게 하는 자'에 의해서 '있게 함'을 받은 자이다. 이러한 해석은 그리스 신화에서 그리스 철학을 경유하여 중세철학의 절정기에 토마스 아퀴나스에 의해서 이루어졌다. 즉, 최초의 '존재자'에 의해서 모든 다른 존재들(개별자들)은 그 존재를 분유 받은 것이다.

예컨대 여호와께서 어떤 존재에 대한 사유를 하고, 그 존재를 향하여 '있으라'고 명령하였다. 그러면 이제 여호와에게서 '존재(있음)'가 산출되어 나간다. 그러면 이제 그 '존재'에 합당한 모든 요소들이 '엘로힘'에게서 따라서 산출되어 나간다. 여기에는 '지혜'도 존재하고, '힘'도 존재하고, '미'도 존재한다. 이들 각각이 자신의 요소들을 그 개별적 존재들에게 나누어준다. 한편, 그 엘로힘 내에 있는 요소들도 그 존재를 여호와에게서 분유 받았다. 따라서, '엘로힘'의 창조는 곧 '여호와'의 창조가 된다. 이와 같은 설명이 신화 에서의 창조에 관한 설명이며, 그리스 철학자들의 '분유'에 관한 설명이며, 중세철학의 토마스 아퀴나스의 설명이다. 고대와 중세의 철학자들은 창세기 1장의 '있으라'를 이와 같이 해석하였다.

그리스 철학자들은 모든 만물의 근원(아르케)을 추적하였다. 그리고 그 아르케를 신이라고 부른 것이다. 그리고 그 아르케가 자신을 나누어준다. 이렇게 해서 창조를 행한다. 탈레스는 그 아르케로서 물을 말하였고, 헤라클레이토스는 불을 말하였으며, 아낙사고라스는 마음(누스)을 말하였다. 이들이 최초의 신이라는 것이다.

이때 모든 존재의 처음은 무엇인가? 물인가? 마음인가? 오히려 '존재(있음)'인 것이다. 여호와(있음, 존재)가 우리의 이성으로 추적할 수 있는 가장 처음에 존재하던 자이다. 우리는 여호와를 이렇게 발견할 수도 있다. 이것은 우리의 선험성 속에 주어진 것으로서 신을 찾고, 증명하는 방법 중의 하나이다. 모든 있음의 출발점은 여호와이며, 이 여호와께서 자신의 있음을 나누어주어 모든 만물을 창조하였다. 우리의 '있음(존재)'도 이 여호와로 말미암았다.

바. "보시기에 좋았더라"와 "좋음으로 바라보았다"

'있음'을 나누어주어 창조의 시작을 알리신 분은 '여호와'이시다. '있음'을 나누어주는 분은 여호와 외에는 존재하지 않는다. 모든 만물들은 '있으라'는 말씀을 통해서 이루어졌다. 그래서 창세기 1장의 주인공은 사실은 '엘로힘'이라기보다는 '여호와'이다. 그래서 구약성경의 많은 곳에서 여호와께서 "내가 창조자이다"라는 표현들이 많이 등장한다.

이때 여호와께서 '있음'을 나누어주는 방법은 무엇인가? 그것은 '좋음' 즉 '기쁨'이었다.

> 빛이 하나님이 보시기에 좋았더라 (창 1:4)
>
> וַיַּרְא אֱלֹהִים אֶת־הָאוֹר כִּי־טוֹב

위의 본문은 "하나님이 빛을 바라보자 '좋음'이 일어났다"라고 해석을 하였다. 그런데, 이 본문은 "하나님이 좋음으로 빛을 바라보았다"라고 해석될 수도 있다. 우리는 하나님의 '좋음'이 창조 후에 나타난 현상으로 볼 수도 있지만, 이 '좋음'이 창조의 방법일 수도 있다는 것을 알아야 한다.

위에서 כִּי 는 인과적 관계를 나타내는 불변사로서 접두 전치사이다. 그래서 일반적으로 "때문에, ~일 때"로 번역된다. 그래서 위의 본문을 영어로 표현하면, "God saw the light that(because of) good"으로 된다. 'the light'와 'that(because of) good' 사이에 쉼표를 찍으면 안 된다. 히브리어 원문에는 쉼표가 없기 때문이다. 그렇다면, 위의 본문은 "하나님이 좋았기 때문에 빛을 바라보았다" 혹은 "하나님이 좋음으로 빛을 바라보았다"로 해석할 수 있다.

그리고 "좋음으로 바라보았다"고 할 때에는 이것이 창조를 일으키는 방법이 된다는 것이다. 내가 가진 것을 발산시킬 때, 즉 하나님의 존재 분유가 일어날 때, 하나님께서는 자신 안에 기쁨을 발산시켜서 창조를 행한다는 것이다. 하나님께서는 창조의 때에 자신 안에 있는 기쁨을 극도로 끌어올리면서 창조를 행하시었다. 그리고 하나님의 그 기쁨이 모든 만물에 어려있다.

3. 둘째 날, '궁창'을 창조하신 하나님

가. '물과 물' 사이의 '궁창'

창조가 본격적으로 시작되기 전의 우주의 모습은 '수면(물)위의 혼돈'이었다. 여기에 '빛'이 비추였는데, 이것은 '낮' 혹은 '시간'으로 나타났다. 이제 '시간'이 경과하면서, 여기에 '궁창'이 창조되어 이 '물과 물'을 둘로 나누는 것이다.

> 하나님이 가라사대 물 가운데 궁창이 있어 물과 물로 나뉘게 하리라 하시고
> (창 1:6)

וַיֹּאמֶר אֱלֹהִים יְהִי רָקִיעַ בְּתוֹךְ הַמָּיִם וִיהִי מַבְדִּיל בֵּין מַיִם לָמָיִם

רָקִיעַ(라키야)는 "광대한 표면, 넓은 공간, 하늘, 창공"을 의미한다. 이 명사는 "넓게 펴다"라는 의미의 רָקַע(라카이) 동사에 명사형 어미가 붙어서 출현하였다. 이 넓은 표면이 물과 물 사이에 들어가고, 나중에 이 궁창 아래의 물이 한데 모여 바다를 이루어서 '창공'이 출현하는 것이다.

하나님께서 창조한 '궁창'은 히브리어로는 '광대한 표면, 넓은 공간'을 의미하는 רָקִיעַ인데, 이는 '펴다, 두들겨 만들다'를 의미하는 רָקַע 동사의 명사형이다. 그리고, 헬라어로는 '튼튼한 부분, 확고함'을 의미하는 στερεωμα인데, 이는 '강하게 하다'를 의미하는 στερεω 동사의 명사형이다.

이에 대해 KJV 에서는 firmament ('firm, 굳게하다'의 명사형)이라고 번역하며, NIV 에서는 expanse ('expand, 펴다, 팽창시키다'의 명사형) 라고 번역하고 있다. 즉, 이 '궁창'은 '동사'의 '명사화'이다. 이 '공간, 혹은 궁창'은 누군가에 의해서 지탱이 되어지고 있다. 따라서 이 '궁창'은 한 신적인 존재의 행위일 수 있다. 이것이 신화 속에서의 존재의 개념이다.

나. 하늘과 땅 사이의 구분

하나님의 창조세계와 관련하여 궁창 위의 물과 궁창 아래의 물을 나누는 궁창의 역할은 무엇인가? 그것은 영적세계와 물질세계와의 구분으로 보인다. 이제 이 세계 속에서 곧바로 하늘나라를 응시하고, 추정하는 것은 어렵게 되었다. 그곳은 이제 물리적인 세계와 다른 법칙이 적용된다. 이 땅에서와 같은 방식으로 추정하면 안 된다. 이 세계는 자연법칙이 적용되지만, 그곳은 이 자연법칙을 그대로 적용하려 하면 안 된다.

> 우리가 주목하는 것은 보이는 것이 아니요 보이지 않는 것이니 보이는 것은 잠깐이요 보이지 않는 것은 영원함이라.(고후 4:18)
> 만물이 그에게서 창조되되 하늘과 땅에서 보이는 것들과 보이지 않는 것들과 혹은 왕권들이나 주권들이나 통치자들이나 권세들이나 만물이 다 그로 말미암고 그를 위하여 창조되었고(골 1:16)

그리고 보이지 않는 세계인 하늘에서는 첫째 날에 지은 빛이 계속 비친다. 그러나 이제 보이는 세계인 땅에서는 궁창에 달아둔 광명체를 통해서만 빛을 볼 수 있다.

> 다시 밤이 없겠고 등불과 햇빛이 쓸 데 없으니 이는 주 하나님이 그들에게 비치심이라 그들이 세세토록 왕 노릇 하리로다.(계 22:5)
> 하나님이 그것들(광명체)을 하늘의 궁창에 두어 땅을 비추게 하시며, 낮과 밤을 주관하게 하시고 빛과 어둠을 나뉘게 하시니 하나님이 보시기에 좋았더라.(창 1:17-18)

궁창이 생김을 통하여 이제는 하늘과 땅이 구분이 되었다. 그리고 첫째 날 창조하신 빛 중에서 자연으로서의 빛은 광명체를 통하여 발산한다.

다. '하늘'이라고 불리우는 '궁창'

'궁창' 위에 '하늘'이 존재한다. 이 '궁창'은 마치 그리스 신화의 우라노스 처럼 어마어마한 존재이다. 이 '궁창'이 궁창 위의 물과 하늘을 떠받치고 있다. 그러면서 이 궁창은 하나님을 찬양한다. 그래서 자신은 온통 비우고, 사람들로 하여금 자신을 바라보며, 하나님 계신 곳을 볼 수 있게 해준다.

> 하나님이 궁창을 하늘이라 칭하시니라 저녁이 되며 아침이 되니 이는 둘째 날 이니라.(창 1:8)

이 가시적인 '궁창'의 '하늘' 위에 비가시적인 '하늘'이 존재한다. 우리는 이 궁창을 하늘로 보아도 된다. 이 궁창이라는 신은 겸손하여서 자신을 바라보는 자를 모두 하늘로 이끈다. 자신은 하늘을 떠 받드는 존재로 온전히 나타낸다. 그리스 신화의 우라노스처럼 무엇을 자랑하지 않는다. 그래서 우리는 이제 궁 창을 하늘로 바라볼 수 있게 되었다.

> 그는 땅 위 궁창에 앉으시나니 땅의 거민들은 메뚜기 같으니라 그가 하늘을 차일 같이 펴셨으며 거할 천막 같이 베푸셨고(사 40:22)

솔로몬은 성전을 건립한 후에 하늘을 향하여 다음의 기도를 한다. 이것은 궁 창을 하늘로 바라보고, 그곳을 하나님 계신 곳으로 바라보고 다음과 같이 기도 한다.

> 솔로몬이 여호와의 단 앞에서 이스라엘의 온 회중을 마주서서 하늘을 향하여 손을 펴고,… 종과 주의 백성 이스라엘이 이곳을 향하여 기도할 때에 주는 그 간구함을 들으시되 주의 계신 곳 하늘에서 들으시고 들으시사 사하여 주옵소 서.… 주는 하늘에서 들으시고 행하시되…주는 하늘에서 들으시고…주는 하늘 에서 들으사 주의 종들과 주의 백성 이스라엘의 죄를 사하시고 그 마땅히 행 할 선한 길을 가르쳐 주옵시며 주의 백성에게 기업으로 주신 주의 땅에 비를 내리시옵소서.…주는 계신 곳 하늘에서 들으시고 사유하시며 각 사람의 마음 을 아시오니 그 모든 행위대로 행하사 갚으시옵소서 주만 홀로 인생의 마음을 다 아심이니이다.… 주는 계신 곳 하늘에서 들으시고 무릇 이방인이 주께 부

르짖는 대로 이루사 땅의 만민으로 주의 이름을 알고 주의 백성 이스라엘처럼 경외하게 하옵시며 또 내가 건축한 이 전을 주의 이름으로 일컫는 줄을 알게 하옵소서.… 주는 하늘에서 저희의 기도와 간구를 들으시고 그 일을 돌아보옵소서.…주는 계신 곳 하늘에서 저희 기도와 간구를 들으시고 저희의 일을 돌아보옵시며.…솔로몬이 무릎을 꿇고 손을 펴서 하늘을 향하여 이 기도와 간구로 여호와께 아뢰기를 마치고 여호와의 단 앞에서 일어나.(왕상 8:22-54)

창세기 1장의 '궁창'이라는 신은 자신은 하늘나라를 짊어진 투명한 존재가 되어 진다. 우리는 이제 이 궁창을 바라보고, 그 위에 펼쳐진 하늘나라를 바라보는 것이다. 이것이 우리가 "하늘로서의 궁창"을 바라보는 태도이다.

라. '신적 · 인격적 존재'로서의 '궁창'

'궁창'을 '하늘'이라고 불렀다. 이것은 '궁창(라키야, 넓은 표면, 넓은 공간)'이 '하늘'을 상징하며, '궁창'을 '하늘'로 받아들여도 무관하다는 의미이다. 따라서 '궁창'은 '하늘'을 바라 볼 수 있는 '상징'이다. 그리고 더 나아가서 이 '궁창'은 '하늘'과 연결된 장소이다. 그렇기 때문에 '궁창'을 바라보면 '하늘'을 바라보는 것이다. 그리고 '하늘'로 나아갈 때에도 이 '궁창'을 경유하여 나아갈 것이다. 이곳은 '영적인 세계'와 중첩되어 있을 수 있다. 왜냐면 '하늘'은 '마음'으로만 들어갈 수 있는 '영적인 세계'이기 때문이다. 우리는 창세기 1장에서 '하늘로서의 궁창'이라는 단어를 반복하여 볼 수있다.

그런데, 이 '궁창'이 신적인 존재이다. 그래서 이 '궁창'은 하늘을 계시하는 천사에 의해 지어졌다. 그래서 이 '궁창의 신'은 여호와를 향한 절대적인 마음을 가지고 있다. 이 '궁창 신'은 자신을 지으신 여호와를 소리 높여 찬양한다.

하늘은 기뻐하고 땅은 즐거워하며 열방 중에서는 이르기를 여호와께서 통치하신다 할지로다.(대상 16:31)
하늘이 하나님의 영광을 선포하고 궁창이 그 손으로 하신 일을 나타내는도다.(시 19:1)

하늘의 하늘도 찬양하며 하늘 위에 있는 물들도 찬양할지어다.(시 148:4)

그리스 신화의 '우라노스'는 이 '궁창 신'을 흉내 내었다. 그러나 그 우라노스는 하나님께 드리는 영광을 자신이 차지하는 거짓의 신이다. 그런데 이 궁창은 하나님을 찬양한다. 그래서 이 궁창을 바라보는 자에게 동시에 자신과 함께 하나님을 찬양하게 한다.

마. 공간의 창조

창세기 1장에 의하면, 공간의 창조는 물과 물이 분리 된 후, 궁창 아래의 물을 한 데로 모음을 통해서 창조되어 진다. 그렇다보니 궁창의 창조가 곧 공간의 창조가 되어 진다.

바. 두 존재의 '물'

만약 이 '궁창'의 창조가 '공간'의 창조이고, 이 공간이 태초에 존재하던 그 물을 둘로 갈라 놓았다면, 그 "태초에 존재하였던 물"은 '가시적인 물'만 이라기 보다는 '형이상학적 존재가 포함된 물'이다. 따라서 '궁창 위의 물'과 '궁창 아래의 물'을 이 우주 공간 위에서 찾으려고 하면 찾을 수 없게 된다. 이 '물'은 이 세상의 3차원과 그 차원을 달리한다. 이 태초의 물에는 '비가시적인 물'과 '가시적인 물'이 결합된 물이었다. 이 '비가시적인 물'이 하늘의 '유리바다'와 연결되는 것으로 보인다.

사. 티아맛과 마르둑

티아맛과 마르둑 신화는 메소보다미아 바벨론의 창조신화 에누마 엘리쉬에 등장하는 신화이다. 마르둑은 수면 · 바다를 의미하는 티아맛(창1장의 떼홈)과 전쟁을 하여 승리한 후, 그를 잡아서 그 몸을 둘로 쪼개어서 하나는 하늘을 만들고, 또 하나는 땅을 만들었다고 말한다. 물을 둘로 쪼개는 비유가 메소보다미아 베벨론 신화에 등장하고 있다. 그 내용을 요약하면 다음과 같다.

티아맛(Tiamat, 티아마트)은 메소포타미아 신화의 여신으로서 바닷물을 의미하며, 염수를 의미하며, 반려자인 압수(Abzu, Apsu)는 담수를 가리킨다. 압수와 티아마트는 많은 신을 낳았다. 그러나 자손들과의 생활이 번거로웠던 압수는 티아마트에게 그들을 죽이라고 지시했다. 하지만 티아마트는 오히려 자손들에게 압수의 계획을 가르치고 경고했다. 결국 그 자손중의 아누는 나머지 형제·자매들과 공모하여 압수를 살해했다.

그 뒤 티아마트는 신 중의 어머니로서 존경받았다. 그러나 아누는 점차 권위를 바라게 되어 머지않아 주신의 자리를 요구하였다. 티아마트는 이에 격노하여 아누의 부하를 본보기로 처형했으며, 자손들은 더 이상 싸움을 피할 수 없게 되었다. 그러나 티아마트의 손자에 해당되는 신 중에 마르두크이라는 번개로 무장한 무신이 티아마트에게 도전했다. 티아마트는 이에 맞서 킹구(kingu)에게 권위의 상징인 '하늘의 석판'을 하사하여 마르두크에 대항하게 했으나 간단히 패배했다. 결국 티아마트는 마르두크를 직접 상대해 그 커다란 입으로 집어삼키려고 했다. 하지만 마르두크는 티아마트가 입을 연 순간 폭풍을 불러 입을 닫지 못하게 한 다음, 티아마트의 몸에 검을 찔러 넣어 살해했다.

싸움이 끝난 뒤, 마르두크는 티아마트의 몸을 이등분하여 각각 하늘과 땅으로 만들었다. 티아마트의 두 눈은 티그리스강과 유프라테스강의 원천이 되었으며, 꼬리는 은하수가 되었다. 그리고 마르두크는 그 공로를 인정받아 신들의 왕이 되었다.(위키백과, 티아마트)

이것이 고대인들의 우주창조에 대한 사유방식이었다. 모든 존재들은 신적 존재들이다. 이에 따라 우리는 하나님에 의해서 창조된 궁창을 신적존재로 지칭하고자 한다. 하늘이라고 불리우는 저 궁창은 하나님의 천군천사들에 의해 지탱되는 인격적 존재인 것이다.

아. 가이아와 우라노스

그리스 신화에 의하면, 하늘과 땅이 인격적인 존재이다. 땅으로부터 분리되어 나타난 것이 하늘이다. 땅 '가이아'로부터 하늘 '우라노스'가 출현한 것이다.

우라노스(Οὐρανός, 하늘의 신)는 그리스 신화의 1세대 하늘의 신이다. 우라노스는 카오스(시간)와 가이아(대지)의 아들이며 크로노스의 아버지이자 제우스의 할아버지이다.

우라노스는 가이아가 스스로 낳은 첫 번째 자식이다. 이후 가이아가 장남인 우라노스를 남편으로 맞이하며 가이아의 남편이 된다. 우라노스는 어머니인 가이아와 결혼한 후부터 그녀에게 매우 집착하였으며, 가이아는 계속 임신하고 자식들을 낳았지만 그럼에도 우라노스는 계속해서 가이아의 곁에 붙어서 떨어지려 하지 않고 끈질기게 집착하였다. 가이아가 자식들을 출산할 때마다 우라노스는 사랑을 표하며 하늘에 올라가 황금빛 비를 쏟아 땅을 촉촉히 적셔주며 사랑을 표현하면, 가이아는 땅에 만물이 샘솟게 도와주면서 우라노스에게 보답하였다. 이 시기의 우라노스와 가이아는 부부 금슬이 좋았고, 점점 더 서로에 대한 사랑이 깊어졌다.

하지만 가이아가 키클롭스, 헤카톤케이르를 비롯한 괴물들을 낳으면서 우라노스와 가이아는 점차 반목하기 시작하고, 이렇게 흉측한 괴물들이 자신의 자식이라는 걸 수치스럽게 여긴 우라노스는 그들을 모두 타르타로스에 감금한다. 그리고는 아무 일도 없는 듯 예전처럼 가이아에게 끊임없이 집착하였다. 아무리 괴물이지만 자신의 자식들을 지하에 가두고 그러면서도 자신을 임신시키려는 우라노스에게 분노한 가이아는 복수를 다짐하고, 자신의 몸 속을 흐르는 광맥에서 낫을 만들어 우라노스를 거세할 계획을 세운다.

낫을 만든 가이아는 자식들을 불러 자신을 도와 아버지 우라노스에게 반란을 일으킨다면 1인자의 자리를 약속하였지만, 가이아의 말을 들은 자식들은 우라노스에 대한 두려움으로 선뜻 나서지 못하였다. 이렇게 아무도 나서지 않으려 할 때 막내인 크로노스가 가이아를 돕겠다고 나서고, 가이아는 기뻐하며 크로노스에게 자신의 낫을 넘겨주었다.

이제 크로노스는 어머니 가이아와 말을 맞춘 뒤 낫을 품고 침실에 숨어 아버지 우라노스가 가이아에게 다가오기만을 기다렸다. 밤이 되자 마침내 우라노스가 가이아를 향해 다가오더니 이내 그녀를 덮쳤다. 숨어있던 크로노스는 서둘러 뛰쳐나와 왼손으로 우라노스의 성기를 쥐고 오른손으로 낫을 휘둘러 자른 뒤 바다로 던져버렸다. 우라노스는 성기가 잘리자 고통을 참지 못하고 큰 비명을 지르면서 그 자리에 주저앉았다. 아들인 크로노스에게 거세당하면서 1

인자에서 쫓겨나고 더 이상 가이아와 사랑을 나눌 수 없게 된 우라노스는 고통 속에서 많은 피를 흘리며 도망가서는 다신 가이아를 찾지 않았다.

우라노스가 흘린 피가 땅에 떨어지면서 기가스, 에리니에스, 멜리아데스가 탄생하였다. 한편 바다에 떨어진 우라노스의 성기에서 흘러나온 정액이 바닷물과 섞이면서 흰 거품이 일더니 그 자리에서 아프로디테가 태어났다. 이렇게 우라노스가 생식력을 잃으면서 그의 집권기도 끝나게 되고, 더 이상 하늘과 땅이 붙어있지 못하면서 하늘과 땅 사이엔 경계가 생겼다.

한편 가이아는 우라노스와 헤어진 후에도 그와 맺었던 성관계에 중독되어 한동안 외로움을 심하게 탔다고 한다. 이후 자신이 스스로 낳은 또 다른 아들인 폰토스에게 빠져들게 되고, 결국 욕망을 이기지 못한 채 폰토스를 유혹한 뒤 사랑을 나누어 자식들을 낳으면서 재혼한다.

이후 자식들을 낳을 때마다 계속 삼키는 남편 크로노스의 악행에 분노한 레아가 제우스를 출산할 때가 임박하자 우라노스를 찾아와 계책을 짜내 줄 것을 간청한다. 우라노스는 레아의 말을 기꺼이 들어주고 크로노스에게 일어나기로 예정된 모든 일들을 그녀에게 말해준 뒤로는 전혀 등장하지 않는다.

제우스의 탄생 이후 전혀 언급이 없지만 죽은 건 아니다. 비록 크로노스에게 거세당해 지배자의 자리에서 쫓겨났지만 그 후로도 전혀 죽지 않았으며, 단지 가이아와 멀리 떨어져 분리되었을 뿐이다. 다시 말하자면 고대 그리스인들은 우라노스와 가이아는 멀리 떨어져 별거하는 중이지 그들은 절대 이혼해서 남남인 사이가 아니하고 생각하였다.(위키백과, 우라노스)

우리가 그리스 신화에 어떤 의미를 둘 필요는 없다. 다만 그 신화적 사실에 있어서 하늘을 신적 존재로 지칭하는 것이 성경과 일치할 뿐이다. 그 이면의 이야기는 어떤 무엇을 설명하기 위해 가공된 것으로 보인다. 우라노스는 '하늘, 궁창'을 말한다. 이 신화적 사실에서 우리는 '궁창'을 신적 존재로 받아들이는 것만을 취할 뿐이다.

자. 신화의 오류

하나님을 직접적으로 알지 못하는 고대인들도 진리를 규명하기에 힘을 기울였다. 그들이 형이상학 세계를 규명하기 위해 의존한 것은 주로 꿈과 환상과 믿음이었다. 이러한 것을 통해서 저쪽 세계의 실상이 계시되고, 확인되었던 것이다. 일반적으로 꿈과 환상을 통해 형이상학 세계에 대한 계시가 주어지고, 믿음을 통해 이것을 확인하였다. 그렇게 해서 형성된 것이 신화이다. 그래서 신화도 또한 일견 진리의 파편이 존재한다. 그리스 신화에서는 성경의 '혼돈·공허·흑암(토후·보후·호세크)'을 '카오스'로 파악을 하였는데, 카오스의 의미는 '캄캄한 텅빈 공간'을 의미하며, '혼돈'이라고 번역될 수 있다.

헤시오도스(기원전 7세기경)의 《신들의 계보》에서는 세계 즉 우주의 발생을 다음과 같이 기술하고 있다. 태초에 4가지 힘이 자연적으로 나타났는데, 가장 처음에 카오스(χάος 무(無), 텅 빈 공간, 대공허)가 나타났다. 다음으로 가이아(Γαῖα 땅, 대지)와 타르타로스(Τάρταρος 지하세계 또는 지하세계의 맨 아래 공간, 활동정지·휴식 또는 망각의 공간)와 에로스('Έρως 사랑, 욕구, 결합·번식·번영하려는 의지)가 순서대로 나타났다.(위키백과, 카오스)

위의 그리스 신화에서 '카오스'가 창세기 1장의 '혼돈·공허·흑암'에 해당한다. 여기에 '빛'이 임한 것이다. 이 빛에 해당하는 존재가 '에로스'이다. 이 카오스 상태의 텅빈 공간에 질료덩어리들이 심연으로부터 올라와 뒤섞여 있다. 이제 여기에 에로스가 이들의 본능을 결합시켜서 창조가 이루어지게 한다. 그래서 그리스 신화의 창조자는 에로스인 것이다. 여기에서의 에로스는 아프로디테의 아들 에로스와 다른 존재이다.

그리스인들은 모든 존재들을 신으로 파악했다. 그 모든 존재들 이면에 신이 존재한다는 것이다. 그리스 신화에 의하면, 이 세상의 기초를 이루는 기둥과 같은 네 신이 있는데, 카오스, 가이아, 타르타로스, 에로스이다. 이들이 시원을 이루는 신들이며, 이들을 통해서 코스모스 세상이 나타난다. 그런데, 성경에 의하면, 이들의 근원에 빛이 있다. 그리고 그 빛 안에는 말씀과 성령이 있다. 이들이 하늘의 신을 실어 나르는 것이다. 이 빛 안에 있는 존재들이 카오스, 가이아, 타르타로스, 에로스와 같은 존재들인데, 신화에서는 그 이면의 말씀의 세계를 생략해 버렸다. 따라서 그리스 신화 등은 그 신화적 팩터만을 이용한 거짓의 이야기이다.

차. 엘로힘 혁명 : 천사들에게 굴복하는 제 신들

이러한 것을 통해서 우리는 메소보다미아 신화·우가릿 신화·그리스 신화가 한 맥락이다는 것을 알 수 있다. 아브라함은 메소보다미아 사람이다. 창세기에 의하면, 아브라함과 그의 후손들은 계보책(톨레돗)을 가지고 있었다. 이것이 모세에게 주어지고, 모세는 모세오경을 저술하면서 이 톨레돗을 이용하였던 것이다. 이 계보책은 아브라함과 관련이 있으며, 그것은 메소보다미아 신화와 우가릿 신화의 산물이다. 모세는 여기에 더하여 애굽 신화까지 알고 있었다. 그는 애굽의 왕자로서 애굽신화를 고찰하였다.

모세는 훗날 여호와를 만나고, 더 나아가 출애굽 사건을 경험하면서 여기에 엘로힘 혁명을 일으켰다. 모든 신화를 여호와의 총회로서의 엘로힘 아래에 굴복시켜 버린 것이다.

그래서 모세오경은 결국 출애굽 사건의 산물이며, 이 사건을 통해서 모든 신화들의 신은 이제 잡신으로 분류되는 것이다. 그들은 정상적인 엘로힘의 궤도를 이탈한 거짓 신들로 분류되기 시작한 것이다. 그러나 그들도 신화적 팩터는 알고 있다. 그래서 신화적 팩터는 어느 정도 일치한다. 그러나 그 이면의 사건들·이야기들은 엘로힘이 빠진 가공된 것들이다.

[결 론] 질료도 창조하신 하나님

하나님은 흑암·곧 무로부터 창조를 시작하시었다. 이것이 기독교 신앙의 가장 큰 특징이다. 하나님께서 무로부터 창조를 하시었다는 것은 하나님은 만유보다 크시다는 것을 의미한다. 하나님 자신 안에 모든 세계가 이미 다 있었다. 심지어는 과거·현재·미래까지 모두 그 안에 담겨 있다. 이것이 이제는 말씀을 통하여 하나씩 이 세계 속에 실현되어 나타난다. 그래서 이 세계는 하나님의 마음과 비교하였을 때, 하나의 점에 불과하다. 이 세계의 모든 과거는 모두 하나님의 마음 안에 상존한다. 미래도 또한 하나님 마음에 있다. 이것을 고려하여 지금 말씀을 발하시면, 그것이 이 땅에 나타난다. 이것이 세상의 모습이며, 인생들의 모습인 것이다. 우리는 여호와 하나님의 마음을 이렇게 바라본다.

성령께서 붙들고 계시는 태초의 수면 : 질료의 창조

하나님께서는 하늘의 형상을 땅에 반영하기 전에 땅이라고 불리우는 질료도 또한 창조하시었다. 이 질료는 창세기 1장 2절에서 "혼돈·공허·흑암의 깊은 수면"이라고 불리운다. 그런데, 이 수면을 성령이 알을 품듯이 품고 계신다. 우리는 하늘의 창조를 말씀(마음)에게 귀속시켰듯이, 이제 이 질료의 창조를 성령(생기, 생명)에게 귀속시키고자 하는 것이다.

우리는 이 세계를 먼저 상정하고, 그 후에 하나님을 바라보는 것이 아니다. 그러면 주객이 전도된다. 하나님에 의해서 이 눈에 보이는 세계가 흘러나온 것이다. 심지어는 물질적인 재료까지도 하나님께로부터 흘러나왔다. 그곳의 진원지가 곧 성령이시다.

성령께서는 물질의 한 원소를 창조하신다. 그리고 그 원소로부터 분유가 계속 일어나게 하시어서 수면이라는 어마어마한 질료 덩어리의 "혼돈·공허·흑암의 깊은 수면"을 창조하신 것이다. 이것이 창세기 1장 1절에 나오는 "땅(אָרֶץ)의 창조"이다.

질료에 임하는 형상의 통로 : 빛의 창조

성령이 품고 있는 이 흑암의 세계, 곧 태초의 질료 속에 하나님의 말씀이 발해지며, 창조가 시작되는 것이다. 이것의 모습을 나타내는 것이 빛을 통한 창조이다. 하늘에서 어두움에 빛이 비추기 시작하는데, 이 빛 안에는 말씀과 생명이 있다. 그래서 어둠 속에 있는 수면들을 결합시켜서 창조물이 되게 한다.

그래서 이 빛의 창조는 "질료에 임하는 형상의 통로"가 생성된 것을 의미한다. 이 빛 안에는 말씀과 성령과 천군천사들이 있다. 이들이 카오스의 흑암 속에 빛을 타고 내려오기 시작한 것이다.

보이는 세계와 보이지 않는 세계의 경계 : 궁창의 창조

또 하나님께서는 빛들의 세계, 하늘나라와 이 세계에 경계를 두신다. 인생들이 함부로 그 세계를 추론하지 못하게 하기 위해서이다. 그래서 궁창을 두신 것이다. 인생들은 궁창을 바라보면서 하늘나라를 바라보아야 한다. 그러나 궁창은 하늘이며, 하늘나라이다. 인생들은 이 궁창을 바라보면서 하늘나라의 존재를 믿어야 한다.

우리 고대인들은 궁창을 우라노스라고 하여 창조의 신들 중의 하나로 파악한다. 모든 존재하는 것들의 이면에는 신이 존재하는 것이다. 그런데, 이것은 어느 정도 타당한 개념이다. 이것은 현대인이 고대인에게 받아야 할 교훈이다.

우리는 이 궁창을 통해 하나님 계신 곳을 바라보는 것이다. 그런데, 성경은 이 궁창이 하나님을 찬양하고 있다고 말한다. 이 궁창은 하나님을 보고 있기 때문이다. 우리는 이렇게 하나님을 찬양하는 궁창을 바라보는 것이다. 그러면서 우리도 그와 더불어 하나님을 찬양하는 것이다.

우리는 이렇게 하나님의 창조를 이해하며, 광대하신 하나님, 전지전능하신 하나님을 바라보는 것이다. 칼빈은 하나님의 창조를 보고 하나님 자신을 알 수 있다고 하였다. 이 세상의 창조가 어떻게 이루어졌는지를 분명하게 알 때, 하나님에 대한 우리의 개념도 올바르게 정립되는 것이다.

6장 뭍과 광명과 생명체들의 창조
(창 1:9-31)

[서 론] 자신을 나누어 주심을 통한 창조

창세기 1장은 무에서 유의 창조를 말하고자 한다. 즉, 하나님께로부터 만물이 흘러나오는 것이다. 하나님께서는 신으로서 자신의 가진 것을 나누어 주심을 통해 창조를 하신다. 이것이 고대신화 속에 나오는 창조의 방법으로서 분유개념이다. 이것이 곧 무로부터의 창조이다. 하나님 바깥에는 아무것도 없으며, 삼위일체 하나님 안에 있는 것을 나누어주심으로 하나님께서는 이 세계를 창조하신 것이다. 그리고 그 창조는 최종적으로 인간의 창조로 완성이 된다.

삼위일체 하나님 안에 존재하는 만물

삼위일체 하나님 안에는 모든 존재의 근원으로서의 재료가 다 존재한다. '여호와'의 이름의 의미는 '존재'이다. '존재'를 나누어 주시는 분이시다. '말씀'의 의미는 '마음'이다. '말씀' 하나님은 '마음'을 나누어주는 존재이다. 그리고 이 말씀(마음)은 존재에게서 나왔다. '성령' 하나님의 의미는 '호흡'인데, 이것은 물질적인 것에 임하는 '생명'인데, 여기에서 '수면'이 나오는 것으로 보인다. 그리고 마음에서 호흡이 나오고, 여기에서 물리적인 생명으로서의 '수분(물의 입자)'이 나온다. 삼위일체 하나님 안에는 이 모든 요소가 다 존재하였다. 그리고 그것으로 이 세상을 창조하시었다.

창세기 1장 1절에 의하면, "태초에 하나님이 하늘과 땅을 창조하셨는데, 그 땅은 혼돈·공허·흑암의 깊음의 수면이 있고, 그 수면 위에 성령이 운행하고 계셨다"고 한다. 여기에는 하나님의 6일 동안의 창조에 앞서서 하나의 중요한 창조가 먼저 존재한다. 여기에서의 하나님은 삼위일체 하나님이시다. 그래서 존재자이신 여호와는 말씀 하나님과 함께 하늘들(שָׁמַיִם 솨마임)을 창조하신다. 하늘은 마음으로 구성된 세계이다. 더 나아가 여호와는 성령과 더불어 땅으로 불리울 물(원소)을 창조하신다. 따라서 물리적인 것도 삼위일체 하나님에게서 나왔다.

우리는 창세기 1장 1절을 이렇게 해석할 때, 무로부터의 유의 창조가 설명된다. 하나님께서는 자신이 가진 것으로부터 창조를 하신 것이다. 즉, 자신에게 있는 것을 나누어주신 것이다. 이때 하나님께서는 물리적인 것의 생명도 함께 가지고 계시었다. 그리고 그것이 곧 성령이시다.

보이지 않는 세계의 창조

하나님께서 하늘과 땅을 지으셨는데, 이때 땅은 혼돈·공허·흑암의 깊은 수면 그 자체였다. 그리스 신화에서는 이 모습을 카오스라고 표현한다. 그냥 흑암이라는 의미이다.

그런데 여기에 빛이 창조되었다. 그리고 하나님께서는 이 빛을 아예 옷으로 입으시었다. 흑암의 세계에 빛이 비추이기 시작한 것이다. 이 흑암의 세계 속에 질서와 법칙이 임하기 시작한 것이다.

그런데, 이어서 궁창을 창조하시어서 물을 궁창 위의 물과 궁창 아래의 물로 나누신다. 이 세계를 궁창 아래에 가두신 것이다. 이것은 인간의 입장에서는 또 다른 하늘의 창조에 해당한다. 이제 이 빛은 하늘위에 존재한다.

이 궁창의 창조로 인하여 보이지 않는 세계와 보이는 세계가 구분되어 진 것으로 보인다. 이제 보이는 세계에 대한 실질적인 창조가 다시 시작된다.

보이는 세계의 창조

하나님께서는 이 궁창 아래의 물을 한 곳으로 모으시며, 물에서 뭍이 나오게 하시었다. 이것은 인간의 입장에서는 또 다른 땅의 창조에 해당한다. 이때도 이 하나님의 말씀에 따라 빛이 역사하였을 것이다.

이때 이 땅에서도 빛은 요구된다. 그래서 하나님께서는 광명을 창조하시고, 그 광명으로 하여금 그 빛에서 나타난 낮과 밤을 주관하게 하신다. 이 빛에서 모든 생물들에게 필요한 생명이 임한다. 이 빛은 가시적인 세계에 생명과 호흡을 공급한다.

이렇게 생물들이 거할 수 있는 땅이 마련되자 하나님께서는 생명 있는 움직이는 것들을 창조하신다. 이들의 특징은 호흡이 있으며, 움직이는 것들이다. 그래서 이들을 창조할 때, בָּרָא(바라, 창조하다)라는 용어가 사용된다. 이 בָּרָא(바라, 창조하다)라는 용어는 "하나님이 천지를 창조하시니라"와 "생물들의 창조"와 "인간의 창조"와 관련해서만 사용된다. 결국 이 존재들의 기원은 매우 의미가 있다. 뭔가의 새로운 존재들이 여기에 추가로 탑재되고 있는 것이다.

자신의 형상과 모양에 따른 인간의 창조

창세기 1장에서 말하는 인간의 창조가 가장 새롭다. 인간을 하나님의 형상과 모양에 다라 창조되었다고 말하고 있기 때문이다. 이때 형상(쩨렘)은 하늘에 있는 존재로서 어떤 것에 대한 본질이라는 의미로 사용된다. 이것은 하나님의 본질을 좇아 창조되었다는 것이다. 모양이라는 히브리어는 데무트인데, 보이지 않는 존재의 나타남과 같은 의미를 지닌다.

그래서 인간이 하나님의 형상과 모양에 따라 지음을 받았다는 것은 하늘에 계신 하나님이 인간을 통하여 이 세계 속에 나타난 것을 의미한다.

[소 결] 무로부터 유를 창조하신 하나님

우리는 하나님의 창조를 무에서 유의 창조로 파악하고자 한다. 그럴 경우에만 하나님께서 전지전능 무소부재하신 참 하나님이 되시는 것이다. 하나님이 계시기 전에 이곳에 물이 있었다고 생각하는 것은 하나님 외에 다른 실체를 용인하는 것이다. 그러나 성경은 항상 무로부터 유의 창조를 말하고 있다.

1. 셋째 날, '뭍'을 창조하신 하나님

가. 땅 : 수면 위의 혼돈과 공허와 흑암

성경 본문이 소개하는 '뭍'의 창조 직전의 상황은 어떠하였는가? 그것은 창세기 1장 2절에서 나타난다. 창세기 1장 2절에서는 "땅은 '혼돈'하고 '공허'하며 '깊은 물' 위에 '흑암'이 있었고, '하나님의 신'은 '수면' 위에 운행하고 있었다"고 하였다. 즉, 땅은 תֹּהוּ(혼돈, 무질서, 무형)하고, בֹּהוּ(공허, 텅빈)하였으며, חֹשֶׁךְ(암흑, 죽음)의 상태였는데, 그 아래에 תְּהוֹם(깊음의 물, 원시해양, 밑바닥이 없는 지하세계)이 있었다. 그리고 이때 '하나님의 신'이 מַיִם(물, 바다)위에 운행하고 있었다. 이것이 6일간의 창조 전에 창조된 '땅'의 모습이었다. 이 '땅'은 히브리어로 ץֶרֶא(에레쓰)라고 한다. 이 '땅'은 '혼돈, 공허, 어두움의 깊은 물'로 존재한다. 이것이 처음에 창조된 '땅'의 모습인 것이다.

나. '뭍'이 '드러나게 하신' 하나님

창세기 1:1에서 "하나님께서 하늘과 땅을 창조하시니라. 그리고 땅이 혼돈하고 공허하며 흑암이 깊음 위에 있고 하나님의 영은 수면 위에 운행하시니라"고 하고 있다. 이때의 땅의 모습은 물이었다. 그런데, 창세기 1:9에서 "하나님이 이르시되 천하의 물이 한 곳으로 모이고 뭍이 드러나라 하시니 그대로 되니라"고 한다. 이때 우리는 "공허·혼돈·흑암의 수면"이라는 질료에서 '뭍'이 나왔는지, 아니면 수면이 한 곳으로 모여서 아래에 있던 '땅'이 드러났는지를 분별해 보아야 한다. 일반적으로 고대 신화들은 물에서 땅이 생겨났다고 말하기 때문이다. 탈레스도 모든 만물의 기원으로서 '물'을 말한다.

그리스 신화에서 "공허·혼돈·흑암의 수면"이라는 질료는 일반적으로 '카오스'라고 불리운다. 이제 여기에 '에로스'가 탄생한다. 그러면, 이 에로스는 질료 속에 있는 각각의 본능들이 서로 뭉치게 하여 형체를 가진 코스모스가 되게 한다. 이 '에로스'가 창세기 1장 3절에서의 '빛'의 역할과 같다. 이 '빛' 안에는 '말씀'과 '생명'이 흐르며, '영적인 존재'가 흐른다. 이것이 '형상'이다. 이 '형상'이 '질료' 속에 반영이 되는 것이다. 그렇게 하여 형체가 나오는 것이다.

지금 '카오스'와 같은 '혼돈의 수면'에 '말씀'이 발해지자 '빛'이 역사하여 그 안에서 '뭍'을 지어내는 것이다. 그리고 하나님께서는 이 '뭍'을 '땅'이라고 부르는 것이다. 그래서 베드로는 다음과 같이 말한다.

> 이는 하늘이 옛적부터 있는 것과 땅이 물에서 나와 물로 성립된 것도 하나님의 말씀으로 된 것을 그들이 일부러 잊으려 함이로다.(벧후 3:5)

우리는 이러한 사전지식을 가지고, 창세기 1장 9-10절의 히브리어 원문을 분석해 볼 수 있다.

하나님이 가라사대 천하의 물이 한 곳으로 모이고 뭍이 드러나라 하시매 그대로 되니라. 하나님이 뭍을 땅이라 부르시고 모인 물을 바다라 부르시니 하나님이 보시기에 좋았더라.(창 1:9-10)

וַיֹּאמֶר אֱלֹהִים יִקָּווּ הַמַּיִם מִתַּחַת הַשָּׁמַיִם אֶל־מָקוֹם אֶחָד וְתֵרָאֶה הַיַּבָּשָׁה וַיְהִי־כֵן

וַיִּקְרָא אֱלֹהִים לַיַּבָּשָׁה אֶרֶץ וּלְמִקְוֵה הַמַּיִם קָרָא יַמִּים וַיַּרְא אֱלֹהִים כִּי־טוֹב

위의 히브리어 원문에서 먼저 '뭍'이라는 용어를 면밀히 검토하여야 한다. 이 '뭍'이라는 용어는 הַיַּבָּשָׁה로 표기되었는데, 이것은 "יַבָּשָׁה(야바싸, 뭍)+ה(정관사)"로 되어 있다. 이때 '뭍'이라고 번역된 이 단어는 יָבֵשׁ(아바쓰, 마르다)라는 '능동형 동사'에 '명사형 어미'가 붙어서 된 단어이다. 즉, 이 존재는 물 속에 있다가 스스로 마른 것이다. 즉, 수면 가운데 있었는데, 무엇인가가 이 존재 안에 주입되었다. 그리스 신화식으로 표현하면, 뭍의 에로스가 들어간 것이고, 창세기 1장의 방식으로는 '말씀'이 발해졌고, 그 "말씀과 성령과 어떤 영적인 존재"가 그 수면이라는 '질료'안에 '형상'으로서 들어간 것이다. 그러자 이 수면 가운데 있는 어떤 존재가 '스스로 마르게 되어' '뭍 יַבָּשָׁה(야바싸, 마른 것)'으로 드러난 것이다. 여기에는 '땅'을 말하는 에레쓰(אֶרֶץ)의 요소가 전혀 선재하지 않는다. '마른 것'을 '뭍'으로 번역을 하였으며, 그것을 '땅'이라고 부른 것이다. 이것이 무에서 유의 창조를 말하는 베드로식 해석인 것이다. 맨먼저 '혼돈의 수면(땅)'이 창조되고, 여기에서 '마른 것(뭍)'이 나온 것이다.

다. 여호와가 구원해 낸 땅

이렇게 하여 '마른 것(뭍)'이 땅으로 나타나게 되었는데, 여기에 다시 '수면'이 덮치면, 이 '뭍'은 과거로 돌아가 버린다. 그래서 하나님께서는 수면으로 하여금 다시 이 '마른 것(뭍)'을 침범하지 못하도록 그 경계를 정한다.

땅(אֶרֶץ, 에레쓰)에 기초를 놓으사 영원히 흔들리지 아니하게 하셨나이다. 옷으로 덮음 같이 주께서 땅을 깊은 바다로 덮으시매 물이 산들 위로 솟아올랐으나, 주께서 꾸짖으시니 물은 도망하며 주의 우렛소리로 말미암아 빨리 가며, 주께서 그들을 위하여 정하여 주신 곳으로 흘러갔고 산은 오르고 골짜기는 내려갔나이다. 주께서 물의 경계를 정하여 넘치지 못하게 하시며 다시 돌아와 땅(אֶרֶץ, 에레쓰)을 덮지 못하게 하셨나이다.(시 104:5-9)

즉, 창세기 1:9의 '물'은 '수면의 물'을 한데 모아야 그 모습이 유지된다. 그래서 하나님께서 그 물의 경계를 정하신 것은 땅에 대한 구원행위가 된다. 그래서 이제 '땅'은 하나님을 찬양하는 것이 마땅하다.

라. 하나님을 찬양하는 인격적인 존재로서의 '땅'

성경에서는 '땅'이 인격적인 존재로서 간주된다. 하나님을 찬양한다. 인격적 존재로 간주되고 있는 것이다. 우리는 땅을 인격적 존재로 보아야 한다. 땅은 거대한 하늘의 천사이다. 우리는 그리스 신화에서 모든 신들의 창조자로서 가이아를 보았다. 거의 창조자의 반열에 서있는 신이다. 실제로 '땅의 천사, 대지의 천사'가 이와 같다. 이 '땅의 천사, 대지의 천사'가 이렇게 자신을 '수면'으로부터 구원한 하나님을 찬양한다.

온 땅이여 하나님께 즐거운 소리를 낼지어다.(시 66:1)
땅이여 너는 주 앞 곧 야곱의 하나님 앞에서 떨지어다.(시 114:7)
새 노래로 여호와께 노래하라 온 땅이여 여호와께 노래할지어다.(시 96:1)
아름답고 거룩한 것으로 여호와께 예배할지어다 온 땅이여 그 앞에서 떨지어다.(시 96:9)
여호와께서 다스리시나니 땅은 즐거워하며 허다한 섬은 기뻐할지어다.(시 97:1)
산들이 여호와의 앞 곧 온 땅의 주 앞에서 밀랍 같이 녹았도다.(시 97:5)
온 땅이여 여호와께 즐거이 소리칠지어다 소리 내어 즐겁게 노래하며 찬송할지어다.(시 98:4)
온 땅이여 여호와께 즐거운 찬송을 부를지어다.(시 100:1)

마. '땅'과 '바다'의 창조

이렇게 드러난 '뭍'을 '땅'이라 칭하고, '모인 물'을 '바다'라 '부름(קָרָא)'을 통해서 하나님께서는 '땅'과 '바다'를 창조하신 것이다. 어떻게 보면 이 '뭍'은 '땅'을 상징하고 있으며, '모인 물'은 '떼홈의 바다'를 상징하고 있다.

> 하나님이 뭍을 땅이라 칭하시고 모인 물을 바다라 칭하시니라 하나님의 보시기에 좋았더라. (창1: 10)

이제 이 '땅'에서는 '생명'을 산출한다. 땅에서 식물이 나오기 때문에 식물도 무에서 창조된 것이 된다. 하나님의 말씀이 임하자, 이제는 그 창조가 수면에서 땅으로, 땅에서 식물로 이어진다. 이렇게 무에서 창조되는 것이다. 오직 생명의 근원은 여호와이시다. 여호와의 마음에서 말씀으로, 말씀에서 빛으로, 빛에서 땅(뭍)으로, 땅에서 식물로 나오는 것이다. 이 모든 것이 여호와의 마음으로부터 나온 것이다.

바. '땅'으로 하여금 '식물'을 내게 하신 '하나님'

이제 하나님께서는 "이 '땅'은 땅은 풀과 씨 맺는 채소와 각기 종류대로 씨 가진 열매 맺는 과목을 내게 하라(אשׁדּ, 히필 미완료형)"고 하신다. 그러자 "그렇게 되었다"고 한다.

> 하나님이 가라사대 땅은 풀과 씨 맺는 채소와 각기 종류대로 씨 가진 열매 맺는 과목을 내라(내게 하라, אשׁדּ 히필 미완료형) 하시매 그대로 되어, 땅이 풀과 각기 종류대로 씨 맺는 채소와 각기 종류대로 씨 가진 열매 맺는 나무를 내었다…(창1:11-12)

위의 본문에 의하면, 땅은 자체적인 생명력이 있어서 많은 식물들을 낸다. 그리고 신화에 의하면 땅을 살아있는 신이며, 그 땅에서 나온 모든 존재들도 신이다. 우리도 그렇게 이해를 하여야 한다. 이들은 모든 인격을 가지고 있다. 그리고 그 이면에 신성을 가지고 있다. 그런데, 이 땅에서 다른 생명을 밀어내시는 이가 여호와의 말씀이며, 그 말씀을 나르는 빛이다.

땅은 자신을 죽음과 같은 수면에서 구원하신 하나님을 찬양한다. 그리고 이 땅에서 나온 만물들도 땅의 본받아 하나님을 찬양한다. 우리는 온 대지에 가득한 이 하나님을 향한 찬양의 소리를 들어야 한다.

> 땅이 풀과 각기 종류대로 씨 맺는 채소와 각기 종류대로 씨 가진 열매 맺는 나무를 내니(내게 하니, אֵ֖ץ 히필, 와우 완료형), 하나님의 보시기에 좋았더라.(창 1:12)

이제 땅과 그 안에 있는 식물들의 찬양 소리를 듣고, 여호와께서도 기뻐하신다. 혹은 하나님께서 이 모든 것을 좋음으로 바라보았다.

사. <참조> 그리스 신화의 '가이아'

그리스 신화에서는 '대지'의 신을 가이아라고 한다. 그들은 땅에 이렇게 인격을 부여한다. 그리스 신화에서는 이 '가이아'(대지)에 의해 '우라노스'(하늘)이 탄생한다. 그리고 '가이아'는 이 '우라노스'와 결혼을 하고, 이들로부터 '크로노스'(시간)가 탄생한다. 그리고 그 '크로노스'에게서 '제우스'가 탄생한다.

> 가이아(Γαῖα) 또는 게(Γῆ)는 그리스 신화에 등장하는 대지의 여신이기도 하고 세상을 모두 지배하는 지배여왕이라는 애칭도 있다. 대지와 만물의 여신이며 창조의 여신으로 태초의 모든 것들을 낳은 태초의 어머니이다. 지모신의 형태로 보면 된다. 옛날, 세상이 혼란의 덩어리 카오스이던 시절. 카오스에서 태어난 최초의 여신이라고 전해진다.
> 헤시오도스가 쓴 《신통기》에 따르면, 카오스(혼돈)와 타르타로스(지하세계)와 에로스(원초적 본능)와 더불어 태초부터 존재해왔던 태초신이라고 한다.
> 우라노스와 폰토스의 어머니이자, 또한 에레보스와 닉스와 아이테르 등 많은 남매들을 낳은 어머니신이다. 아버지 카오스를 남편으로 최초로 맞이하고 에레보스, 닉스 등 낳았다고도 한다. 또 아들 우라노스를 남편으로 맞이하여 크로노스를 포함한 티탄 족과 키클롭스, 피톤 등의 괴물을 낳았다. 우라노스가 크로노스에게 거세를 당한 후에는 또 한 명의 아들 폰토스를 남편으로 삼았다고 한다. 가이아의 또 다른 남편들 중에서는 티탄족의 왕이자 아들인 오케아

노스와 손자인 포세이돈 그리고 하데스, 제우스가 있으며 그들을 통해서 많은 자식들을 낳았다.

배우자는 카오스, 크로노스 (시간의 신), 아이테르, 타르타로스, 우라노스, 폰토스, 오케아노스, 포세이돈, 하데스, 제우스이다.

신화에서 신들은 모든 자연만물이다. 결혼과 전쟁이라는 메타포를 이용하여 신들을 엮어나간다. 따라서 그 신화 속의 신들의 이야기에 주목할 필요는 없다.

2. 넷째 날, '궁창'에 '광명'을 창조하신 하나님

가. '궁창' 아래의 세계

궁창 아래의 세계와 궁창 위의 세계가 완연히 다를 수 있다. 궁창 아래의 세계는 자연법칙이 지배하는 세계이다. 그리고 궁창이 생겨나면서 궁창 위의 빛과 단절이 되게 되었다. 그런데, 모든 생명있는 것들에게는 빛이 있어야 한다. 그래서 자연세계에 필요한 빛이 비추게 하기 위해 광명체들을 지으신다. 궁창 아래의 세계를 지으시는 것이다. 흑암에 갇힌 이 궁창 아래의 세계에 빛을 지으시는 것이다.

이제 이 광명체에서 비추는 빛이 참빛의 모형 역할을 한다. 이 광명체에서 비추는 빛이 모든 자연세계의 만물들에게 생명을 준다. 식물에게도 생명을 주며, 동물에게도 생명을 준다.

하늘의 그 빛은 모든 영적인 존재들에게 생명을 준다. 하늘의 천사들에게 생명을 주며, 땅에 있는 하늘에 속한 자들에게 생명을 준다.

나. 하나님이 가라사대, "궁창에 광명이 있으라"

하나님께서는 하늘(궁창)과 바다와 땅을 만드신 후에 이들이 활동할 수 있는 빛을 만드셨다. 그런데 이 빛은 이미 첫째 날에 만들어졌다. 그리고 그 후 궁창이 만들어지자 이 빛을 실어 나르는 도구가 필요하게 되었다. 이 날에는 이 빛에 의해 나타난 낮고 밤을 주관하는 '광명'을 만드신 것이다.

하나님이 가라사대 하늘의 궁창에 광명이 있어… (창1:14 a)

하나님은 '빛'을 '옷'으로 입고 계신다. 그리고 그 '빛'이 하늘나라를 비추고 있다.

주께서 옷을 입음 같이 빛을 입으시며 하늘을 휘장 같이 치시며(시 104:2)

하늘의 궁창에 빛나는 광명체들은 바로 이 '빛'을 계시해 주고 있다. 이 흑암의 땅에도 그 '빛'이 필요하여 하나님께서 궁창에 광명체를 세운 것이다.

이때 이 광명체를 바라보는 모든 이들은 '참 빛'이 되신 하나님을 바라보아야 한다. 우리 죄인들이 그것을 바라보면 죽는다. 그러나 그 빛이 없으면 생명을 얻을 수가 없다. 그래서 우리는 이제 하늘의 광명체를 바라보면서 그 위에 계신 참 빛을 바라보아야 한다.

이렇게 궁창의 광명체는 하늘의 빛을 볼 수 있는 창문이다. 이 광명체를 통해 우리는 하늘의 빛들을 보아야 하며, 그 빛들의 원천이신 하나님을 보아야 한다. 하나님은 빛을 옷으로 입고 계신다.

다. 광명의 본질 : 빛

우리는 광명의 본질을 빛이라고 말해야 한다. 하나님께서는 "광명체들이 하늘의 궁창에 있어 땅을 비추라"고 하신다. 여기에서 비추는 것은 빛을 비추는 것이다.

또 광명체들이 하늘의 궁창에 있어 땅을 비추라 하시니 그대로 되니라.(창 1:15)

וְהָיוּ לִמְאוֹרֹת בִּרְקִיעַ הַשָּׁמַיִם לְהָאִיר עַל־הָאָרֶץ וַיְהִי־כֵן

위의 본문에서 "땅을 비추라"고 할 때, "to give light upon the earth"라고 번역할 수 있다. 즉, 위의 본문에서 "비추라"는 "to + 사역형 lighen"이다. 즉,

"광명체로 하여금 비추게 한다"는 것이다. 무엇이 그렇게 하는가? 그것은 빛이 그렇게 한다는 것이다. 따라서 위의 본문에서 '비추다'는 동사의 '사역형'인 것이다.

광명체 자체가 빛은 아니다. 이 광명체는 그 빛을 실어 나르는 도구인 것이다. 그렇다면, 우리는 이제 광명체를 바라보면서 그 빛 자체를 바라보아야 한다. 그 참 빛이 이 세상에 그렇게 비추고 있다는 것이다. 따라서 광명체가 비추는 그 빛은 물리적인 빛에 국한되며, 참빛은 그 이면에 함께 존재한다. 그래서 우리는 광명체를 보면서, 그 참빛을 보아야 한다.

우리는 앞에서 그 참빛에 대해서 알아보았다. 그 참빛은 말씀과 성령의 통로이다. 그 빛의 끝에는 광대한 여호와의 마음의 세계가 있다. 그 마음의 세계에는 온 세계에 대한 과거와 현재와 미래가 다 담겨있다. 그리고 그것이 이 세계 속에 흘러들어오는 것이다. 그 여호와의 마음을 바라보고, 말씀 하나님이 여호와의 뜻을 선포한다. 그러면 그 말씀이 이 빛의 통로를 타고 이 세상에 내려온다. 그런데 이때 그 말씀 안에는 생명(성령)이 있다. 그리고 그 성령에는 천천만만의 천군천사가 뒤따른다. 그래서 이 빛은 이 세계의 법칙이다. 그것은 자연법칙이면서 사회법칙이기도 하다. 우리는 광명체를 보면서 이 말씀 하나님의 빛을 보는 것이다.

라. 인격이 있는 광명체

우리는 그리스 신화 등에서 알아야 할 것이 있다. 그것은 신화적 팩터(요소)이다. 이것은 존재하는 것이다. 즉, 광명체들은 모두 신들이며, 그 자체의 고유한 인격이 있다는 것이다. 그리고 광명체 정도의 신격이라면, 매우 탁월한 천사장이다. 우리는 "해의 신(천사), 달의 신, 별들의 신"이라고 부를 수 있다. 이들이 우리에게 이렇게 잠잠한 이유는 이들이 하나님을 찬양하며, 순종하는 모습이기 때문일 것이다. 해가 만일 신화 속의 해처럼 분노를 발한다면, 이 세상은 큰 재앙을 만날 것이다. 해는 말씀 하나님의 통로로, 빛의 운반자 역할을 다하기 위해 최선을 다한다. 그 귀한 직분을 감당하기 위해 해와 달과 별들은 날마다 하나님을 찬양한다. 우리는 자연만물의 소리를 이렇게 들을 수 있어야 한다. 그 이면에 신들이 자리잡고 있기 때문이다.

그의 모든 천사여 찬양하며 모든 군대여 그를 찬양할지어다. 해와 달아 그를 찬양하며 밝은 별들아 다 그를 찬양할지어다. 하늘의 하늘도 그를 찬양하며 하늘 위에 있는 물들도 그를 찬양할지어다. 그것들이 여호와의 이름을 찬양함은 그가 명령하시므로 지음을 받았음이로다.(시 148:2-5)

다시는 네 해가 지지 아니하며 네 달이 물러가지 아니할 것은 여호와가 네 영영한 빛이 되고 네 슬픔의 날이 마칠 것임이니라.(사 60:20)

우리가 이와 같이 해와 달과 별이 하나님의 빛을 나르는 도구라는 것을 알고, 하나님을 찬양하는 것을 알게 된다면, 여호와께서 우리의 영원한 빛이 될 것이다.

마. '주야'를 '나뉘게 하신' 하나님

이 '광명'을 창조하신 이유는 '주야'를 나누기 위해서 였다. '하나님'의 창조의 패턴 중에 또 하나의 중요한 것은 '무엇이 있게 함'을 통해서 또 '다른 것이 있게' 하는 것이다. '광명'을 창조한 것은 '주야'를 있게 하기 위함이었다.

하나님이 가라사대 하늘의 궁창에 광명이 있어 주야를 나뉘게 하라 (1:14 b)

만일 '빛'을 창조하고 '광명'을 창조한 이유는 '주야'를 창조하기 위해서 였다. 그리고 이 '주야'는 생명있는 것들과 인간을 위한 것이었다. 우리에게 존재하는 '낮과 밤'은 이와 같이 생명있는 존재들과 우리 인간들을 위한 것이었다.

바. 징조와 사시와 일자와 연한을 이루신 하나님

이렇게 '광명'을 창조하신 하나님께서는 또 다시 "그 광명으로 하여 징조와 사시와 일자와 연한이 이루라"고 하시는데, 여기에서도 그 말씀을 듣는 대상은 '광명'이 아니라, '하나님 자신'이시다. 다음에서 '광명으로…이루라'고 하였을 때, '광명'을 향한 명령형이 사용된 것이 아니라, '와우 칼 완료형'이 사용되었다. 이것은 이제 '하나님' 곧 '여호와의 총회' 안에 있는 어떤 능력이 그 '역할'을 한다는 것이다. 따라서 "징조와 사시와 일자와 연한이 이루는 것"도 '광명'

같지만, 더 깊이 들어가 보면 그 '광명'을 통해서 역사하고 있는 '하나님'이다. 즉, '시간과 세월'도 또한 하나님이 만드신 것이다. 그 내용은 다음과 같다.

또 그 광명으로 하여 징조와 사시와 일자와 연한이 이루라.(창 1:14 c)

וְהָיוּ לְאֹתֹת וּלְמוֹעֲדִים וּלְיָמִים וְשָׁנִים

먼저, 하나님께서는 '광명'을 통하여 'אוֹת, 징조'를 나타내신다. 자신이 행하실 일에 대한 '징조'를 나타내신다는 것이다. 이것은 '광명'과 그 이면에 있는 '빛'과 또 그 '빛'의 이면에 있는 '하나님'이 연결되고 있다는 것이다.

두 번째, '사계절'의 변화가 '하나님'으로 말미암은 것이다. '광명'을 주관함을 통해서 하나님께서는 사계절의 변화를 이 세상에 친히 주고 계시는 것이다. '사계절'은 '광명' 이면에 역사하는 하나님의 손길이다.

세 번째, '일자'와 '연한'을 하나님께서 지으셨다. '시간'과 '세월'을 하나님께서 창조하셨고, 이것을 '인생들'을 위해서 주신 것이다. '일자'는 무궁함을 우리에게 주어서 '영원'을 맛보게 해준다. '매일 매일'을 사는 인생들은 그 안에서 '영원'을 즐긴다. 또한 이것만 가지고는 인생들은 그 안의 교만함을 극복할 수 없다. '세월'의 무상함을 알 때, 인생들은 비로소 정욕과 세상 욕심을 내려놓고, 인생의 한계를 알며 창조주 앞에 겸비해진다. 그리고 이러한 겸비가 인생들로 하여금 진정으로 하나님을 추구하게 한다.

사. 빛을 낮이라 칭하신 하나님 : 시간의 창조

하나님께서는 '빛'을 '낮'이라고 불렀다. 또 둘째 날에 창조한 '궁창'은 '하늘'이라고 부르고, 셋째 날의 '물'은 '땅'이라고 부른다. 이것은 '낮'은 '빛'을 상징하며, '궁창'은 '하늘'을 상징하고, '물'은 '땅'을 상징한다는 것을 의미한다. 즉, 그 이면에 실제가 존재하며, 그 실제에 의해서 가시적인 것이 그 역할을 한다는 것이다. 즉, 눈에 나타난 것은 '표상'이며, 그 이면에 '본질'이 존재한다. 따라서 '낮'이 '빛' 자체는 아니고, 이 '낮'을 통해서 '빛' 자체와 연결이 된다.

빛이 하나님의 보시기에 좋았더라 하나님이 빛과 어두움을 나누사, 빛을 낮이라 칭하시고 어두움을 밤이라 칭하시니라 저녁이 되며 아침이 되니 이는 첫째

날이니라.(창 1:4-5)

וַיִּקְרָא אֱלֹהִים לָאוֹר יוֹם וְלַחֹשֶׁךְ קָרָא לָיְלָה וַיְהִי־עֶרֶב וַיְהִי־בֹקֶר יוֹם אֶחָד פ

위에서 '낮'은 헬라어로는 ημεραν 으로 표기되는데, 이것은 '낮' 혹은 '날'로 번역이 된다. 즉, 아직 '해와 달'이 있기도 전인데, '낮, 혹은 날'이 창조되고 있는 것이다. 그리고 이때' 낮'이라는 용어 대신에 '날'이라는 용어가 삽입되면, 이것은 '시간'의 창조와 연결이 된다. 즉, '낮과 밤'은 '날'인 것인데, 이것이 이때 창조되었다는 것은 '시간'의 창조와 연결될 수 있는 것이다.

따라서, '시간' 안에는 '생명'의 신비가 담겨있다. 어떤 씨앗에게 시간이 경과하면서 그 생명이 발아한다. 시간을 무시한 탄생은 존재할 수 없다. 시간의 창조가 곧 생명의 창조와 연관이 되어진다. '시간의 창조'는 '생명의 창조'이다. 시간 속에는 생명이 존재한다.

한편, 신화의 세계(예: 그리스 신화)에서도 존재자들 앞서 탄생하는 존재가 '시간' 곧 '크로노스'이다.

3. 다섯째 날, '살아있는 생명'을 만드신 하나님

가. '살아있는 생명(נֶפֶשׁ חַיָּה)'을 내는 궁창과 바다

창세기 1장의 저자는 '무로부터의 창조'를 계속 강조한다. 다른 어떤 곳에서 창조를 내시는 것이 아니라, 기존에 이미 있는 것을 향하여 그 새로운 창조물을 내라고 하신다.

하나님이 이르시되 물들은 생물을 번성하게 하라 땅 위 하늘의 궁창에는 새가 날으라 하시고, 하나님이 큰 바다 짐승들과 물에서 번성하여 움직이는 모든 생물을 그 종류대로, 날개 있는 모든 새를 그 종류대로 창조(בָּרָא)하시니 하나님이 보시기에 좋았더라. 하나님이 그들에게 복을 주어 가라사대 생육하고 번성하여 여러 바다 물에 충만하라 새들도 땅에 번성하라 하시니라 (창 1:20-22)

셋째 날에 바다가 창조 되었는데, 이제 이 바다를 향하여 물고기를 내라고 하신다. 이 셋째 날의 바다와 그 이전의 물은 다를 수 있다. 그 이전의 물은 혼돈상태였을 수 있다. 이제 셋째 날의 물은 바다라 칭한다. 아마 훨씬 밀도 있고, 어떤 자연법칙이 지배하는 물일 수 있다. 이 바다를 향하여 물고기를 내라고 하신다. 그렇다면, 이것은 또 하나의 무로부터의 유로의 확장이다. 하나님에서 수면으로, 수면에서 바다 물로, 바다 물에서 물고기로 확장되는 것이다. 이 모두가 하나님의 계획과 마음과 말씀과 빛에서 나온 것이다. 둘째 날에는 하나님께서 수면 사이에 궁창을 전개시켰다. 궁창이 창조되었다. 이제 다섯째 날에는 이 궁창에 새가 날으라고 하신다. 이것도 또한 마찬가지이다. 궁창더러 나는 새를 내라고 하신다.

나. "그 종류대로 창조(בָּרָא)하시니"

우리는 위의 다섯째 날의 창조 본문에서 매우 특징적인 것을 발견하는데, 그것은 בָּרָא(바라, 창조하다)라는 용어를 사용했다는 것이다. 이 בָּרָא라는 용어는 어떤 것을 무에서 창조할 때, 사용되는 용어이다. 창세기 1장 1절에서 "하나님이 천지를 창조(בָּרָא)하시니라"에서 바라가 사용되고, 이제 여기에서 사용되는 것이다. 그리고 한 번 더 나오는데, 1장 27절에서 인간의 창조에서 בָּרָא라는 용어가 사용된다.

빛의 창조의 경우에도, "있으라"는 명령형이 사용된다. 궁창도 "궁창이 있어"라고 말한다. "뭍이 나타나다"라고 말한다. 이 모든 창조의 행위에서 בָּרָא라는 용어가 사용된 것은 아니다. 모두 하나님의 말씀이 '빛(형상)'을 통해 질료 속에 임할 때, '땅으로 불리우는 물(질료)'에 변화가 일어나서 새롭게 출현한 것이다. 그런데, 생물과 인간의 경우에는 בָּרָא라는 용어가 사용된다. 여기에는 하나님의 호흡이 들어가서인 것으로 보인다. 그리고 이들의 특징은 숨을 쉰다.

하나님께서는 호흡이 있어 움직이는 존재들에게 어떤 새로운 의미를 부여하신다. 어떻게 보면, 이들을 예비하고 세상이 창조된 것으로 볼 수도 있다. 그리고 그 중에서도 가장 중심에 있는 존재가 인간이다.

다. 보시기에 좋았더라

위와 같은 창조 후에도 하나님께서는 '좋음'으로 바라보시는데, 그 '좋음'으로 '바라보는 것'으로 인해서 이 모든 것들에 지속적인 생명이 공급되는 이미지를 제공한다. 하나님께서는 모든 생물들에게 '좋음'의 마음을 품음을 통해서, 그들에게 '호흡'을 주시는 것이다. 이 세상의 모든 생물들은 '하나님의 좋음'으로 인하여 그 '생기, 호흡, ⲱⲟⲉ'를 공급받고 있다.

4. 여섯 째날, '땅의 생물들'을 만드신 하나님

가. 땅의 짐승을 만드신 하나님

하나님께서는 위의 생물 창조와 크게 다르지 않게 여섯째 날에는 "육축과 기는 것과 땅의 짐승"을 만드신다.

> 하나님이 가라사대 땅은 생물을 그 종류대로 내되 육축과 기는 것과 땅의 짐승을 종류대로 내라 하시고 (그대로 되니라), 하나님이 땅의 짐승을 그 종류대로, 육축을 그 종류대로, 땅에 기는 모든 것을 그 종류대로 만드시니 하나님의 보시기에 좋았더라.(창 1:25)

우리는 창조의 순서를 놓고 볼 때, 뒤에 있는 것을 위해서 앞에 있는 것을 창조하시었다는 것을 알 수 있다. 즉, 앞에 있는 모든 창조는 모두 뒤에 있는 것을 위해서 존재하였던 것이다.

그리고 여기에 추가하여 생각해 볼 수 있는 것은 뒤에 생겨난 존재는 앞에 있는 존재의 계보를 알 수 없다는 것이다. 어떻게 보면 인간의 하나님의 창조의 장면을 보지 못했다. 그것은 계시와 조명에 의해서 주어진 것이다.

나. 오는 세상에서의 생물

창세기 1장에서는 가시적인 이 세계 속에서의 생물들이 언급된다. 그런데, 사도 바울은 어느 날 영원한 나라가 완성된 때에는 부활한 인생들이 이러한 생물들의 몸을 입기도 한다고 말한다.

누가 묻기를 죽은 자들이 어떻게 다시 살아나며 어떠한 몸으로 오느냐 하리니 어리석은 자여 네가 뿌리는 씨가 죽지 않으면 살아나지 못하겠고, 또 네가 뿌리는 것은 장래의 형체를 뿌리는 것이 아니요 다만 밀이나 다른 것의 알맹이 뿐이로되, 하나님이 그 뜻대로 그에게 형체를 주시되 각 종자에게 그 형체를 주시느니라. 육체는 다 같은 육체가 아니니 하나는 사람의 육체요 하나는 짐 승의 육체요 하나는 새의 육체요 하나는 물고기의 육체라. 하늘에 속한 형체 도 있고 땅에 속한 형체도 있으나 하늘에 속한 것의 영광이 따로 있고, 땅에 속한 것의 영광이 따로 있으니, 해의 영광이 다르고 달의 영광이 다르며 별의 영광도 다른데 별과 별의 영광이 다르도다. 죽은 자의 부활도 그와 같으니 썩을 것으로 심고 썩지 아니할 것으로 다시 살아나며, 욕된 것으로 심고 영광스 러운 것으로 다시 살아나며 약한 것으로 심고 강한 것으로 다시 살아나며, 육의 몸으로 심고 신령한 몸으로 다시 살아나나니 육의 몸이 있은즉 또 영의 몸도 있느니라.(고전 15:35-44)

위의 내용에 의하면, 생물의 창조가 창세기 1장에서 끝나는 것이 아니라, 부활 이후의 생물들도 존재한다. 그러나 그것은 신비이다.

다. 인간을 만드신 하나님

창세기 1장을 본문 그대로 연구하다보면, 결국 이 창조가 '인간의 창조'로 끝을 맺는다. 그런데, 이때 발견되는 놀라운 사실 하나는 '빛, 궁창, 및 물'의 창조는 '광명, 하늘과 바다의 생물, 및 육축'의 창조로 이어지고, 궁극적으로는 '인간의 창조'로 이어지는데, 이 모든 창조물들이 '하나님'을 위한 것이 아니라 '인간'을 위한 창조였음을 알 수 있게 된다. 즉, 하나님께서는 '인간'으로 하여금 살 수 있도록 하기 위해서 이 모든 것을 '조성'하신 것이었다.

하나님이 이르시되 우리의 형상을 따라 우리의 모양대로 우리가 사람을 만들고 그들로, 바다의 물고기와 하늘의 새와 가축과 온 땅과 땅에 기는 모든 것을 다스리게 하시고, 하나님이 자기 형상 곧 하나님의 형상대로 사람을 창조하시되 남자와 여자를 창조하시고, 하나님이 그들에게 복을 주시며 하나님이 그들에게 이르시되 생육하고 번성하여 땅에 충만하라, 땅을 정복하라, 바다의 물고기와 하늘의 새와 땅에 움직이는 모든 생물을 다스리라 하시니라.(창 1:26-28)

우리가 창조를 이해할 때, '빛, 궁창, 물, 광명, 생물, 및 육축'들을 만드는 과정 속에서 맨 마지막에 '인간'을 만들었다라고 해석할 것이 아니라, 맨 마지막의 인간을 염두에 둔 상태에서 이 모든 것들을 만드신 것이었다. 즉, 인간은 우연의 산물이 아니며, 오히려 이 세상 보다 더 먼저 하나님의 마음 속에 존재하였던 것이다. 인간의 존재를 먼저 생각하고 그 다음에 이 인간을 위한 삶의 터전을 만드신 것이었다. 다음의 본문들은 앞에 있는 것이 뒤에 있는 것을 위해 만들어진 것임을 알 수 있다.

그 소리가 온 땅에 통하고 그 말씀이 세계 끝까지 이르도다 하나님이 해를 위하여 하늘에 장막을 베푸셨도다.(시 19:4)
저가 가축을 위한 풀과 사람의 소용을 위한 채소를 자라게 하시며 땅에서 식물이 나게 하시고 (시 104:14)

그래서 궁극적으로는 '인간'을 위해서 '땅'을 창조하신 것이었다. 이에 대해 베드로는 다음과 같이 말한다.

하늘은 여호와의 하늘이라도 땅은 인생에게 주셨도다. (시 115:16)
저희의 땅을 기업으로 주신 이에게 감사하라 그 인자하심이 영원함이로다. (시 136:21)
누가 땅을 그에게 맡겼느냐 누가 온 세계를 정하였느냐. (욥 34:13)

따라서, "빛, 하늘, 땅, 광명, 식물, 생물, 육축" 등 이 모든 것이 '인간'을 위한 것이었다. 특히 이것을 알고 여호와를 섬기는 그의 '성도'를 위한 것이었다. 여호와께서는 '땅에 있는 성도'를 이 모든 것보다 존귀하게 여기신다. 이들을 위해서 천지의 창조를 행하신 것이었다. 궁극적으로 하나님께서는 인간을 지으시고, 이 모든 것에 대해서 "생육하고, 번성하며, 모든 것을 정복하고 다스리라"고 하시기 때문이다. 땅을 만든 목적은 이 땅을 인간에게 주기 위함이었다.

라. '하나님의 형상'에 따른 인간의 창조

우리는 영적 세계를 '계시'에 의존한다. 그리고 그 계시의 내용을 '믿음'으로 확인한다. 다음의 본문에 의하면, 인간이 하나님의 형상과 모양을 좇아 창조되었다. 그리고 여기에서 '우리의 형상, 우리의 모양'이라는 표현을 쓰며, "하나님이 자기 형상 곧 하나님의 형상"이라고 한다. 그리고 '만들다'라는 표현과 '창조하다'라는 표현을 동시에 사용한다.

> 하나님이 이르시되 우리의 형상(צֶלֶם, εικονα)을 따라 우리의 모양(דְמוּת, ομοιωσιν)대로 우리가 사람을 만들고(עָשָׂה, 아싸, 만들다, 성취하다) 그들로, 바다의 물고기와 하늘의 새와 가축과 온 땅과 땅에 기는 모든 것을 다스리게 하자 하시고, 하나님이 자기 형상(צֶלֶם) 곧 하나님의 형상(צֶלֶם)대로 사람을 창조하시되 남자와 여자를 창조(בָּרָא 바라, 창조하다)하시고, 하나님이 그들에게 복을 주시며 하나님이 그들에게 이르시되 생육하고 번성하여 땅에 충만하라, 땅을 정복하라, 바다의 물고기와 하늘의 새와 땅에 움직이는 모든 생물을 다스리라 하시니라.(창 1:26-28)
>
> וַיֹּאמֶר אֱלֹהִים נַעֲשֶׂה אָדָם בְּצַלְמֵנוּ כִּדְמוּתֵנוּ (히브리어)
>
> και ειπεν ο θεος ποιησωμεν ανθρωπον κατ εικονα ημετεραν και καθ ομοιωσιν (헬라어)

'우리의 형상'으로서의 히브리어 צֶלֶם(쩨렘) 혹은 엘라어 εικονα(에이코나)는 무엇이며, '우리의 모양'으로서의 דְמוּת(데무트) 혹은 ομοιωσιν(오모이오신)는 무엇인가?

먼저, 형상은 그 본질의 같음을 의미한다.

히브리어 צֶלֶם 은 "환영, 형상" 등을 의미하며, 또 한편에서 이 단어는 "그림자, 희미한 것, 물질이 없는 형태"[14]를 의미하기도 한다. 헬라어의 εικον은 '형

---

14) 윌리암 L. 할러데이, 히브리어 아람어 사전, 손석태 · 이병덕 역 (서울: 솔로몬, 2005),

상(image), 초상(likeness)'을 가리키는데, 이것은 원형으로서의 형상을 말한다. 그래서 쩨렘에 대한 해석을 헬라어로 더 잘 표현하고 있는데, '하나님의 형상(쩨렘, 에이코나)'란 '하나님의 본체'를 고스란히 반영해 놓은 것을 말한다. 그리스 철학에서 '형상'은 하늘에 있는 것으로서 '본질'을 의미한다. 이 '형상'이 '질료'와 결합을 한다. 여기에는 그의 '속성'과 '능력'과 모든 것을 다 포함한다. 마치 '하나님'이 내려온 것처럼 그 안에 다 실현시켜 놓는 것이다. 여기에는 외모만 있는 것이 아니라, 그의 '권능'이 실현된다.

> 그는 보이지 아니하는 하나님의 형상(εἰκών)이시요 모든 피조물보다 먼저 나신 이시니(골 1:15)
> 하나님이 미리 아신 자들을 또한 그 아들의 형상을 본받게 하기 위하여 미리 정하셨으니 이는 그로 많은 형제 중에서 맏아들이 되게 하려 하심이니라.(롬 8:29)

이 '형상'이라는 단어의 사용은 고대 메소보다미아 신화에서는 '마르둑'의 모든 것이 '바벨론 왕'에게 실현되는 것과 같으며, 이집트 신화에서는 '태양신 로'의 모든 것이 '바로(로의 아들) 왕'에게 실현된 것과 같다. 이때 그 '왕'의 모습은 오히려 '존재하는 신'의 '신성'을 반영을 의미를 가지고 있다. 이것을 '형상'이라고 말하는 것으로 보인다. 이에 대해 송기천은 다음과 같이 말한다.

> 바벨론에서 발견된 아카드어로 기록된 자료에는 다음과 같은 구절이 발견된다. 즉, 바벨론 왕을 지칭하여 왕을 '마르둑 신의 형상'이라고 부르는 것이다. 마르둑 신은 바벨론 최고의 신이다. 이 말은 바벨론 '왕'을 '신의 형상'이라는 말로 적용함으로 왕의 특별한 위치를 설명해 주고 있다. 또한 메소보다미아 지역의 고대 기록을 보면 '왕'을 '신의 형상'이라고 부르고 있는 예는 많다. 이렇듯 메소보다미아 지역에서는 왕은 이 지상에 있는 '신의 형상'이라고 생각했다. 또한 고대 이집트의 기록을 보면 이집트 왕 파라오도 '신의 형상'으로 불리어 졌다.15)

408.

한편, '모양'에서 דְמוּת는 "유사, 모양, 닮음, 비슷함, 초상" 등을 의미하며, ὁμοίωσιν은 '어떤 것과 유사하게 만들어진 것, 모양, 형상, 초상'을 의미하는데, '유사함, likeness'로 번역된다. 특히 דְמוּת는 위의 '본질로서의 형상'이 반영되어 겉으로 드러나는 그 '모습'을 의미하는데, 어떤 영적인 세계의 것이 물질적인 것으로 드러난 모습이다. 그래서 이 דְמוּת는 '모양'으로 번역되지만, 에스겔서에서는 '형상'으로 번역되기도 한다. 이 דְמוּת와 ὁμοίωσιν은 성경에서 매우 희귀한 단어이다. 구약성경에서는 아담을 묘사할 때와 에스겔서에서 보좌의 모습을 언급할 때 나타난다.

> 아담은 백삼십 세에 자기의 모양(דְמוּת) 곧 자기의 형상과 같은 아들을 낳아 이름을 셋이라 하였고(창 5:3)
> 그 속에서 네 생물의 형상(דְמוּת)이 나타나는데 그들의 모양이 이러하니 그들에게 사람의 형상이 있더라.(겔 1:5)
> 그 얼굴들의 모양(דְמוּת)은 넷의 앞은 사람의 얼굴이요 넷의 오른쪽은 사자의 얼굴이요 넷의 왼쪽은 소의 얼굴이요 넷의 뒤는 독수리의 얼굴이니(겔 1:10)
> 또 생물들의 모양(דְמוּת)은 타는 숯불과 횃불 모양 같은데 그 불이 그 생물 사이에서 오르락내리락 하며 그 불은 광채가 있고 그 가운데에서는 번개가 나며(겔 1:13)
> 그 머리 위에 있는 궁창 위에 보좌의 형상(דְמוּת)이 있는데 그 모양이 남보석 같고 그 보좌의 형상(דְמוּת) 위에 한 형상(דְמוּת)이 있어 사람의 모양 같더라.…그 사방 광채의 모양은 비 오는 날 구름에 있는 무지개 같으니 이는 여호와의 영광의 형상(דְמוּת)의 모양이라 내가 보고 엎드려 말씀하시는 이의 음성을 들으니라.(겔 1:26-28)
> 내가 보니 불 같은 형상(דְמוּת)이 있더라 그 허리 아래의 모양은 불 같고, 허리 위에는 광채가 나서 단 쇠 같고(겔 8:2)

율법이 육신으로 말미암아 연약하여 할 수 없는 그것을 하나님은 하시나니 곧

---

15) 송기천, "원역사에 나타난 인간이해," 목원대학교 대학원, 석사 (2002), 38.

죄로 말미암아 자기 아들을 죄 있는 육신의 모양(ομοιωμα)으로 보내어 육신에 죄를 정하사(롬 8:3)

앞에서의 '형상, ﬦﬞﬗﬞ, εικονα' 가 '본질'을 반영하는 것이라면, '모양, ﬢﬞﬗﬠﬞ와 ομοιωμα 는 '외적으로 드러난 형상'을 나타내는 것으로 보인다. 그래서 아담이 하나님의 형상과 모양을 따라 지어졌다고 한다면, 이것은 하나님이 아담을 통해서 이 세계 속에 나타난 것을 의미한다.

마. '형상'에 대한 철학적 이해

그리스 철학의 관점에서 '형상'은 '이데아'이며, 이것이 인간의 영혼에 분유될 때, 그것도 또한 분유받은 '형상'인데, 이것을 '정신'이라고 본다. 그래서 영혼·정신으로서의 '형상'과 '질료'로서의 신체의 결합이라고 보는 것이다. 모든 만물은 이렇게 구성이 되어 있다는 것이다. 이때 특히 인간의 '정신'은 하나님의 '형상'이다. 하나님의 정신이 분유되어 있고, 하나님과 연결이 되어 있는 것이다. 그런데, 이것은 사실이다.

여호와 하나님이 땅의 흙으로 사람을 지으시고 생기를 그 코에 불어넣으시니 사람이 생령이 되니라.(창 2:7)

우리는 위의 '정신'을 현대철학자들, 특히 생철학·현상학·실존주의 철학자들을 통해서 더 깊이 이해할 수 있다. 현대철학자들은 이러한 인간의 정신이 집중적으로 연구하였는데, 우리 인간의 정신은 하나님께로부터 분유 받은 놀라운 것이었다. 다음의 내용은 이들이 발견한 정신이 가진 능력에 대한 묘사이다.

우리 인간의 정신은 생각이 머무는 곳에 그곳에 가 있다. 그리고 그것을 현재화시켜 낸다. 우리 인생들의 고민은 모두 미래로부터 오는데, 우리 영혼이 미래에서 가서 그것은 현재로 가져오기 때문이다. 하이데거는 이것을 "정신의 현사실성"이라고 한다.

우리 인간의 정신은 우리 각 사람이 경험한 평생에 대한 기억을 그의 정신 속에 담고 있다. 베르그송은 우리 정신은 우주보다 크다고 한다.

우리의 정신은 과거로도 가며, 심지어 역사 속으로도 들어간다. 그래서 딜타이는 우리가 성경 속으로 들어가서 그 사건과 교통할 수 있다고 말한다.

프레게는 우리의 모든 언어에는 지시체가 있는데, 실제로 그것이 어느 영적인 공간이 있다고 말한다. 이 프레게의 철학은 나중에 분석철학의 토대가 된다. (필자의 요약)

우리 인간은 이러한 정신을 가지고 있기 때문에 성경과 성령의 감동을 통해 하늘나라로 나아간다. 하늘로 나아가서 그곳에서 기도를 한다. 우리는 그것이 사실임을 믿음을 통해서 알 수 있다.

바. 존귀한 인간의 창조

위의 본문은 하나님께서 인간을 매우 존귀하게 지었음을 말해주고 있다. 후대의 모든 성도들은 창세기 1장을 통해서 인간을 향한 하나님의 뜻을 깨달았음이 분명하다. 이에 대해 시편 기자는 다음과 같이 '인간의 존귀함'을 말한다.

주의 손가락으로 만드신 주의 하늘과 주의 베풀어 두신 달과 별들을 내가 보오니, 사람이 무엇이관대 주께서 저를 생각하시며 인자가 무엇이관대 주께서 저를 권고하시나이까. 저를 천사보다 조금 못하게 하시고 영화와 존귀로 관을 씌우셨나이다. 주의 손으로 만드신 것을 다스리게 하시고 만물을 그 발 아래 두셨으니, 곧 모든 우양과 들짐승이며, 공중의 새와 바다의 어족과 해로에 다니는 것이니이다. 여호와 우리 주여 주의 이름이 온 땅에 어찌 그리 아름다운지요 (시8:3-9)

또한 더 나아가서 위의 창세기 1장의 '인간창조'와 시편 8장의 '인간창조'에 이어서 히브리 기자는 여기의 '인간'에 '하나님의 아들' 예수 그리스도를 대입한다. 그리고 '예수 그리스도'의 존귀함을 우리 '성도들'에게 전가시킨다. 그 내용은 다음과 같다.

오직 누가 어디 증거하여 가로되 사람이 무엇이관대 주께서 저를 생각하시며 인자가 무엇이관대 주께서 저를 권고하시나이까. 저를 잠간 동안 천사보다 못하게 하시며 영광과 존귀로 관 씌우시며, 만물을 그 발아래 복종케 하셨느니라 하였으니 만물로 저에게 복종케 하셨은즉 복종치 않은 것이 하나도 없으나 지금 우리가 만물이 아직 저에게 복종한 것을 보지 못하고, 오직 우리가 천사들보다 잠간 동안 못하게 하심을 입은 자 곧 죽음의 고난 받으심을 인하여 영광과 존귀로 관 쓰신 예수를 보니 이를 행하심은 하나님의 은혜로 말미암아 모든 사람을 위하여 죽음을 맛보려 하심이라. 만물이 인하고 만물이 말미암은 자에게는 많은 아들을 이끌어 영광에 들어가게 하시는 일에 저희 구원의 주를 고난으로 말미암아 온전케 하심이 합당하도다. 거룩하게 하시는 자와 거룩하게 함을 입은 자들이 다 하나에서 난지라 그러므로 형제라 부르시기를 부끄러워 아니하시고, 이르시되 내가 주의 이름을 내 형제들에게 선포하고 내가 주를 교회 중에서 찬송하리라 하셨으며, 또 다시 내가 그를 의지하리라 하시고 또 다시 볼지어다 나와 및 하나님께서 내게 주신 자녀라 하셨으니, 자녀들은 혈육에 함께 속하였으매 그도 또한 한 모양으로 혈육에 함께 속하심은 사망으로 말미암아 사망의 세력을 잡은 자 곧 마귀를 없이 하시며, 또 죽기를 무서워하므로 일생에 매여 종노릇하는 모든 자들을 놓아 주려 하심이니, 이는 실로 천사들을 붙들어 주려 하심이 아니요 오직 아브라함의 자손을 붙들어 주려 하심이라. 그러므로 저가 범사에 형제들과 같이 되심이 마땅하도다 이는 하나님의 일에 자비하고 충성된 대제사장이 되어 백성의 죄를 구속하려 하심이라.(히2:6-17)

그리고 위의 히브리서 2장 6-17절의 문단에 의하면, 인간의 존귀함은 '그의 아들'의 지위로까지 승귀한다. 사도 바울에 의하면, '아브라함의 후사'는 '하나님의 후사'로까지 승귀한다. 그 내용은 다음과 같다.

아브라함이나 그 후손에게 세상의 후사가 되리라고 하신 언약은 율법으로 말미암은 것이 아니요 오직 믿음의 의로 말미암은 것이니라 (롬 4:13)
자녀이면 또한 후사 곧 하나님의 후사요 그리스도와 함께 한 후사니 우리가

그와 함께 영광을 받기 위하여 고난도 함께 받아야 될 것이니라 (롬 8:17)

하나님의 창조하신 모든 '땅' 곧 '자연' 앞에서, 그리고 특히 '죽음'과 '인생의 무상함'과 '무능' 앞에서 우리는 한 없이 초라한 자이나, 하나님의 뜻은 그렇지 않다. 우리는 우리 인생들의 한계성 만을 바라볼 것이 아니라, 그 이면의 진정한 '하나님의 뜻'을 바라보아야 할 것이다.

사. טוב(토브, 좋은)에 대한 이해

사실 창조행위 전반에 깔려있는 '하나님의 감정'은 טוב (좋은, 쾌활한, 기분 좋은)이다. 이 하나님의 '고백'은 '빛'의 창조로부터 '인간'의 창조가 완성되기까지 줄곧 이어진다. 여기에서 טוב는 형용사인데, 원래 형용사란 동사와 밀접한 관련이 있다. 월터 브루그만에 의하면, 어떤 지속적인 행위가 곧 그의 속성과 성품이 되는 것이고, 이에 대한 표현은 형용사로 반영되어 나타난다. 이에 근거하여 창조시에 나타난 טוב는 어떤 지속적인 기쁨의 행위이다.

하나님께서는 '인간창조'를 염두에 두시자, 그 안에서 기쁨이 샘 솟았고, 그 '인간창조'의 기쁨을 지속적으로 발산시키면서 온갖 창조를 행하시었다. 그리고 '창조' 뿐 아니라, 이 세상의 '유지'를 위해서도 하나님께서는 'טוב' 곧 '기쁨'을 발산하신다. 그리고 그것은 '인간'을 바라보면서 기뻐하시는 것이다. 그런데, 만약 '인간'에 대한 기쁨을 상실하시었다면 어떻게 되나? 그 경우 땅이 고통을 받는다. 인간에 대한 심판이 이루어지면, 땅의 체질이 풀어진다. 땅은 인간을 위한 것이었기 때문이다.

인간의 존재는 너무 미미한 존재이다. 특히 인간들이 접하는 인생의 한계는 인간들을 더욱 초라하게 만든다. 그런데, 창세기 1장의 성경본문은 모든 만물이 이 인간들을 위해 창조되었다. 창세기 1장을 공부하는 모든 믿음의 선진들은 이 창세기 1장을 통해서 현실의 비참함을 극복하고 장래의 하늘에 대한 소망을 얻었다.

아. 모든 생명 있는 것들의 행할 바 : 찬양

성경의 본문에 의하면, 궁창과 바다는 모든 생명있는 것들을 내고 있다. 고대의 신화를 보면 신들이 또 다른 존재로서의 신들을 탄생시킨다. 이렇게 생명이 흐르는 것이다. 여호와께로부터 모든 생명이 흘러나오는 것이다. 그래서 이제 우리는 모든 호흡이 있는 자마다 여호와를 찬양하는 것이 마땅하다.

호흡이 있는 자마다 여호와를 찬양할지어다 할렐루야(시 150:6)
해 돋는데서부터 해 지는데까지 여호와의 이름이 찬양을 받으시리로다.(시 113:3)
너희 모든 나라들아 여호와를 찬양하며 너희 모든 백성들아 저를 칭송할지어다(시 117:1)

[결 론] 인간의 창조

하나님께서는 창세기 1장을 통해 천지를 창조하시었는데, 이때 창조와 관련된 용어로 בָּרָא(바라, 창조하다)와 "있으라, 되라, 만들다" 등의 용어가 사용된다. 여기에서 בָּרָא(바라, 창조하다)는 일반적으로 신학계에서 무에서의 유의 창조라고 일컬어진다. 그리고 다른 용어들은 나누어주거나 변형을 의미할 수 있다. 이때 인간의 창조에도 בָּרָא(바라, 창조하다)라는 용어가 사용된다.

세 차원의 무로부터의 창조(בָּרָא)

창세기 1장에서 이 בָּרָא(바라, 창조하다)는 세 차례 정도 사용되어 지는데, 맨 먼저 1장 1절에서 "태초에 하나님이 천지를 창조(בָּרָא, 바라)하시니라"에서 나타나고, 그 다음에 21절에서 바다의 생물들의 창조와 관련해서 이 용어를 사용하고, 마지막으로 인간의 창조와 관련하여 이 용어를 사용한다. 이것은 땅에서 일어나는 각각 새로운 차원의 창조를 의미하는 용어일 수 있다. 예컨대, 하나는 물질의 창조이며, 또 하나는 움직임을 주는 혼의 창조이고, 끝으로 하나님과 연결되는 정신의 창조이다.

천지의 창조에서 천지는 누군가에 의해 움직인다. 그러나 두 번째 바라가 적용된 생물들의 창조와 관련하여서는 미온적이기는 하지만, 그들 스스로 움직일 수 있다. 그러나 그들은 그들의 생명안위를 위해서만 그렇게 움직인다. 이들에게 흔적인 것을 주어서 그렇다고 말하는 사람들도 있다. 그런데, 세 번째 인간에게 적용된 창조(בָּרָא, 바라)는 그에게 영혼(정신)까지 주어져서 독자적인 판단까지 하면서 움직인다.

인간의 창조는 아주 존귀한 존재의 창조일 수 있다. 깊은 신비 속에 감취인 하나님께서 자신의 본질(형상)을 그에게 부었고, 자신의 모습으로 그들에게 반영시킨 존재이다.

인간의 정신 : 하나님의 형상과 모양

하나님께서는 이 인간들에게 주신 것 중에서 가중 고귀한 것은 무엇인가? 그것은 영 혹은 정신이다. 이 정신은 인간에게 주어진 아주 독창적인 것으로 말해진다. 그렇다면, 이 정신의 기능은 무엇인가? 그것은 무엇을 독자적으로 판단할 수 있는 양심이 주어진 것이다. 그리고 더 나아가 이 정신에는 무한한 힘이 담겨져 있는데, 그것은 바로 이 정신은 우리의 생각을 좇아 그 생각이 있는 곳으로 나아간다는 것이다. 우리 인생들은 이 정신의 힘으로 하나님 보좌 앞으로까지 순식간에 나아간다. 하나님과의 사귐을 가질 수 있는 것이다.

창세기 1장 26절에서 말하는 '형상'과 '모양'이 매우 중요한 용어이다. "하나님이 이르시되 우리의 ①형상(צֶלֶם, εἰκόνα)을 따라 우리의 ②모양(דְּמוּת, ομοιωσιν)대로 우리가 사람을 ③만들고(עָשָׂה, 아싸, 만들다, 성취하다)"라고 말한다. 여기에서 형상은 일반적으로 그 본질을 가리킨다. ①인간의 정신의 본질은 하나님께로부터 직접적으로 왔다. 그래서 이 정신이 이 세계 속에서 ②하나님의 모양을 나타낸다. 하나님의 정신이 인간을 통해 이 세계 속에 드러난 것이다. 이 정신을 ③질료의 육체 속에 넣어서 만드신 것이다.

인간의 본분 : 다스림

우리 인간 만이 하나님 보좌 앞으로 나아가 하나님의 마음인 하나님의 경륜을 목도할 수 있다. 이 인간만이 하나님의 동산, 에덴동산에 있는 네 강을 섬기고 관리하는 존재이다. 이곳에서 만유를 소성케 하는 생수의 강물이 흘러나온다. 이에 대한 관리자로 세우신 것이다. 이렇게 인간은 만유를 다스리는 것이다. 하나님의 정신이 인간을 통해 만유에 흐르게 하는 것이 곧 만유를 다스리는 것이다.

그래서 그 에덴동산에 대한 관리와 통치는 예배를 통해서 하는 것이다. 우리에게는 자연을 지배할 아무런 힘이 없다. 인간의 정신의 기능을 그렇게 이해하는 것은 너무 무모하다. 여기에서 모든 세상의 불행이 싹튼 것이다.

우리가 하나님 보좌 앞으로 나아가 기도할 때, 우리나라와 교회와 열방이 새로워지는 것이다. 우리 인간은 바로 하나님의 형상과 모양에 따라 지어졌는데, 이것은 하나님께로 나아가 예배를 함으로 온 만유에 생수의 강이 흐르게 하라는 의미이다.

우리에게 주어진 권세와 능력은 하나님께 나아가 예배하는 것이다. 우리의 정신은 순식간에 하늘나라로 나아갈 수 있다. 심지어는 십자가를 그곳에 재현시킨다. 그러면, 우리의 삶 속에서와 우리나라 가운데 생수의 강물이 흐른다. 우리는 이것을 병기로 삼아 세상을 다스린다. 인간에게 주어진 "하나님의 형상"은 하나님을 이해할 수 있는 기능을 말하며, 이 하나님의 생수를 이곳에 흐르게 할 수 있는 능력이 "하나님의 모양"으로서의 인간의 모습인 것이다.

7장 에덴동산에 창조된 아담 (창2-3장)

[서 론] 아담의 타락과 하나님의 경륜

창세기 2-3장은 인간창조에 관한 특별한 장이다. 창세기 1장 26-31절을 통해 인간창조를 이미 해설하였는데, 또 다시 인간창조에 관해서 말하며, 특히 인간의 타락을 말하고 있다. 우리는 인간의 창조나 타락에 대해서 직접 목격할 수 있는 이야기가 아니다. 이러한 내용들은 꿈이나 환상 등의 계시를 통해서 형성된 내용들일 수 있다. 그래서 여기에서 사실적인 어떤 요소를 재구성하려고 하는 것보다, 우리는 여기에서 저자의 의도를 찾아야 할 필요가 있다.

여호와 하나님의 창조

창세기 2-3장은 무엇보다도 하나님의 칭호가 '여호와 하나님'으로 나타난다. 이것이 매우 특징적이다. 모세오경에서는 여기에서만 이 칭호가 나타나고, 다른 구약성경에서도 매우 희귀하게 나타나는 하나님의 호칭이다.

일반적으로 창조주로 그 성호를 나타낼 때는 '하나님(엘로힘)'이 등장한다. 창조를 위해서는 모든 신들이 다 동원되어야 하기 때문에 그렇다. 여호와는 자신의 계획에 대해 말씀을 발하시고, 모든 천군과 천사들이 동원되어서 창조를 이루기 때문이다. 그런데 여기에서는 '여호와 하나님(אֱלֹהִים יְהוָה)'이 나타난다. 창조의 주체는 하나님인데, 인간의 창조에는 여호와가 주체가 되었고, 여호와가 각별히 그 창조에 개입하시었기 때문으로 파악된다.

에덴동산의 네 강

창세기 2장에서는 여호와의 인간창조와 에덴동산이 나타난다. 그리고 이 에덴동산에서 네 강이 발원하여 흐른다. 이 네 강에서 온 땅을 소성케 하는 생명수 강물이 발원하여 흐른다. 우리는 이 세계 속에서 에덴동산의 존재를 인정하여야 한다. 이 신비로운 장소가 여기에서 계시되는 것이다.

아담은 여기에 창조되었는데, 그렇다면 아담의 직무는 이 에덴동산에서 발원하는 네 강을 섬기고 지키는 것이었다. 이곳은 온 만유의 중심이었으며, 만유의 소성과 관련하여 특별한 장소였다. 이 생수의 강물은 하나님께서 내신다. 그렇다면, 이 에덴의 네 강을 섬기고 지키는 것은 아담의 예배라는 것을 알 수 있다.

선악과와 인간의 타락

이곳에는 특별히 선악을 알게 하는 나무와 생명나무가 있다. 그리고 여호와 하나님께서는 아담에게 특별히 명령하여 선악을 알게 하는 나무의 열매는 먹지 말라고 하시었다. 그 열매를 먹는 날에는 정녕 죽을 것이라고 하시었다. 따라서 예배하는 자는 이 선악과를 따 먹으면 안 되었다.

사도 요한은 이 선악를 첫 계명이라고 말한다. 우리 인생들에게는 원래적으로 계명을 준수할 수 있는 능력이 없었다. 도리어 그 계명은 그의 죄를 드러나게 하는 역할을 한다. 인간 안에 있는 연약함은 하지 말라고 금한 것을 도리어 범하는 것이다. 이 계명을 지킬 자는 하나님 자신 외에 세상에 없다.

그렇다면, 이렇게 계명과 같은 선악과를 준 이유는 무엇인가? 죄에 빠뜨리기 위해서인가? 그렇지 않고, 도리어 그 죄를 담당하는 아들을 보내어 인류를 그 은혜 안에 가두기 위해서였다. 이 죄를 벗어나고자 하는 자는 아들의 신부 됨에 참여하여야만 했다. 이렇게 아들의 신부됨에 참여하게 하기 위해 그러한 죄를 허용한 것이었다. 이것이 바로 하나님의 경륜이었다.

하나님의 경륜

그래서 하나님께서는 먼 훗날 온전히 그 죄를 담당할 제2의 아담을 보낼 것을 약속하시었다. 한 여인의 후손(창 3:15)으로부터 그러한 자가 탄생한다는 것이었다. 그리고 여호와 하나님께서는 아담과 하와에게 가죽옷(창 3:21)을 지어 입히셨다. 이것은 하나님의 경륜에 대한 예언이었다.

여기에 놀라운 예언이 감취어 있는데, 한 여인으로부터 탄생하는 한 후손이 있는데, 그는 둘째 아담이 될 것이다. 첫째 아담이 온 인류를 대표했던 것처럼, 이 둘째 아담이 또 다시 온 인류를 대표한다. 하늘에 속한 하나님의 독생자가 와서 이 일을 한다는 것이다. 그는 죄에 대한 대속자로 오신다. 즉, 하나님의 어린양이 우리의 대속자로 오신다는 것이다.

　이때 하나님께서는 또 다시 이 어린 양을 잡고, 그 어린양의 가죽을 우리의 옷으로 만드신다. 이 어린양의 이름을 우리가 얻고, 이 어린양의 신부가 되며, 이 어린양 안에서 우리가 재탄생한다는 것이다.

　그리고 그렇게 회복된 인생들이 이제 본연의 직무를 수행한다. 그것은 바로 에덴동산의 네 강이 다시금 온 땅에 흐르게 하는 것이다. 이 동산의 강물이 흘러야 나라가 살고, 교회가 살며, 만유가 산다.

[소 결] 인간의 타락과 하나님의 경륜

　아담의 타락은 하나님께서 아담 혹은 선택 받은 인생들을 자신의 아들의 신부로 삼고자 하는 하나님 경륜의 일환이었다. 그래서 만유를 아들로 말미암아 통일을 이루고자 했던 것이다. 이제 죄를 벗어나고자 하는 자는 아들의 신부가 되어야만 한다. 아담의 자리를 예수 그리스도께서 대체하고, 하와의 자리를 우리 인생들이 대체하는 것이다. 그리고 이제는 이 하나님의 아들 예수 그리스도와 더불어 에덴동산을 섬기며 지키는 것이다.

1. 에덴동산의 아담

가. 여호와 하나님

　하나님의 이름이 '하나님'으로 나올 때와 '여호와 하나님'으로 나올 때와 '~의 하나님 여호와, 혹은 여호와'로 나올 때를 각각 구분할 필요가 있다. 하나님의 이름이 '여호와 하나님'으로 나오는 본문은 모세오경에서 창세기 2-3장 외에는 존재하지 않는다.

　그 이름이 '하나님'으로 나타날 때는 '여호와와 그의 회중'의 의미를 나타낸다. 그래서 천상총회 전체의 의견이 그렇게 여호와를 중심으로 통일이 된 것이다. 그런데, '~의 하나님 여호와, 혹은 여호와'로 나올 때에는 '~의 하나님'이신 '여호와'이다. 여호와 자신의 행사이다.

　그런데, '여호와 하나님'으로 나올 때가 있다. 이때는 여호와께서 자신의 계획을 분명하게 나타내시며, 모든 제신들에게 자신의 뜻을 따르라고 하시며 행하실 때로 보여진다. 창조의 행위를 나타낼 때, 일반적으로 '하나님(엘로힘)'의 이름이 사용되는데, 유독 아담의 창조와 관련해서는 '여호와 하나님'의 이름이 사용된다. 즉, 여호와 자신의 계획이 모든 제신들에게 강하게 요구된 것이다. 특히 '아담'을 창조할 때 그와 같은데, 여호와의 구원계획과 관련하여 이 이름이 사용된다. 여호와께서 인간을 창조하고, 혹은 선민을 창조하고, 그를 그의 구원계획과 관련하여 그를 통하여 만유구원을 이루고 그를 자신의 후사로 삼고자 할 때 그와 같았다. 여호와의 창조에 대한 특별한 개입으로 보여진다.

창세기 1장은 하나님(엘로힘)의 창조를 말하고 있다. 6일간의 창조가 이루어졌는데, 이때 인간의 창조도 있었다. 그리고 그 엘로힘의 창조에 대한 7일째의 기록이 창세기 2:1-3이므로, 여기까지도 창세기 1장에 귀속시키는 것이 적절하다. 그리고 창세기 2:4에서 새로운 본문이 시작되는데, 이것은 "천지가 창조될 때의 하늘과 땅의 내력"인데, 특별히 인간의 창조에 관한 이야기를 다시금 서술하고 있는 것이다. 이때 '여호와 하나님'으로 그 서술을 시작한다.

이것이 천지가 창조될 때에 하늘과 땅의 내력이니 '여호와 하나님'이 땅과 하늘을 만드시던 날에 여호와 하나님이 땅에 비를 내리지 아니하셨고 땅을 갈 사람도 없었으므로 들에는 초목이 아직 없었고 밭에는 채소가 나지 아니하였으며, 안개만 땅에서 올라와 온 지면을 적셨더라.(창 2:4-6)

위의 본문은 인간의 창조 직전의 땅의 내력이다. 여호와 하나님께서 자신의 계획을 펼치면서 하늘과 땅을 창조하였는데, 이곳에 주인이 없고, 관리할 자가 없는 것이다. 그렇게 해서 창조된 자가 아담, 곧 인간이었다.

나. 인간의 본질 : 영혼과 육체(창 2:7)

창세기 2:7에 의하면, 여호와가 주도가 되어서 사람을 지으시는데, "땅의 흙으로 사람을 지으시고 생기를 그 코에 불어넣어서 생령이 되게" 하시었다. 그 내용은 다음과 같다.

여호와 하나님이 땅의 흙으로 사람을 지으시고 생기를 그 코에 불어넣으시니

사람이 생령이 되니라.(창 2:7)

우리는 위의 본문을 통해 인간의 본질을 깊이 있게 이해할 필요가 있다. 인간에게는 두 가지 요소로 지어졌다. 하나는 흙으로 지어진 육체로서의 질료이고, 또 하나는 우리 코에 부어진 여호와의 생기로서의 형상으로서의 정신이다. 그래서 우리에게는 영혼과 육체의 두 가지 본성이 존재한다. 사도 바울도 우리 인간에게 두 가지 본성이 있다고 말한다.

> 육신을 따르지 않고 그 영을 따라 행하는 우리에게 율법의 요구가 이루어지게 하려 하심이니라. 육신을 따르는 자는 육신의 일을, 영을 따르는 자는 영의 일을 생각하나니, 육신의 생각은 사망이요 영의 생각은 생명과 평안이니라. … 만일 너희 속에 하나님의 영이 거하시면 너희가 육신에 있지 아니하고 영에 있나니 누구든지 그리스도의 영이 없으면 그리스도의 사람이 아니라.…너희가 육신대로 살면 반드시 죽을 것이로되 영으로써 몸의 행실을 죽이면 살리니(롬 8:4-13)

그래서 인간의 육의 소욕만을 인간의 본성으로 주장하는 철학은 잘못된 철학이다. 특히 지그문트 프로이트의 철학이 그렇다. 이 프로이트 철학은 인간의 본질을 '성'으로만 본다. 그리고 이러한 사상은 미셀 푸코에게 전해지며, 오늘날 이 철학은 포스트 모더니즘으로 불리운다. 이 포스트 모더니즘의 철학은 마르쿠제에 의해 사회주의 철학과 결합하여 차별금지법으로 나타났는데, 그것은 오늘날 자본주의 체제 내에서 사회주의 혁명의 도구가 되어 있다.
그런데, 인간의 본성은 오히려 육체라기 보다는 하나님의 생기, 곧 양심이다. 이것이 인간의 본성이다.

다. 하나님의 생기, 호흡

인간의 본성은 "하나님의 생기"이며, "하나님의 영을 호흡하는 것"이다. 그러므로 육체의 호흡 뿐만 아니라, 이러한 영적인 호흡도 중요하다. 처음에는 우리가 세상의 공기만 호흡하여도 그 안에서 하나님의 숨을 호흡하였는데, 아담의 타락은 이 양자를 갈라놓았다. 그런데, 그리스도로 인하여 이것이 회복되었다. 그렇다면, 우리는 이제 이 세상의 공기를 마시며, 하나님의 숨을 호흡할 수 있다.

성경은 "여호와 하나님이 생기를 그 코에 불어넣으시니 사람이 생령이 되니라"고 하고, 우리는 이 일을 계속하고 있다. 우리는 기도의 시간을 통하여 하나님의 영을 마신다. 그리고 자연의 공기도 그렇게 하나님의 숨으로 승화시킨다.

우리가 유대인이나 헬라인이나 종이나 자유인이나 다 한 성령으로 세례를 받아 한 몸이 되었고 또 다 한 성령을 마시게 하셨느니라.(고전 12:13)

창조주 하나님은 멀리 계시지 않다. 바로 우리의 호흡 속에 함께 계신다. 우리가 하나님의 숨을 날마다 들이마시는 것이다. 이렇게 믿고자 하는 자에게는 그 실상이 드러난다. 우리는 단순히 허공의 바람만 들이마시는 것이 아니다.

어떤 사람이 기도의 삶을 살고 있다고 하자. 그는 이제 하나님과 함께 숨을 쉰다고 생각해도 좋을 것 같다. 이렇게 해서 하나님과의 동행이 더욱 실현된다. 인간이란 존재가 이와 같이 존귀한 자이다. 우리는 그렇게 믿고 성령을 날마다 들이 마시는 것이다. 그러면 하나님의 숨이 우리 안에 들어온다.

라. 에덴동산

하나님께서 우리 인간을 두신 장소가 곧 에덴동산이었다. 이 에덴동산은 그 때나 지금이나 영적인 장소로 파악하여야 한다. 특히 예수 그리스도 안에서 회복된 자에게는 오늘날에도 그 에덴동산은 여전히 존재한다. 타락의 장소로서의 에덴동산이 예수 그리스도의 십자가의 동산으로 회복되었으며, 그리스도인들의 영혼은 이제 이곳에 거한다. 그리스도 안에서 회복된 자의 영혼이 거하는 곳은 에덴동산이다. 예수께서 우리의 거처를 그렇게 옮겨 놓으셨다. 다음은 원래의 에덴동산이다.

여호와 하나님이 동방의 에덴에 동산을 창설하시고 그 지으신 사람을 거기 두

시니라.(창 2:8)

우리는 아가서를 아가서 동산이라고 부를 수 있다. 신부된 우리가 신랑 되신 예수 그리스도를 만나면, 예수께서는 낭떠러지 바위 틈새에 거하는 우리를 자신의 동산인 에덴 동산으로 거처를 옮겨주신다. 우리는 그곳을 아가서 동산이라고 말할 수 있는데, 이와 같이 우리에게는 어떤 의미에서의 영적 에덴동산이 회복된 것이다.

> 나의 사랑하는 자가 내게 말하여 이르기를 나의 사랑, 내 어여쁜 자야 일어나서 함께 가자. 겨울도 지나고 비도 그쳤고 지면에는 꽃이 피고 새가 노래할 때가 이르렀는데 비둘기의 소리가 우리 땅에 들리는구나. 무화과나무에는 푸른 열매가 익었고 포도나무는 꽃을 피워 향기를 토하는구나 나의 사랑, 나의 어여쁜 자야 일어나서 함께 가자. 바위 틈 낭떠러지 은밀한 곳에 있는 나의 비둘기야 내가 네 얼굴을 보게 하라 네 소리를 듣게 하라 네 소리는 부드럽고 네 얼굴은 아름답구나(아 2:10-14)

예수께서 제자들에게 다음과 같이 말씀하셨다.

> 내가 너희를 고아와 같이 버려두지 아니하고 너희에게로 오리라. 조금 있으면 세상은 다시 나를 보지 못할 것이로되 너희는 나를 보리니 이는 내가 살아 있고 너희도 살아 있겠음이라. 그 날에는 내가 아버지 안에, 너희가 내 안에, 내가 너희 안에 있는 것을 너희가 알리라. 나의 계명을 지키는 자라야 나를 사랑하는 자니 나를 사랑하는 자는 내 아버지께 사랑을 받을 것이요 나도 그를 사랑하여 그에게 나를 나타내리라.(요 14:18-21)

어떤 사람이 밤마다 기도를 한다고 하자. 이 사람이 기도의 시간에 영으로 기도할 때, 자신의 눈앞에 예수님만 생각이 나고, 그 외에 아무것도 그의 생각 속에 존재하지 않는다고 가정해보자. 이것이 바로 "너희가 내 안에 내가 너희 안에"의 상태인 것이다. 그리고 이 장소가 바로 영적 에덴동산이며, 아가서의 동산이며, 유월절 마리아의 동산인 것이다. 그리고 여기에서 주님과 깊은 사랑의 교제를 나눈다면, 그곳이 바로 공중 혼인잔치가 일어나는 곳이다. 에덴동산은 이렇게 예수 그리스도로 말미암아 회복된 것이다. 그리고 이제 그 기능을 발휘하는 것이다. 우리에게 에덴동산은 이렇게 회복된 것이다.

마. 생명나무와 선악을 알게 하는 나무

하나님께서 에덴 동산의 중앙에 생명나무와 선악을 알게 하는 나무를 두시었다. 그리고는 선악과는 먹지 말라고 하시었다. 그 내용은 다음과 같다.

여호와 하나님이 그 땅에서 보기에 아름답고 먹기에 좋은 나무가 나게 하시니 동산 가운데에는 생명 나무와 선악을 알게 하는 나무도 있더라.(창 2:9)

우리 앞에는 두 개의 나무가 존재한다. 하나는 생명 나무이며, 또 하나는 선악을 알게 하는 나무이다. 사도 요한은 우리가 처음부터 계명을 가졌다고 말한다. 그것은 모세의 율법 이전부터 있었던 계명으로 보인다. 그렇다면, 그것은 생명나무와 선악과일 수 있다.

사랑하는 자들아 내가 새 계명을 너희에게 쓰는 것이 아니라 너희가 처음부터 가진 옛 계명이니 이 옛 계명은 너희가 들은 바 말씀이거니와(요일 2:7)
부녀여, 내가 이제 네게 구하노니 서로 사랑하자 이는 새 계명 같이 네게 쓰는 것이 아니요 처음부터 우리가 가진 것이라. 또 사랑은 이것이니 우리가 그 계명을 따라 행하는 것이요 계명은 이것이니 너희가 처음부터 들은 바와 같이 그 가운데서 행하라 하심이라.(요이 1:5-6)

훗날 밝혀진 바에 의하면, 율법이 선악과이며, 복음이 생명나무였다. 율법과 복음은 이때부터 계시되었던 것이다. 우리가 율법으로는 의에 이를 수 없다. 율법은 죄를 드러내는 역할만 한다. 그런데 우리가 죄를 알 때, 복음의 간절함을 알 수 있다.

이같이 율법이 우리를 그리스도께로 인도하는 초등교사가 되어 우리로 하여

금 믿음으로 말미암아 의롭다 함을 얻게 하려 함이라.(갈 3:24)

그래서 결국은 이 두 나무를 세운 것은 인류를 하나님의 은혜 가운데에 가두기 위해서였다. 오직 그리스도 안에서만 의에 이른다는 것을 알게 하고, 만유를 그리스도 안에서 통일하기 위해서 였던 것이다. 그리고 그리스도 안에 있는 자만이 에덴동산을 섬길 수 있는 것이다.

2. 에덴에서 발원하는 '네 강'

가. 온 땅을 살리는 네 강

성경은 신비한 세계를 계시하는 책이다. 성경은 창세기부터 요한계시록에 이르기까지 이 세계 속에는 에덴동산에서 발원하여 흐르는 네 강이 있다고 말한다.

강이 에덴에서 흘러 나와 동산을 적시고 거기서부터 갈라져 네 근원이 되었으니, 첫째의 이름은 비손이라 금이 있는 하윌라 온 땅을 둘렀으며, 그 땅의 금은 순금이요 그 곳에는 베델리엄과 호마노도 있으며, 둘째 강의 이름은 기혼이라 구스 온 땅을 둘렀고, 셋째 강의 이름은 힛데겔이라 앗수르 동쪽으로 흘렀으며 넷째 강은 유브라데더라.(창 2:10-14)

분석철학의 창시자 프레게는 우리 모든 언어에는 그 지시체가 있다고 말한다. 그 언어가 지시하는 그 무엇이 있다는 것이다. 그리고 우리의 언어에는 선험성이 있다. 즉 배우지 않고도 아는 그 무엇인 존재한다는 것이다. 우리는 언어를 그렇게 구사한다는 것이다. 그래서 특히 어떤 계시를 통해 그것이 성경에 기록되면서 공적인 사실로 승화한 지식에는 그 지시체가 반드시 있다는 것이다. 우리는 에덴동산을 이렇게 바라보는 것이다. 모세가 모세오경을 지을 때에는 이 세계의 중심을 이라크의 어디쯤으로 보았기 때문에 위와 같은 지명들이 출현하였다. 그러나 이제 우리는 이 공적인 장소가 영적인 장소로 승화하여 존재한다고 보는 것이다.

나. 영적인 장소로서의 '네 강'

에스겔은 이 네 강을 환상으로 보았다. 그 네 강은 예루살렘 성전에서 흘러 나와 만유를 소성케 하였다.

그가 나를 데리고 성전 문에 이르시니 성전의 앞면이 동쪽을 향하였는데 그 문지방 밑에서 물이 나와 동쪽으로 흐르다가 성전 오른쪽 제단 남쪽으로 흘러 내리더라.…그 사람이 손에 줄을 잡고 동쪽으로 나아가며 천 척을 측량한 후에 내게 그 물을 건너게 하시니 물이 발목에 오르더니,…다시 천 척을 측량하시니 물이 내가 건너지 못할 강이 된지라 그 물이 가득하여 헤엄칠 만한 물이요 사람이 능히 건너지 못할 강이더라.…내가 돌아가니 강 좌우편에 나무가 심히 많더라. 그가 내게 이르시되 이 물이 동쪽으로 향하여 흘러 아라바로 내려가서 바다에 이르리니 이 흘러 내리는 물로 그 바다의 물이 되살아나리라. (겔 47:1-8)

이 강물은 예수 그리스도의 십자가 보혈의 공로로 인하여 온 세상에 흐를 그 강물이었던 것이다. 이때 그 강물의 주인공으로 우리 그리스도인들의 배가 사용된다. 그 내용은 다음과 같다.

명절 끝날 곧 큰 날에 예수께서 서서 외쳐 이르시되 누구든지 목마르거든 내게로 와서 마시라. 나를 믿는 자는 성경에 이름과 같이 그 배에서 생수의 강이 흘러나오리라 하시니, 이는 그를 믿는 자들이 받을 성령을 가리켜 말씀하신 것이라 (예수께서 아직 영광을 받지 않으셨으므로 성령이 아직 그들에게 계시지 아니하시더라)(요 7:37-39)

우리가 십자가 안에서 그리스도와 연합하면, 우리 배에서 이와 같은 강물이 흐른다. 이 네 강은 바로 십자가 제사에 참여하여 기도하는 성도들의 배였던 것이다. 그리고 이 중보기도는 우리나라를 적시고, 열방을 적신다.

또 그가 수정 같이 맑은 생명수의 강을 내게 보이니 하나님과 및 어린 양의 보좌로부터 나와서, 길 가운데로 흐르더라. 강 좌우에 생명나무가 있어 열두 가지 열매를 맺되 달마다 그 열매를 맺고 그 나무 잎사귀들은 만국을 치료하기 위하여 있더라.(계 22:1-2)

에덴동상에 서 있는 네 강은 이제 예수 그리스도를 믿고, 그 십자가로 나아가 기도하는 자들의 심령이 된 것이다.

다. 에덴동산을 섬기는 것

여호와 하나님께서는 이 에덴동산에 아담을 이끄시고, 그로 하여금 그곳을 경작하며 지키게 하신다.

여호와 하나님이 그 사람을 이끌어 에덴동산에 두어 그것을 경작하며 지키게 하시고,(창 2:15)

וַיִּקַּח יְהוָה אֱלֹהִים אֶת־הָאָדָם וַיַּנִּחֵהוּ בְגַן־עֵדֶן לְעָבְדָהּ וּלְשָׁמְרָהּ

본문에서 히브리어 עָבַד(아바드)는 "일하다, 섬기다, 노동하다, 봉사하다, 일시키다, 경작하다"는 의미를 가지고 있다. 그리고 שָׁמַר(솨마르)는 "지키다, 보호하다, 관찰하다, 주의하다, 책임지다, 감시하다"의 의미를 지니고 있다. 여기에서 가장 적절한 단어를 선택한다면, עָבַד(아바드)는 "에덴동산을 섬기고 봉사하다"라고 번역하고, שָׁמַר(솨마르)는 그 에덴동산을 외부의 악한세력들로부터 "지킨다"는 의미를 부여하는 것이다.

이때 에덴동산의 고유의 직무는 무엇인가? 그것은 네 강이 만유로 흐르게 하는 것이다. 이것이 에덴 동산을 섬기는 일이다. 이 강을 흐르게 하는 이는 누구인가? 여호와이다. 따라서 여호와와 호흡하고 섬기는 예배를 드리는 것이다. 이것이 에덴동산을 섬기는 것이다. 이것을 위해 아담을 에덴동산에 두었다는 것이다.

라. 아가서 동산을 섬기는 것

구약성경에는 아가서 동산과 유사한 동산이 하나 더 나오는데, 그것은 아가서의 동산이다. 이 아가서 동산 중앙에는 샘물이 있는데, 이 샘물은 술람미 여인의 춤을 통해서 흐른다.

솔로몬은 술람미 여인을 아가서 동산의 샘물로 지칭한다. 그리고 이 샘물이 모든 동산을 적신다. 신부에게는 그러한 비밀이 있었던 것이다. 이제 솔로몬 왕은 이 술람미 여인과 혼인(혹은 청혼)을 하고, 그를 아가서 동산으로 데려다 놓는다. 솔로몬은 한 번씩 아가서 동산의 포도원으로 내려와서 포도원을 살피는데, 이 아가서의 술람미 여인에게 '마하나임의 춤'을 요청하고 돌아갔던 것이다. 이 '마하나임의 춤'을 술람미 여인이 추어야 아가서의 동산에 샘물이 나왔던 것이다. 그래서 이 여인은 이 마하나임의 춤을 통해 그 동산을 섬기고 있다. 그 내용은 다음과 같다.

> 내 누이, 내 신부는 잠근 동산이요 덮은 우물이요 봉한 샘이로구나. 네게서 나는 것은 석류나무와 각종 아름다운 과수와 고벨화와 나도풀과 나도와 번홍화와 창포와 계수와 각종 유향목과 몰약과 침향과 모든 귀한 향품이요, 너는 동산의 샘이요 생수의 우물이요 레바논에서부터 흐르는 시내로구나(아 4:12-15)
>
> 내 누이, 내 신부야 내가 내 동산에 들어와서 나의 몰약과 향 재료를 거두고 나의 꿀송이와 꿀을 먹고…(아 5:1)
>
> 여자들 가운데에 어여쁜 자야 너의 사랑하는 자가,… 남의 사랑하는 자보다 나은 것이 무엇이기에 이같이 우리에게 부탁하는가(아 5:9)
>
> 돌아오고 돌아오라 술람미 여자야 돌아오고 돌아오라 우리가 너를 보게 하라 너희가 어찌하여 마하나임에서 춤추는 것을 보는 것처럼 술람미 여자를 보려느냐(아 6:13)

마하나임은 군대라는 의미이다. 예수 그리스도의 신부가 추는 춤은 군대의 춤이다. 이것이 술람미 여인의 춤이다. 그리고 이 춤은 십자가 제사의 춤이었던 것이다.

마. 십자가 제사의 춤

요한복음 7장 37-39절에 의하면, 이제 생수의 강물은 성도들의 배에서 흘러 나온다. 그런데, 사실은 그 배는 예수 그리스도의 배이다. 예수 그리스도의 십 자가에 성도들이 참여하여 나라와 교회를 위하여 기도할 때, 흐르는 그 보혈의 강물을 말한다. 이것이 곧 에덴에서 흐르는 네 강인 것이다.

바. 아담의 신부, 예수 그리스도의 신부

이 아가서 동산을 섬기는 자는 결국 아담과 그의 신부이며, 오늘날에는 제2 의 아담이 되신 예수 그리스도와 그의 신부들이다. 아담의 갈비뼈를 빼내어서 그의 신부인 하와를 만드시었다. 계시 속에서 주어진 그 내용은 다음과 같다.

여호와 하나님이 이르시되 사람이 혼자 사는 것이 좋지 아니하니 내가 그를 위하여 돕는 배필을 지으리라 하시니라. 여호와 하나님이 흙으로 각종 들짐승 과 공중의 각종 새를 지으시고 아담이 무엇이라고 부르나 보시려고 그것들을 그에게로 이끌어 가시니 아담이 각 생물을 부르는 것이 곧 그 이름이 되었더 라. 아담이 모든 가축과 공중의 새와 들의 모든 짐승에게 이름을 주니라 아담 이 돕는 배필이 없으므로, 여호와 하나님이 아담을 깊이 잠들게 하시니 잠들 매 그가 그 갈빗대 하나를 취하고 살로 대신 채우시고, 여호와 하나님이 아담 에게서 취하신 그 갈빗대로 여자를 만드시고 그를 아담에게로 이끌어 오시니, 아담이 이르되 이는 내 뼈 중의 뼈요 살 중의 살이라 이것을 남자에게서 취하 였은즉 여자라 부르리라 하니라. 이러므로 남자가 부모를 떠나 그의 아내와 합하여 둘이 한 몸을 이룰지로다. 아담과 그의 아내 두 사람이 벌거벗었으나 부끄러워하지 아니하니라. (창 2:18-25)

예수 그리스도의 신부는 어떻게 출현하였는가? 예수께서는 십자가를 지시기 전에 물과 포도주를 제자들에게 주시었다. 그리고 그 포도주는 바로 예수 그리 스도께서 쏟으신 그 물과 피였던 것이다. 아담과 동일하게 예수께서는 자신의 갈비뼈를 뽑아서 우리에게 준 것이다.

예수께 이르러서는 이미 죽으신 것을 보고 다리를 꺾지 아니하고, 그 중 한

군인이 창으로 옆구리를 찌르니 곧 피와 물이 나오더라.(요 19:33-34)
이는 물과 피로 임하신 이시니 곧 예수 그리스도시라 물로만 아니요 물과 피로 임하셨고 증언하는 이는 성령이시니 성령은 진리니라. 증언하는 이가 셋이니, 성령과 물과 피라 또한 이 셋은 합하여 하나이니라.(요일서 5:6-8)

우리가 그리스도로 인하여 회복됨으로 우리에게 이제 이와 같은 에덴동산·아가서의 동산·십자가의 유월절동산이 회복된 것이다.

3. 첫째 아담과 둘째 아담

가. 아담의 타락

하나님께서는 아담과 하와에게 금지한 열매가 있었다. 이것은 아담과 하와가 에덴동산을 관리하는 방법, 에덴동산을 경작하고 지키는 방법 중의 하나였다. 그것은 바로 선악과였다. 그런데 뱀의 유혹에 넘어간 하와로 인하여 아담도 그 열매를 먹고 타락하였다.

여호와 하나님이 그 사람에게 명하여 이르시되 동산 각종 나무의 열매는 네가 임의로 먹되, 선악을 알게 하는 나무의 열매는 먹지 말라 네가 먹는 날에는 반드시 죽으리라 하시니라.(창 2:16-17)
그런데 뱀은 여호와 하나님이 지으신 들짐승 중에 가장 간교하니라 뱀이 여자에게 물어 이르되 하나님이 참으로 너희에게 동산 모든 나무의 열매를 먹지 말라 하시더냐…뱀이 여자에게 이르되 너희가 결코 죽지 아니하리라. 너희가 그것을 먹는 날에는 너희 눈이 밝아져 하나님과 같이 되어 선악을 알 줄 하나님이 아심이니라. 여자가 그 나무를 본즉 먹음직도 하고 보암직도 하고 지혜롭게 할 만큼 탐스럽기도 한 나무인지라 여자가 그 열매를 따먹고 자기와 함께 있는 남편에게도 주매 그도 먹은지라.(창 3:1-6)

도대체 선악과는 무엇일까? 히브리어로는 וּמֵעֵץ הַדַּעַת טוֹב וָרָע 인데, 직역을 하면, "선과 악의 지식 나무의 열매"이다. 그리고 이것은 첫 번째 율법이었다.

사랑하는 자들아 내가 새 계명을 너희에게 쓰는 것이 아니라 너희가 처음부터 가진 옛 계명이니 이 옛 계명은 너희가 들은 바 말씀이거니와(요일 2:7)

그런데, 그 율법의 기능은 무엇인가? 우리 안에 있는 약함과 죄를 드러내는 것이었다. 죄에 대해 아무런 경험이 없는 아담도 예외는 아니었다. 아담이 선악과를 따먹고 타락을 하게 된 것이다. 그런데 이때 아담 안에서 그의 모든 후손도 함께 타락을 한 것이다. 그의 모든 후손이 아담 안에서 선악과를 따먹은 것이다.

나. 아담 안에서 인간의 타락

성경은 인간의 타락을 말하고 있다. 아담은 모든 인류의 조상으로서 그가 먼저 타락하였고, 그 안에서 모든 인생들이 동일한 범죄를 저지르고 죄의 종이 되어 버렸다. 이에 대해 로마서 5장 12절은 다음과 같이 말한다.

그러므로 한 사람으로 말미암아 죄가 세상에 들어오고 죄로 말미암아 사망이 들어왔나니 이와 같이 모든 사람이 죄를 지었으므로 사망이 모든 사람에게 이르렀느니라.(롬 5:12)

우리 모든 인생들이 그 죄를 짓지 않았음에도 불구하고 함께 그 죄를 짓게 되었다. 모든 인생들이 아담과 함께 선악과를 따 먹은 것이다. 그러자 이로 인해 인간 안에 감취었던 죄가 드러나기 시작하였다. 구체적으로 어떤 죄인가? 바울은 다음과 같이 말한다.

기록된 바 의인은 없나니 하나도 없으며, 깨닫는 자도 없고 하나님을 찾는 자도 없고, 다 치우쳐 함께 무익하게 되고 선을 행하는 자는 없나니 하나도 없도다. 그들의 목구멍은 열린 무덤이요 그 혀로는 속임을 일삼으며 그 입술에는 독사의 독이 있고, 그 입에는 저주와 악독이 가득하고, 그 발은 피 흘리는 데 빠른지라. 파멸과 고생이 그 길에 있어 평강의 길을 알지 못하였고, 그들의

눈 앞에 하나님을 두려워함이 없느니라 함과 같으니라.(롬 3:10-18)

다. 율법의 목적

하나님께서는 인간에게 왜 이러한 타락을 허용하셨나? 이때 사도 바울은 이러한 율법의 목적이 무엇인지를 밝히고 있다. 이 율법은 우리 인간의 죄를 깨닫게 하기 위한 것이었다.

우리가 알거니와 무릇 율법이 말하는 바는 율법 아래에 있는 자들에게 말하는 것이니, 이는 모든 입을 막고 온 세상으로 하나님의 심판 아래에 있게 하려 함이라. 그러므로 율법의 행위로 그의 앞에 의롭다 하심을 얻을 육체가 없나니 율법으로는 죄를 깨달음이니라.(롬 3:19-20)

그렇다면, 이 죄를 벗어나는 방법은 무엇인가? 하나님께서는 우리가 죄를 벗어나는 방법으로 무엇을 예비하셨나? 무엇 때문에 우리를 이렇게 죄에 가두셨나? 그것은 우리에게 복음, 곧 아들을 주시기 위해서 였다.

그러므로 한 사람으로 말미암아 죄가 세상에 들어오고 죄로 말미암아 사망이 들어왔나니, 이와 같이 모든 사람이 죄를 지었으므로 사망이 모든 사람에게 이르렀느니라. 죄가 율법 있기 전에도 세상에 있었으나 율법이 없었을 때에는 죄를 죄로 여기지 아니하였느니라. 그러나 아담으로부터 모세까지 아담의 범죄와 같은 죄를 짓지 아니한 자들까지도 사망이 왕 노릇 하였나니 아담은 오실 자의 모형이라.(롬 5:12-14)
율법이 들어온 것은 범죄를 더하게 하려 함이라 그러나 죄가 더한 곳에 은혜가 더욱 넘쳤나니, 이는 죄가 사망 안에서 왕 노릇 한 것 같이 은혜도 또한 의로 말미암아 왕 노릇 하여 우리 주 예수 그리스도로 말미암아 영생에 이르게 하려 함이라.(롬 5:21)

라. 복음 : 여자의 후손을 통한 대속의 약속

여호와 하나님께서 아담의 타락과 동시에 한 말씀을 발하시는데, 그것은 여자의 후손에 대한 예언이었다. 이것은 그를 통해 인류를 구원하시겠다는 결정이었다. 그리고 여호와 하나님께서 아담과 그의 아내를 위하여 양을 잡아 가죽옷을 지어입혔다. 바로 이와 같은 방식으로 죄에 빠진 인류를 구원하시겠다는 언약이었다. 그 내용은 다음과 같다.

내가 너로 여자와 원수가 되게 하고 네 후손도 여자의 후손과 원수가 되게 하리니 여자의 후손은 네 머리를 상하게 할 것이요 너는 그의 발꿈치를 상하게 할 것이니라 하시고 (창 3:15)
여호와 하나님이 아담과 그의 아내를 위하여 가죽옷을 지어 입히시니라.(창 3:21)

먼저, 여호와 하나님께서는 여자의 후손을 말씀하신다. 여자의 후손이라는 것은 남자 없이 태어나는 사람이라는 의미이다. 이 여자의 후손은 동정녀 마리아에게서 태어난 사람을 말한다. 그런데, 그는 영으로는 하나님의 아들이었다. 그리고 그가 십자가를 지시는 것이었다.

그의 아들에 관하여 말하면 육신으로는 다윗의 혈통에서 나셨고, 성결의 영으로는 죽은 자들 가운데서 부활하사 능력으로 하나님의 아들로 선포되셨으니 곧 우리 주 예수 그리스도시니라.(롬 1:3-4)
이튿날 요한이 예수께서 자기에게 나아오심을 보고 이르되 보라 세상 죄를 지고 가는 하나님의 어린 양이로다.(요 1:29)

사. 십자가의 생명나무

선악과는 "선과 악을 알게 하는 지식의 열매"는 바로 "나의 욕망"을 드러나게 하였다. 우리는 이 욕망을 발견하고 이것을 처리하기 위해, 십자가 안에서 "내 생명, 소유, 소득, 사업장, 인생, 재산"을 산제사의 제물로 올려드리는 것이다. 이것은 무소유자적 청지기를 의미한다. 이것을 이루어주는 것이 생명나무인데, 그것은 곧 십자가였다. 생명나무는 예수 그리스도 십자가의 세례에 참여하는 것인데, 이 십자가의 세례는 자신의 육적 자아의 욕망을 장사지내는 것이었다. 아담이 선악과를 먹어서 타락을 하여, 그 죄가 드러나자 십자가 제사의 세례가 의미를 갖게 된 것이다. 절실하게 요청이 된 것이다. 그런 과정 속에서 우리는 하나님의 아들을 소유하게 되었다.

아담이 모든 인생들을 대표하였듯이 둘째 아담 예수 그리스도는 자신을 주인으로 섬기는 모든 자들을 대표하여 자신의 생명을 하나님께 산 제사의 제물로 바치었다. 자신의 죽음으로 육의 소욕을 십자가에 못박은 것이다. 우리 안에 있는 세상을 향한 소욕은 그의 육체가 죽기 전에는 사라지지 않는다. 그래서 예수께서는 자신의 생명을 하나님께 바치면서 죽은 것이다. 예수께서는 우리에게 바로 그 생명을 부어주신다. 이 생명을 먹고 마시는 자가 생명나무의 열매를 먹고 마시는 자인 것이다. 우리의 죄가 도리어 하나님이 아들을 소유하는 매개체가 되었다.

> 그러나 이 은사는 그 범죄와 같지 아니하니 곧 한 사람의 범죄를 인하여 많은 사람이 죽었은즉 더욱 하나님의 은혜와 또한 한 사람 예수 그리스도의 은혜로 말미암은 선물은 많은 사람에게 넘쳤느니라.… 한 사람이 순종하지 아니함으로 많은 사람이 죄인 된 것 같이 한 사람이 순종하심으로 많은 사람이 의인이 되리라.(롬 5:15-19)

믿는 자에겐 다음의 역사가 일어난다.

> 무릇 그리스도 예수와 합하여 세례를 받은 우리는 그의 죽으심과 합하여 세례를 받은 줄을 알지 못하느냐. 그러므로 우리가 그의 죽으심과 합하여 세례를 받음으로 그와 함께 장사되었나니 이는 아버지의 영광으로 말미암아 그리스도를 죽은 자 가운데서 살리심과 같이 우리로 또한 새 생명 가운데서 행하게 하려 함이라. 만일 우리가 그의 죽으심과 같은 모양으로 연합한 자가 되었으면 또한 그의 부활과 같은 모양으로 연합한 자도 되리라. 우리가 알거니와 우리의 옛 사람이 예수와 함께 십자가에 못 박힌 것은 죄의 몸이 죽어 다시는 우리가 죄에게 종 노릇 하지 아니하려 함이니, 이는 죽은 자가 죄에서 벗어나 의롭다 하심을 얻었음이라. 만일 우리가 그리스도와 함께 죽었으면 또한 그와 함께 살 줄을 믿노니(롬 6:3-8)

내가 그리스도와 함께 십자가에 못 박혔나니 그런즉 이제는 내가 사는 것이
아니요, 오직 내 안에 그리스도께서 사시는 것이라 이제 내가 육체 가운데 사
는 것은 나를 사랑하사 나를 위하여 자기 자신을 버리신 하나님의 아들을 믿
는 믿음 안에서 사는 것이라.(갈 2:20)

우리는 날마다 아침마다 위의 사실을 우리의 신앙으로 고백한다. 이렇게 함
을 통해 날마다 생명나무의 열매를 먹는다. 예수 그리스도의 십자가에 대한 고
백이 곧 생명나무의 열매인 것이다.

우리가 생명나무의 열매에 참여를 할 때, 에덴동산의 네 강에서 생명수가 흐
른다. 그래서 만유가 소성케 된다.

이 세상에서 육신의 꿈을 포기하라는 말은 좀 가혹하게 들린다. 그래서 지혜
가 요청되는데, 그 용어가 곧 '청지기적 삶'이다. 이 세상에서 열심을 내어서
살아야 한다. 인간이란 존재는 육체로 지어졌기 때문에 세상에서의 성공에 대
한 꿈을 버리고는 살 수 없는 존재이다. 그래서 열심히 살아야 한다. 그러나
그 결과에는 연연하지 말고, 자신의 생명과 소유를 하나님께 온전히 바쳐야 한
다. 그러면 하나님께서 세상에서도 넉넉하게 해 주신다.

4. 하나님의 경륜

가. 하나님의 모습(마음 · 계획) : 하나님의 경륜

사도 바울은 하나님께서 세상을 만드시기 전에 모든 것을 계획했다고 한다.
그리고 그는 이 하나님의 그 계획을 본 것이다. 그 계획이란 창세부터 요한계
시록까지의 모든 역사를 말한다. 이 계획에 비하면, 지금 우리의 역사는 한낱
점에 불과하다. 이것이 하나님의 마음이며, 하나님의 크기이며, 하나님의 모습
이었던 것이다.

이때 이 계획의 핵심이 아들을 이 세상에 보내어서 인류를 대속한다는 계획
이었다. 그런데, 그것은 인류의 타락이라는 전제하에 성립되는 이야기였다. 사
도 바울은 이 하나님의 경륜을 다음과 같이 말하는데, 하나님은 모든 만물을

하나님의 은혜 안에 가두려 하신 것이다.

> 곧 창세 전에 그리스도 안에서 우리를 택하사 우리로 사랑 안에서 그 앞에 거룩하고 흠이 없게 하시려고, 그 기쁘신 뜻대로 우리를 예정하사 예수 그리스도로 말미암아 자기의 아들들이 되게 하셨으니, 이는 그가 사랑하시는 자 안에서 우리에게 거저 주시는 바 그의 은혜의 영광을 찬송하게 하려는 것이라. 우리는 그리스도 안에서 그의 은혜의 풍성함을 따라 그의 피로 말미암아 속량 곧 죄 사함을 받았느니라. 이는 그가 모든 지혜와 총명을 우리에게 넘치게 하사, 그 뜻의 비밀을 우리에게 알리신 것이요 그의 기뻐하심을 따라 그리스도 안에서 때가 찬 경륜을 위하여 예정하신 것이니, 하늘에 있는 것이나 땅에 있는 것이 다 그리스도 안에서 통일되게 하려 하심이라. 모든 일을 그의 뜻의 결정대로 일하시는 이의 계획을 따라 우리가 예정을 입어 그 안에서 기업이 되었으니, 이는 우리가 그리스도 안에서 전부터 바라던 그의 영광의 찬송이 되게 하려 하심이라(엡 1:4-12)

죄가 옴을 통해서 이제 모든 만물은 하나님의 은혜 안에 갇힌 자들이 되었다. 아담으로 인하여 죄에 빠져서 세상에 진노가 임하였으나, 이제 예수 그리스도의 공로로 인하여 은혜 가운데 거하게 되었다. 그래서 모든 산 자들은 하나님의 은혜 안에 거하게 되었다. 그래서 이제 이러한 사실을 아는 자는 하나님을 찬양하여야 하는 것이다.

사도 바울은 이 사실이 자신에게 계신 된 것을 가장 위대한 사실 중의 하나라고 말한다.

> 너희를 위하여 내게 주신 하나님의 그 은혜의 경륜을 너희가 들었을 터이라. 곧 계시로 내게 비밀을 알게 하신 것은 내가 먼저 간단히 기록함과 같으니, 그것을 읽으면 내가 그리스도의 비밀을 깨달은 것을 너희가 알 수 있으리라. 이제 그의 거룩한 사도들과 선지자들에게 성령으로 나타내신 것 같이 다른 세대에서는 사람의 아들들에게 알리지 아니하셨으니, 이는 이방인들이 복음으로 말미암아 그리스도 예수 안에서 함께 상속자가 되고 함께 지체가 되고 함께 약속에 참여하는 자가 됨이라.… 모든 성도 중에 지극히 작은 자보다 더

작은 나에게 이 은혜를 주신 것은 측량할 수 없는 그리스도의 풍성함을 이방
인에게 전하게 하시고, 영원부터 만물을 창조하신 하나님 속에 감추어졌던 비
밀의 경륜이 어떠한 것을 드러내게 하려 하심이라. 이는 이제 교회로 말미암
아 하늘에 있는 통치자들과 권세들에게 하나님의 각종 지혜를 알게 하려 하심
이니, 곧 영원부터 우리 주 그리스도 예수 안에서 예정하신 뜻대로 하신 것이
라.(엡 3:2-11)

아담의 타락과 예수 그리스도의 오심은 하나님의 예정으로 인한 것이었다.
이것은 하나님께서 온 세상을 하나님의 은혜 안에 가두기 위한 지혜였다. 그래
서, 이제 하나님을 찬양하지 않는 자들은 모두 은혜를 저버린 배반자들이 되게
되었다.

이 하나님의 경륜이 하나님의 마음이고 모습이다. 우리는 예수 그리스도 안
에서 살아계신 하나님의 마음을 볼 수 있게 되었는데, 그 마음의 내용물이 위
와 같았다. 그리고 그것이 이제는 이 세계의 역사 속에 하나씩 하나식 내려오
고 있는 것이다. 그리고 그것이 구속사이며 역사인 것이다. 다음의 내용들이
바로 하나님의 마음이며, 만유를 향한 계획이며, 하나님의 경륜이다.

나. 하나님 아들의 신부되는 것

말씀 하나님이신 예수 그리스도의 신부는 엄밀히 말하자면 교회이다. 말씀
하나님이신 예수 그리스도는 머리이시고, 교회는 그의 몸이다. 그리고 우리는
그의 몸에 속하여서 그의 신부가 된 것이다. 이것이 하나님의 경륜이었다. 우
리는 우리 몸의 한 부분이라 할지라도 모든 각각의 부분은 직접 머리와 일대일
로 교통한다. 그리고 각각의 그 부분은 항상 전체를 대표한다. 각각이 하나의
모나드들이다.

신부를 취하는 자는 신랑이나 서서 신랑의 음성을 듣는 친구가 크게 기뻐하나
니 나는 이러한 기쁨으로 충만하였노라.(요 3:29)
일곱 대접을 가지고 마지막 일곱 재앙을 담은 일곱 천사 중 하나가 나아와서

내게 말하여 이르되 이리 오라 내가 신부 곧 어린 양의 아내를 네게 보이리라
하고(계 21:9)
성령과 신부가 말씀하시기를 오라 하시는도다 듣는 자도 오라 할 것이요 목마
른 자도 올 것이요 또 원하는 자는 값없이 생명수를 받으라 하시더라.(계
22:17)

우리 각 사람은 그리스도의 신부들이다. 이들 각각은 또한 온 교회를 대표하
는 신부들이다. 그래서 우리는 언제든지 그리스도와 함께 1대1의 신랑신부의
혼인잔치를 재현해 낼 수 있다. 그리고 모든 그리스도인들의 기도의 시간은 이
것을 재현해 내는 시간인 것이다. 우리 각 사람이 그리스도의 신부들이다.

다. 신부된 교회의 직무

하나님 아들의 신부 된 교회의 사명과 직무는 무엇인가? 그것은 아브라함의
언약과 시내산 언약에 잘 나타나있다. 그것은 바로 온 열방을 위해서 기도하는
것이다. 교회는 열방을 위한 제사장 나라인 것이다. 그리고 이 제사장 나라의
역할을 잘 수행하게 하기 위해서 예수께서는 십자가 위에서 자신이 친히 제물
이 되신 것이다. 이 일을 위해 예수께서는 십자가를 지시고 대제사장이 되시어
하늘보좌 우편에 앉으시었다.

그러므로 우리에게 큰 대제사장이 계시니 승천하신 이 곧 하나님의 아들 예수
시라 우리가 믿는 도리를 굳게 잡을지어다.(히 4:14)
대제사장이 해마다 다른 것의 피로써 성소에 들어가는 것 같이 자주 자기를
드리려고 아니하실지니, 그리하면 그가 세상을 창조한 때부터 자주 고난을 받
았어야 할 것이로되 이제 자기를 단번에 제물로 드려 죄를 없이 하시려고 세
상 끝에 나타나셨느니라.(히 9:25-26)

이제 우리는 이 분과 함께 십자가에 참여하여 열방과 나라와 교회를 위해 은
혜의 보좌 앞으로 나아가 기도하는 것이다. 우리는 왕 같은 제사장들이다.

그러므로 우리는 긍휼하심을 받고 때를 따라 돕는 은혜를 얻기 위하여 은혜의 보좌 앞에 담대히 나아갈 것이니라.(히 4:16)

그러나 너희는 택하신 족속이요 왕 같은 제사장들이요, 거룩한 나라요 그의 소유가 된 백성이니 이는 너희를 어두운 데서 불러내어 그의 기이한 빛에 들어가게 하신 이의 아름다운 덕을 선포하게 하려 하심이라.(벧전 2:9)

우리는 날마다 속죄의 보좌 앞으로 나아가 열방과 나라와 교회를 위하여 기도한다. 날마다 십자가 제사를 드린다. 우리는 이 십자가에 참여하여 십자가 보혈이 우리나라 가운데 흐르게 한다.

라. 지금부터 시작되는 공중 혼인잔치

우리는 궁극적으로 공중에서 주를 맞으며, 그와 함께 영원토록 왕 같은 제사장으로서, 그리스도의 신부로서의 삶을 살게 될 것이다. 이것이 우리의 소망이며, 이것이 하나님께서 우리를 위해 예정하신 것이다.

그 후에 우리 살아남은 자들도 그들과 함께 구름 속으로 끌어 올려 공중에서 주를 영접하게 하시리니 그리하여 우리가 항상 주와 함께 있으리라.(살전 4:17)

이 첫째 부활에 참여하는 자들은 복이 있고 거룩하도다 둘째 사망이 그들을 다스리는 권세가 없고 도리어 그들이 하나님과 그리스도의 제사장이 되어 천 년 동안 그리스도와 더불어 왕 노릇 하리라.(계 20:6)

또 내가 보매 거룩한 성 새 예루살렘이 하나님께로부터 하늘에서 내려오니 그 준비한 것이 신부가 남편을 위하여 단장한 것 같더라.(계 21:2)

하나님의 계획은 우리가 말씀 하나님이신 예수 그리스도의 신부로 영원히 드러나는 것이다. 우리는 그리스도와 함께 그의 신부로서, 그와 함께 왕 같은 제사장의 직무를 영원토록 수행하는 것이다.

그런데, 중요한 것은 이 하나님의 위대한 경륜이 이미 예수 그리스도 안에서 이루어졌다는 것이다. 그리고 그 경륜에 대한 사역이 우리 그리스도인들의 사역 속에서 이미 시작되었다는 것이다. 그것은 우리가 날마다 기도의 시간에 속 죄의 보좌 앞으로 나아가 나라와 교회를 위해 십자가 제사를 드리며 기도하는 것이다. 이것이 술람미 여인의 춤이며, 마하나임의 춤이다. 이 춤은 이미 우리 그리스도인의 삶 속에서 시작이 되었다.

[결 론] 태초에 계시된 하나님의 경륜

창세기 2-3장은 아주 원시의 태초에 해당한다. 이때를 누군가가 목격하기는 쉽지가 않다. 이 태초에 대해서는 꿈이나 환상과 같은 어떤 계시로 말미암았을 수도 있다. 그러나 그것의 사실성 여부는 또 다시 믿음으로 확인이 되어 진다. 그런데, 놀라운 것은 여기에서 장차 인류 역사에서 전개될 모든 이야기가 다 담겨있다. 하나님의 인류를 위한 계획이 이 안에 모두 담겨 있다는 것이다.

에덴동산의 네 강

아담이 창조된 에덴동산과 그 곳에서 흐르는 생명수의 네 강은 만유가 생명 을 얻는 곳이다. 아담은 이곳의 관리자이다. 이곳에서 만유를 소성케 하는 샘 물이 흐른다. 우리 그리스도인의 위치를 말하는 장면이다. 우리 그리스도인은 반드시 나라와 온 교회와 열방을 위해 기도하고 예배하여야 한다. 그러면 우리 배에서 생수의 강물(요 7:37-38)이 흐른다.

이 에덴동산은 바로 우리 그리스도인들을 말하며, 곧 교회인 것이다. 이것이 그리스도인들의 신분이고 지위이다. 우리 그리스도인들의 신앙에 따라서 만유 에 생명수 강물이 흐른다.

우리는 에덴동산이 영적세계에 존재한다는 것을 믿어야 한다. 이 에덴동산은 우리 그리스도인들의 정신 속에 살아 존재한다. 우리 그리스도인들이 기도하는 그 자리에 에덴동산이 펼쳐지는 것이다. 아가서의 동산이 바로 이 에덴동산이 며, 예수께서 십자가를 지시는 유월절 동산이 에덴동산이고, 오늘날 하루 중에 일정 시간을 정하고 기도하는 그 그리스도인들 각각의 정신이 곧 이 에덴동산 이다. 그리스도인의 정신은 바로 그 에덴동산과 연결되어 있다.

선악과

에덴동산의 선악과는 태초의 계명이자 율법이었다. 이 선악과는 우리를 죄에 빠지게 한다. 혹은 죄인임을 깨닫게 한다. 그리고 무엇보다도 선을 행할 힘이 아예 없음을 알게 한다. 하나님께서 인생들을 이 연약함과 죄에 가두신 것이다.

우리 인생들에게 그리스도는 절실하게 요청된다. 그리스도를 찾게 하고자 하는 하나님의 경륜이 거기에 담겨져 있다. 모든 만유를 그리스도 안에서 통일되게 하려 하신다. 그리고 모든 만유와 인생들을 하나님의 은혜 안에 가두려 하신다.

아들의 신부 됨

예수 그리스도는 우리에게 어떻게 요청되는가? 그는 죄를 이기는 하나님의 아들이어야 한다. 그가 우리에게 자신의 생명을 내어주고, 우리가 그의 가죽으로 만든 옷을 입는다. 이렇게 기독교 신앙의 핵심은 예수 그리스도와 우리의 연합이다. 말씀 하나님의 신부가 되는 것이다. 그런데, 참으로 다행인 것은 하나님의 아들이 이 일을 한다는 것이다. 우리는 하나님 아들, 말씀 하나님, 아버지 하나님과 천지를 지을 때 함께 계셨던 그 분의 신부가 되는 것이다.

우리가 이렇게 하나님 아들의 신부가 됨을 통해 우리는 에덴동산을 회복하는 것이다. 이제 우리가 이 에덴동산에서 기도와 예배를 할 때, 온 세상이 살아나며, 우리나라가 살아난다. 이렇게 에덴동산을 회복한 자는 매일 시간을 정하고 이 에덴동산으로 나아와 주님과 연합하며, 예배를 드려야 한다. 그래서 우리나라와 교회 가운데 생수의 강물이 흐르게 하여야 한다.

[적 용] 회복된 에덴동산

에덴 동산은 그리스도 안에서 회복되었다. 그 에덴동산은 그리스도인들의 예배시간에 그 실상을 드러낸다. 이곳에서 우리는 예수 그리스도의 신부됨을 누리는 것이다. 예수 그리스도의 사랑은 세상의 그 어떤 사랑보다 낫다. 그의 사랑은 포도주보다 낫다. 우리는 날마다 기도의 시간을 통해서 이 사랑을 서로 나누어야 한다.

　이렇게 할 때, 에덴동산에서 생수의 강물이 흐른다. 이것이 곧 사도 바울이 말하는 하나님의 경륜이었던 것이다. 오늘날에는 이 예수 그리스도가 오심을 통해 그 하나님의 경륜이 온 세상에 드러났다.

8장 신명을 통한 '노아의 홍수' 이해
(창 6-8장)

[서 론] '하나님의 이름'을 통한 하늘나라 이해

노아의 홍수사건을 보면 신의 이름이 하나님(엘로힘, אֱלֹהִים)과 여호와(יהוה)가 번갈아가면서 나타난다. 이에 따라 편집비평학자들은 이 노아 홍수의 사건을 J(여호와)문서와 P(제사장)문서의 결합이라고 말하려 한다. 특히 6장 9-12절을 P문서라고 말하는데, 6장 12-22절에 나타난 하나님 말씀의 내용과 7장 1-16절에 나타난 여호와 말씀 내용의 차이로 인한 것이다. 동일한 사건이 하나는 하나님의 이름으로 또 하나는 여호와의 이름으로 표기되고 있기 때문이다. 그러나 우리는 이것은 엘로힘(אֱלֹהִים)과 여호와(יהוה)의 용법의 차이에 기인한 것이라고 말한다. 성경의 정경성을 훼손하는 자유주의 신학의 출발점이 JEDP가설이다. 우리는 JEDP가설을 말하는 자들을 터무니없는 주장이라고 정죄한다.

성경해석 방법 : JEDP 가설

우리는 하나님의 이름을 통하여 노아홍수 사건을 해설하고자 한다. 여기에서 하나님의 성호(이름)을 기준으로 하여 성경을 해석할 때, 좀더 본질적인 하나님의 뜻을 이해할 수 있다고 생각하기 때문이다. 이렇게 할 때, 이에 대한 부수적인 효과로서 JEDP 가설에 대한 논박도 이루어진다.

JEDP 가설은 성경의 첫 다섯 권, 즉 모세오경(창세기, 출애굽기, 레위기, 민수기, 신명기)이 단일한 저자가 아닌 여러 출처에 의해 편집되었다는 성서학적 이론이다. 이 가설은 독일 학자인 줄리어스 벨하우젠에 의해 체계화되었으며, 문서설이라고도 불린다. 이 학설은 독일 자유주의 이단의 출발점이 되었다. JEDP 가설에서 "JEDP"는 각각 다른 출처를 나타낸다.

J 문서 (Yahwist) - 여호와라는 이름을 주로 사용하는 문서. 대체로 기원전 10세기경에 남왕국 유다에서 쓰였다고 주장한다.

E 문서 (Elohist) - 엘로힘(Elohim)이라는 신의 이름을 사용하는 문서. 기원

전 9세기경 북왕국 이스라엘에서 기원했다고 추정한다.

D 문서 (Deuteronomist) - 신명기(Deuteronomy)에 해당하는 부분으로, 주로 종교적 개혁과 율법을 강조하는 문서이다. 기원전 7세기경 히스기야와 요시야 왕의 종교 개혁 시기에 쓰인 것으로 추정한다.

P 문서 (Priestly) - 제사장 문서로, 제의적인 규례와 제사, 계보 등에 중점을 두고 있다. 제사장 계열의 입장에서 쓰였으며, 기원전 6세기 바벨론 포로기 이후에 작성된 것으로 생각한다.

이 이론은 성경이 단일 저자에 의해 쓰인 것이 아니라 여러 세기에 걸쳐 다양한 전통과 출처가 결합되어 만들어졌다는 점을 강조한다. JEDP 가설은 성경 연구와 해석에 일정한 기여를 했지만, 현대에는 이것은 자유주의 이단으로 간주된다.

여호와의 천상총회, 엘로힘

우리는 '엘로힘'과 '여호와'는 각각 지칭하는 대상의 차이에 기인한다. 먼저, 이 해석에서의 전제는 '엘로힘(하나님)'을 '여호와의 천상총회'로 파악하고 성경 해석을 시도한다. 따라서 하나님의 이름이 엘로힘으로 나타날 때에는 여호와와 천상총회 전체의 모습이다. 엘로힘은 여호와에 의해서 그 존재를 분유 받은 신들이 그 총회를 이루고 있는데, 여호와께서는 그들에게 자유의지를 주시었고, 그들은 여호와에게 전적으로 순복하여서 그 총회를 이루었다.

우리가 보통 하늘이라고 하면, 상당히 포괄적인 개념으로 절대자를 생각하는데, 이때의 호칭을 엘로힘으로 본 것이다. 이러한 엘로힘들에게 그들 고유의 실체와 자유의지가 있지만, 전적으로 여호와와 하나 되어서 모든 것을 행한다. 그래서, 엘로힘은 곧 여호와인 것이다. 그래서 엘로힘은 복수형인데도 그 동사는 단수 동사가 적용된다.

홍수심판을 결정한 엘로힘

인간의 악함이 온 세상에 관영하였다. 특히 "하나님의 아들들"의 타락이 극심하였다. 여기에서 "하나님의 아들들"이라면, 세상의 권세자를 말하는 것으로 보인다. 즉, 한 공동체의 수호신은 하늘에 존재하고, 그 수호신이 한 사람에게 임하여 있는데, 그들이 타락을 한 것이다. 그래서 이제는 그 공동체의 구성원들의 수호신과 그 우두머리 수호신 간에 갈등이 생겨난 것이다. 그리고 공동체 간의 수호신들과도 갈등이 일어난 것이다. 이로인해 하늘나라의 엘로힘들 간에 충돌이 일어난 것이다. 그리고 이것은 인간의 이기심의 충돌로 인한 것이었다. 그리고 인간의 이기심이 서로 융합이 될 수 없듯이, 하늘에서도 더 이상의 공통분모를 찾지 못하고, 이제는 스스로 심판을 결정하게 된 것이다.

구속자로서의 여호와

한편, 여호와는 스스로 계신이로서 최고신이며, 모든 신을 포함한 모든 존재들에게 존재를 부여하신 신이다. 이 분으로 인하여서 모든 신들을 포함한 모든 존재가 서있는 것이다.

이 여호와는 엘로힘 간에 일어나는 갈등을 먼저 보아낸다. 노아의 홍수사건에 의하면, 심판을 먼저 예고하시는 분이 항상 여호와이시다. 그리고 한참 후에야 비로소 엘로힘, 하늘의 천상총회는 심판을 결정하는 것이다.

여호와는 심판을 먼저 예고하시고, 급히 이제는 구속자를 찾으시는 것이다. 이 심판이 주어질 때, 인류가 멸절할 수 있으므로, 이것을 방지하기 위해서 구속자를 찾으시는 것이다. 그가 바로 노아였다.

이때 여호와께서는 이 노아에게 은혜를 물 붓듯이 붓는다. 그래서 노아를 완전한 자로 만든다. 그래서 이 노아를 모든 엘로힘들도 인정하게 만든다. 노아는 여호와를 넘어서서 엘로힘을 경외하는 자라고 인정을 받는다.

그래서 심판이 시작되자, 이제 엘로힘들이 이 노아를 돕기 시작한다. 이 노아 외에는 자신들의 족속을 보호할 자가 없기 때문이다. 이 심판을 면하게 할 자는 노아 외에는 존재하지 않는 것이다. 그래서 이제는 여호와와 엘로힘이 노아를 통해 인류를 구원하고자 하는 것이다.

노아의 하나님, 우리의 하나님

그런데 이 최고신이신 여호와께서 인생들에 대한 놀라운 계획(그리스도 안에서의 하나님의 경륜, 엡1:3-5)을 가지고 계시며, 이 일을 위해 구속자로서 행하신다. 여호와는 구속자이시며, 그의 후사를 세우고자 하신다. 노아는 이 마지막 때의 예수 그리스도의 모형인 것이다.

우리는 그리스도 안에서 그의 후사가 된 것이다. 이렇게 그의 선택을 받은 자는 이제 노아가 여호와를 뵙듯이 여호와를 그리스도 안에서 보는 것이다. 그리고 그 이미지를 가지고 평생을 반복하며 사는 것이다.

[소 결] 하늘정황을 알려주는 '하나님의 이름'

우리는 노아 홍수 사건에서 사용된 하나님의 이름을 통하여 위의 내용들을 확인할 수 있는 것이다. 성경 속의 하나님의 이름은 하늘나라의 정황을 우리에게 소개해 주고 있다. 이 이름이 어떻게 사용되었는지를 통해서, 이 땅에서 하늘나라의 정황을 알 수 있는 것이다. 이러한 하늘의 정황 하에서 노아의 홍수가 진행된다. 『일리아드 오딧세이』의 트로이 전쟁이 신들의 활동이 인생들의 활동과 관련하며 역사위에 나타나듯이, 신들의 활동과 인생들의 활동이 서로 주고 받으면서 노아의 홍수가 진행되고 있다. 우리는 이러한 것을 살펴보아서, 인생들에게 전개하고 계시는 하나님의 경륜의 일환으로 노아의 홍수가 진행되었음을 밝혀보고자 한다.

1. 원 역사(창1-11장)에 나타난 '하나님의 이름'

가. 여호와와 엘로힘 이름의 구분 사용

창세기 1-11장을 '창세기의 원 역사'라고 한다. 이 원 역사에는 하나의 특징이 보이는데, 그것은 하나님의 이름이 세 패턴으로 나타난다. 하나는 '여호와'('~의 하나님 여호와'는 같은 표현임)[16]이며, 또 하나는 '여호와 하나님'이고, 또 하나는 '하나님'이다. 이때 '여호와 하나님'은 창세기 2-3장에서만 나타난다. 그런데 이러한 이름에는 모두 그 신의 명칭에 따라 그 각자의 의미가 있었던 것이다.

창세기 2-3장의 '여호와 하나님'은 구약성경 전체에서 특별한 경우이다. '여

---

16) '~의 하나님 여호와'에서 '~의 하나님'은 '~의 수호신'이라는 의미이다. 그래서 우리는 '~의 하나님'이라는 호칭은 수호신이라는 것을 알 수 있다. 아브라함과 이스라엘의 수호신은 여호와였다. 그것은 우리 그리스도인들도 마찬가지이다.

호와 하나님'이라는 호칭은 창세기 2-3장에서 대거 등장하며, 다른 곳에서는 매우 드물게 나타나는데, 천상총회를 독자적으로 운영하는 여호와의 권능을 표현하기 위한 곳에서 나타난다. 그래서 창세기 2-3장 외의 곳에서 하나님의 이름을 연구할 경우에는 '여호와'와 '하나님'만을 그 기준으로 삼아도 된다.

우리는 '신명'을 가지고 창세기 1-11장을 접목해 볼 수 있다. 창세기 1-11장에 나타난 성경본문을 통해 여러 사건들을 바라보면서, '여호와의 총회'로서의 '엘로힘'과 '여호와'의 양자 간의 관계가 어떻게 진행되는지를 알 수 있다. 세상을 선하게 이끌고자 하는 '여호와의 선함'이 '그의 천상총회'에서 어떻게 드러나는 지를 알 수 있다.

엘로힘이 여호와의 총회이지만, 엘로힘은 모든 신들의 총회이다. 이때 각각의 신들은 모든 인생들의 수호신들이다. 그래서 모든 인생들 각각의 의견을 이곳 천상총회에서 나타낸다. 그래서 이 '엘로힘'의 신명이 나타나는 곳에서는 모든 인생들이 인정할 수 있는 그러한 보편타당한 신이시다.

엘로힘이라는 이름이 여호와를 중심으로 한 신들의 총회라면, 엘로힘의 이름이 사용된 본문말씀은 모든 자신의 고유한 인격과 자유의지를 가진 신들의 합의하에 이루어진 사안들이다. 여호와께서 이 엘로힘의 총회에 참여한 모든 신들에게 그 인격과 자유의지를 부여했으며, 이 신들은 자신들의 자유의지로 전적인 헌신을 여호와께 하여 이 신들의 총회를 이루었다고 우리는 전제하기 때문이다.

그런데, 여기에 또 하나의 중요한 전제가 있는데, 엘로힘의 말씀은 신들의 연합에 의해 이룰 수 있는 일들이다. 예컨대, 창조가 그렇고, 심판이 그렇고, 축복과 저주가 그러하다. 영적인 사건이 물리적으로 나타날 때, 엘로힘의 이름이 사용된다. 모든 신들이 동원되어야 하기 때문이다. 그리고 또 한 가지는 어떤 사람이 의롭다함을 받으려면, 이 엘로힘으로부터 의롭다함을 받아야 한다. 그래야 모든 존재로부터 의롭다함을 받는 행위가 된다.

이때 여호와는 모든 천상총회 신들의 주인이다. 그러면서 또한 특정인의 수호신이다. 그리고 여호와께서는 그 특정인을 통해서 인류구원 행위를 하신다. 이 여호와는 특정 인생들을 향하여 특별한 계획을 가지셨는데, 그들을 자신의 후사로 삼는다는 계획(엡1:3-5)이었다. 이 계획의 진행과 관련하여서는 여호와가 앞장서신다. 이 여호와는 이들을 통해 인류 구원의 역사를 행하신다. 여호와는 이 일과 관련하여 주도적인 역할을 수행하신다.

다. 신명으로 이해하는 창세기 원역사

우리는 이러한 전제를 가지고 창세기 1장에서 11장을 살펴볼 수 있다. 그럴 때, 우리는 하늘 천상총회의 움직임을 지상에서 바라 볼 수 있다. 여기에는 신들의 세계에서 인류의 구원을 위한 여호와의 선하심을 우리는 볼 수 있다.

① 창세기 1장 : 천지의 창조

먼저, 창세기 1장에는 엘로힘의 창조설화가 나타난다. 이것은 여호와를 중심으로 한 신들의 총회인 엘로힘이 온 우주의 창조에 관여하였음을 알게 해 준다. 여호와께서 모든 신들에게 존재를 분유하시고, 말씀 하나님께서 마음을 분유하신다. 그리고 성령께서 그 말씀에 따른 생명을 분유하신다. 이렇게 해서 모든 창조에 필요한 요소들과 관련한 엘들을 창조하시는 것이다. 이렇게 하여 하늘나라, 곧 하늘의 천군천사들이 창조되었다. 이들은 이제 여호와께 복속하여 하나처럼 움직인다. 말씀 하나님이 여호와의 마음을 알아 말씀을 발하시면, 그 안에 있는 성령과 더불어 모든 천사들이 그에 합당한 생기를 불어넣는다. 이것이 여호와의 총회로서 엘로힘인 것이다.

앞에서 살펴본 바와 같이 창조에는 모든 존재하는 것들에게 속성을 부여하여야 하므로 수많은 엘들이 필수불가결하게 요청된다. 그래서, 신학자들은 엘로힘은 자연과 창조의 신이라고 부른다. 일반적으로 창조와 기적(축복과 저주)과 심판은 엘로힘의 이름으로 나타난다. 이렇게 천상총회의 모든 신들이 동원되어야 하기 때문이다. 그리고 의의 개념을 말할 때에도 엘로힘 앞에서의 의(義)를 의의 기준으로 삼는다.

② 창세기 2장 : 아담과 에덴동산

창세기 2장에는 여호와 하나님이 인생들의 창조에 어떻게 개입하였는지에 대해 잘 묘사되어 있다. 인생들의 창조와 관련하여서는 여호와께서 직접 관여를 하시고, 여기에 엘로힘들이 순종하여 따라간다.

이때 여호와가 등장하는 이유는 하나님의 창세전의 계획한 바인 인생들을 만유의 후사로 삼겠다는 계획 때문이며, 특히 여호와 엘로힘이라고 하는 이유는 여호와의 결정에 모든 엘로힘들이 따라오기 때문인 것으로 보인다.

③ 창세기 3장 : 실낙원과 하나님의 경륜

창세기 3장에서는 이 선택받은 인생들이 하나님의 후사가 되기 위해서는 그들이 그들의 자유의지를 통해서 그들의 창조자이신 여호와께 전폭적으로 순종하는 것이 요청되어진다. 그 기준이 선악과를 먹지 않는 것이었다. 뱀도 여호와 하나님의 피조물로서 여호와 하나님의 권세 아래에 있다. 하나님의 경륜 안에서 이 뱀이 아담을 유혹하였고 아담의 타락이 발생한 것이다.

그런데 이것은 하나님께서 선택받은 인생들과 모든 만물을 하나님의 은혜 아래에 가두기 위해서였던 것이다. 여자의 후손이 모든 인생들의 죄를 담당하고, 사탄의 머리를 깨뜨릴 것이다. 그리고 인생들은 그 안에서 의롭다함을 얻을 것이다. 하나님의 놀라운 계획이 아담의 타락 안에 감춰어 있었던 것이다.

④ 창세기 4장 : 여호와를 잊어버리는 인생들

창세기 4장부터는 인생들이 급격히 하나님과 멀어진다. 이제 인생들은 이제 여호와에 대한 지식은 희미해지고, 자신들의 욕망 따라 살며, 여호와의 이름을 잊어간다. 그런데, 이러한 가운데에서 셋의 아들 에노스는 타락 이후 최초로 구원자 '여호와'의 이름을 부른다. 지금 모세오경의 저자는 이렇게 '여호와'이름에 관심이 깊다. 이 여호와에 대한 이름을 중심으로 모세오경을 저술하고 있는 것이다.

⑤ 창세기 5장 : 인생들의 번성

창세기 5장은 이 셋과 에노스의 계보인데, 이때 사람들이 급격히 크게 번성하였다. 그 중에 노아가 탄생하였다.

⑥ 창세기 6장 : 심판의 결정과 노아의 선택

창세기 6장에서는 신들을 아는 자들인 엘로힘의 아들들이 급격히 신을 아예 잊어버리는 일에 빠져들었는데, 저희가 완전히 육체가 되어갔다. 이 엘로힘의 아들들은 세상의 권세자들의 아들들을 말한다. 수호신(엘로힘)이 붙들고 있는 권위자들의 욕심으로 인한 타락을 말하는 것이다. 그러면 이제 그 나라가 도탄에 빠진다. 그러면서 각각의 수호신들이 하늘에서 원성을 발하는 것이다.

그리고 이것을 중재할 가능성이 사라져 버리는 것이다. 이때 엘로힘은 심판을 결정하게 된다.

신들의 총회의 결정은 상당히 보편타당하다. 이 신들의 총회의 기준으로 보았을 때 이제 인류는 멸망의 위기에 처한 것이다. 여호와께서는 이것을 미리 아시고, 이러한 죄된 세상의 심판으로부터 한 구원자를 마련하는 것이었다. 이렇게 하여 선택된 인물이 곧 노아이다.

창세기 6장을 보면 여호와께서 노아를 통해서 구원의 역사를 이루기 위해서 노아에게 어떻게 은혜를 베푸시는 지를 나타낸다. 여호와께서는 노아에게 은혜를 베푸셨는데, 그 은혜는 엘로힘 앞에 의로운 자로 만드신다. 그래서, 엘로힘에게 은혜를 얻게 하신다. 아무리 여호와께서 노아에게 은총을 베푸시고 싶어도, 엘로힘의 견해를 충족해야만 하기 때문이다. 이 일에 여호와께서 힘이 되셨고, 궁극적으로 노아는 엘로힘의 보기에도 의로운 자여서 구원의 대상이 된 것이다. 이렇게 하여서 이제는 여호와와 엘로힘이 모두 노아의 구원에 참여하게 된 것이다.

⑦ 창세기 7장 : 홍수심판

창세기 7장에서는 이제 심판이 시작되는데, 이때 여호와께서 노아에게 나타나시는데, "여호와께서 그를 (방주로) 들여 보내시고 문을 닫으시니라"고 하고 있다. 죽음의 사자들 앞에서 보호하시는 여호와의 모습을 창세기 기자는 그려 내고 있다.

⑧ 창세기 8장 : 인류의 구원

창세기 8장에서는 엘로힘의 심판이 지나가고 엘로힘이 노아에게 방주에서 나오게 하신다. 이렇게 하여서 인류의 멸망에서 여호와의 구원이 이루어진 것이었다. 궁극적으로 노아는 엘로힘의 심판에서 구원을 얻은 것이다. 그런데, 이때 정작 노아는 감사의 제사를 여호와에게 드린다. 여호와가 엘로힘 사이에서 각별히 행하심을 통해서 노아가 구원을 얻었기 때문이다. 대체로 모든 구약성경에서의 제사는 엘로힘이 아닌 여호와에게 드려진다. 아담에게 그리스도를 상징하는 옷을 지어 입히신 이도 여호와이시고(창 3:21), 가인과 아벨도 여호와에게 제사를 드렸으며(창 4:3, 4), 노아도 여호와에게 제사를 드린다.

⑨ 창세기 9, 10, 11장 : 다시 번성하는 인류

이제 9, 10장에서는 노아의 후손의 큰 번성이 나타난다. 노아를 통한 새로운 족속들이 등장한 것이다. 그런데, 이제 11장에서는 또 다시 타락이 발생한다. 노아의 후손으로는 안 되고, 이제는 하나님의 아들의 성육신만이 이러한 모든 것에 대한 답이 된다. 그래서, 이제는 노아의 후손에서 아브라함을 통하여 그 후손을 예비하신다. 창세기 12장은 제2의 노아로서 아브라함이 등장한다.

이렇게 보편타당한 의사결정을 하는 신들의 총회인 엘로힘에 대하여, 여호와 는 죄된 인생들을 구원하는 구원하시는 하나님으로 나타나신다. 이러한 흐름이 창세기 1장에서 11장까지 줄곧 나타나고 있다. 우리는 창세기 1-11장을 이러 한 관점에서 해석할 수 있다. 그리고, 우리는 이러한 전제를 모세오경으로 확 장하여 적용해 볼 수 있으며, 구약성경 전체에 적용해 볼 수 있겠고, 구속사 전체에 적용해 볼 수 있다. JEDP가설은 틀린 것이다.

라. 노아방주 사건에 나타난 '엘로힘'과 '여호와'

노아홍수 사건은 엘로힘의 인류에 대한 심판결정에 대해 이 인류를 멸망에서 건지시기 위한 여호와의 구원활동으로 그 윤곽을 살펴볼 수 있다. 여호와께서 는 노아를 통해 인류를 구원하신다. 다음과 같은 줄거리로 형성되어 있다.

① (창 6: 1- 8) 여호와께서 세상 심판을 결정하고, 이때 노아는 여호와께 은 혜를 입음
② (창 6: 9-12) 하나님과 동행한 노아
③ (창 6:13-22) 하나님의 노아를 향한 심판계시와 방주를 지을 것에 대한 명 령과 준행
④ (창 7: 1- 5) 여호와께서 노아에게 방주로 들어가라고 명령
⑤ (창 7: 6-24) 심판의 진행
⑥ (창 8: 1-19) 하나님의 권념으로 심판이 멈추고, 노아가 방주 밖으로 나옴
⑦ (창 8:20-22) 노아가 여호와께 번제를 드림

위에 의하면, 노아의 사건 속에 여호와가 등장하기도 하고, 엘로힘이 등장하

기도 한다. 우리는 엘로힘이 여호와의 총회라는 개념에 근거하여서 그러한 이름들이 사용된 이유를 살펴보고자 하는 것이다. 그래서 노아의 사건에는 여러 가지의 주제들이 존재하나 여기에서는 하나님의 이름을 중심으로 한 해석에 국한하여 살펴보고자 한다. 우리는 이 신명을 이해함을 통해서 하늘 천상총회가 어떻게 운영되고 있는지를 살펴볼 수 있다. 신명은 하늘나라를 살펴볼 수 있는 근거가 되는 것이다.

2. 노아, '여호와의 은혜'와 '하나님과의 동행'

가. '여호와'의 탄식과 심판결정

창세기 6장 1절에서 7절까지는 노아의 홍수 당시의 정황이 잘 나타나 있다. 이때 심판의 가장 결정적인 이유를 다음과 같이 말하고 있다.

> 하나님의 아들들이 사람의 딸들의 아름다움을 보고 자기들의 좋아하는 모든 자로 아내를 삼는지라. 여호와께서 가라사대 나의 신이 영원히 사람과 함께 하지 아니하리니 이는 그들이 육체가 됨이라.…(창 6: 2-3)

여기에서 하나님의 아들들이라면, 아마 각 나라와 같은 권세자들의 폭정을 말하는 것으로 보인다. 그들에게는 모두 그들의 수호신들이 하늘의 천상총회에 있다. 그들이 선정을 펼치는 것이 아니라, 학정을 펼치고 있는 것이다. 이때 여러 각 개인들의 수호신들이 원성을 자아낸다. 그 소리가 커지고 커진 것이다. 이에 대해서 '여호와'께서 먼저 심판을 결정하시는 것이다.

성경에서는 이렇게 심판에 대한 최초의 의사결정자를 '여호와'라고 말하고 있다. 만일 우리가 엘로힘과 여호와의 차이를 두어서 생각한다면, 모든 최초의 의사결정자는 여호와이심을 알 수 있다.

> 여호와께서 사람의 죄악이 세상에 관영함과 그 마음의 생각의 모든 계획이 항상 악할 뿐임을 보시고, 땅 위에 사람 지으셨음을 한탄하사 마음에 근심하시고, 가라사대 나의 창조한 사람을 내가 지면에서 쓸어버리되 사람으로부터 육

축과 기는 것과 공중의 새까지 그리하리니 이는 내가 그것을 지었음을 한탄함이니라 하시니라.(창6: 5-7)

그런데, 중요한 것은 여호와가 이것을 먼저 알아 차리고, 한 구원자를 찾고 예비하신다는 것이다.

나. "여호와께 은혜"를 입은 노아 (창 6: 8)

여호와께서는 이 때를 위해 예비한 사람이 있으니, 그가 곧 노아였다. 그런데, 이 본문을 좀더 자세히 살펴보면, 노아에게 중요한 신비체험이 발생하였다. 여호와께서는 위의 말씀에 이어서 다음과 같이 말씀하신다.

노아는 여호와께 은혜를 입었더라.(창6: 8)

וְנֹחַ מָצָא חֵן בְּעֵינֵי יְהוָה ף

위의 히브리어 본문이 면밀히 검토될 필요가 있다. מָצָא(마짜)는"발견하다, 획득하다, 알다, 만나다, 찾아내다, 우연히 마주치다, 나타나다"의 의미를 지니고 있다. 그 다음에 חֵן(헨)은 "은혜, 호의, 우아함, 매력"이라는 의미이다. 그리고 בְּעֵינֵי יְהוָה(베에이니 여호와)는 "여호와의 눈 안에서"이다. 그리고 ף(크)는 '문단 구분'시 쓰는 단어이다. 뒷 문장과 구분을 짓는다. 위의 본문을 히브리어로 고스란히 직역하면, "노아가 여호와의 눈 안에서 은혜를 발견하였다"가 된다. 이 것을 성경본문에서는 "노아는 여호와께 은혜를 입었더라"고 번역을 한 것이다.

이 본문에 의하면, 노아가 "여호와의 눈을 본 것"이다. 이것은 노아의 놀라운 영적 신비체험이며, 이 체험은 노아의 생애 내내 노아의 영적생활에 반영되어 노아의 삶을 이루었다. 어떤 사람에게 여호와의 이름을 사용한다는 것은 '최고 신(엘로하)'을 인격적으로 만난 것을 의미한다.

우리는 이렇게 여호와를 만난 자들, 혹은 여호와의 이름이 적용되는 자들을 주목하여야 한다. 창세기 4:26에 "셋의 자녀 중에 에노스가 있었는데, 그 때에 사람들이 비로소 여호와의 이름을 불렀다"고 말한다. 아벨이 죽고 셋이 여호와께 새롭게 선택을 받았으며, 여기에서 '여호와'의 존재가 후손들에게 전달 되어

내려간 것을 의미한다. 그리고 노아 때에 이르러서 이 여호와를 노아는 발견해 낸 것이다. 혹은 여호와를 찾아낸 것이다. 노아는 일생에 걸쳐서 하나님을 추구하는 자였다. 전승으로 내려오던 그 여호와를 만나는 자가 탄생한 것이다.

노아가 "여호와의 눈에서 여호와의 호의를 발견한 것"은 여호와를 만난 것을 의미한다. 일반적으로 "여호와를 보면 죽는다"고 알려져 있다. 그런데, 이 노아는 '은혜, 호의, 매력'을 발견한 것이다. 여호와가 도리어 노아의 매력에 빠진 것이다. 이 여호와를 노아는 만난 것이다.

여호와를 만난 자는 일반적으로 여호와는 광대하시고, 그 지혜가 끝이 없고, 모든 능력에 완전하신 분으로 묘사한다. 이 여호와는 욥에게 나타났다. 욥기 38-39장의 내용은 욥이 여호와를 만났다는 이야기이다. 그리고 여호와는 모세에게 나타났다. 모세는 이 여호와를 보고 '십계명과 율법'을 받아 내었다. 그리고 사도 바울이 이 여호와의 마음을 보아내고, '하나님의 경륜'이라는 용어를 사용하였다. 그리고 노아가 바로 그러한 영적 신비체험을 한 것이다.

그리고 이렇게 한 번 여호와의 눈에서 은혜를 발견한 자는 그 이미지를 잊지 못한다. 그래서 그는 그 영적생활을 계속 이어나간다. 위의 해석에 의하면 노아는 최고신인 여호와를 느꼈고, 그를 보았고, 그를 만났다. 그리고, 그는 이러한 삶을 평생토록 지속하고 있는 것이다. 사람에게 도덕적인 삶은 여기에서 나온다. 이 사람의 가치관이 이제는 땅의 것이 아니라, 하늘의 것이므로 이 사람은 모든 사람에게 호의와 자비를 베풀 수 있게 된 것이다.

위의 본문에서 ㄲ(크)는 뒷 문장과의 구분을 말한다. 노아는 이러한 삶을 일생 내내 살았다는 것을 의미한다. 그러면서 어느 날 노아는 이제 "노아는 의인이요"라는 본문이 출현하는 것이다. 인간에게 있는 모든 '의로움'은 여호와에게서 나온다. 인간의 행위에서 의로움이 나오는 것이 아니라, 여호와를 만나는 자는 여호와로 인하여 그렇게 변화되는 것이다.

다. "엘로힘과 동행"한 노아 (창 6: 9-10)

창세기 6:9에서는 이제 노아의 계보가 등장한다. 이때 노아의 시대가 나타나는데, 노아는 의인이었으며, 다른 이들은 모두 죄에 빠져있었다.

이것이 노아의 족보니라 노아는 의인이요 당대에 완전한 자라 그는 하나님과 동행하였으며, 세 아들을 낳았으니 셈과 함과 야벳이라. 그 때에 온 땅이 하나님 앞에 부패하여 포악함이 땅에 가득한지라.(6:9-11)

우리는 위의 본문에서 "노아는 의인이요, 당대에 완전한 자라"는 말씀을 듣는다. 이것은 노아의 여호와를 찾는 그의 영적생활이 이렇게 노아를 변화시키고, 형성해 낸 것이다. 이것을 가리켜, "그는 엘로힘(하나님)과 동행하였다"라고 말한다. 성경에서 "동행"이라는 용어를 사용할 때는 항상 '엘로힘'이 등장하며, '여호와'는 여기에 등장하지 않는다. 이것도 우리는 주의해서 살펴보아야 한다. 그리고 엄밀한 의미에서 우리의 의로움도 여호와 앞에서의 의로움만이 아니라, 엘로힘 앞에서의 의가 그 구원의 기준임을 알아야 한다. 창조와 축복과 저주와 심판은 여호와께서 반드시 엘로힘을 통해서 수행하기 때문이다.

"의인 혹은 의"라는 개념은 주변의 다른 사람들과의 관계에서 나타나는 용어이다. 어떤 사람은 자신 혼자만 의롭다고 생각한다. 이것은 자신과 다른 사람을 전혀 고려하지 않은 태도이다. 다른 사람과 함께 생각하는 사람은 오히려 자신을 죄인이라고 생각한다. 성경에서는 모든 사람들의 천사(수호신)가 하늘의 천상총회에 있다고 말한다. 더 나아가서는 한 집단 혹은 한 국가의 수호신도 하늘에 존재한다. 이들 수호신들로부터 "선하고 의롭다"는 이야기를 들어야 한다. 이때 하늘의 천상총회의 신들이 그를 칭찬하며, "엘로힘과의 동행"이 이루어지는 것이다. 노아는 여기에 이르렀던 것이다.

그는 하나님과 동행하였으며,

אֶת־הָאֱלֹהִים הִתְהַלֶּךְ־נֹחַ

위의 본문을 직역하면, "노아-스스로 걸었다(הִתְהַלֶּךְ), 그 하나님과 함께"이다. 여기에서 동행을 의미하는 הִתְהַלֶּךְ(히트 하레크)는 הָלַךְ(하라크; 가다, 걷다) 동사의 히트파엘형(재귀형)이다. 노아는 "덕스러운 삶"을 위해 스스로 최선을 다했던 것이다. 그래서 하늘나라의 천상총회에서 모든 신들이 노아를 칭송하기에 이른 것이다. 원래 히브리어에서 히트파엘 동사는 히필(사역형)을 더욱 강조한 것이다. 그것은 "노아가 자신을 (하나님과) 스스로 반복하여 동행하게 만들었다"라고 해석이 되어진다. 즉 하나님과의 동행이 "하나님께서 일방적으로 다가와서 동행이 이루어진 것"이 아니라, 노아가 여호와를 만난 자여서, 의에 이르렀고, 이제는 삶 속에서 자신을 그렇게 하나님과 동행으로 굴복을 시킨 것이었다. 즉, 노아의 동행이 이루어지기 이전에 먼저 "노아가 의인이며, 당세에 완전하였기 때문"에 그가 "하나님과의 동행을 하게 자신을 굴복시킨 것이다"라고 우리는 위의 문장을 해석할 수가 있다는 것이다.

그래서 결국은 "여호와와의 만남"은 이렇게 "모든 신들의 요구"를 충족시키는 삶으로 나타나는 것이다. 이때 모든 신들의 요구라는 것은 주변의 모든 사람들의 수호신들이다. 그들의 수호신들이 하늘의 천상총회를 구성하고 있기 때문이다. 이러한 해석은 하나님의 이름을 "여호와의 천상총회로서의 하나님"이라고 전제하였을 때 말해질 수 있는 성경해석이다는 것을 우리는 염두에 두어야 하겠다. 이렇게 하나님과 동행한 인물로 에녹이 말해진다. 창세기 5장 22-24절은 "에녹이 하나님과 동행하더니 하나님이 그를 데려가시므로 세상에 있지 아니하였더라"고 말하고 있다. 노아의 신앙도 여기에 이르렀던 것이다.

한편, 우리는 노아가 언제 의인이 되었느냐를 구분해 볼 필요가 있다. 그것은 6장 8절에서 여호와의 은혜를 입었을 때에 의인이 되었고 삶의 변화가 시작된 것이라고 결론을 낼 수밖에 없다. 노아는 자신이 은혜를 입었을 때에 평생을 하나님께 드리기로 결정을 하였고, 이때의 결정이 '하나님과 동행'으로 이어진 것이고, 이러한 삶으로 정진하며 살게 된 것이었다. 노아의 이러한 정진하는 삶은 100년 이상 지속된 것으로 보인다. 노아가 셈 함 야벳을 낳은 후 100년 후에 심판이 오기 때문이다. 6장은 사실 100년 동안의 기간이다.

라. 부패한 세상

성경에서는 "여호와 보시기에 부패한 세상"(창 6:3)이 나오며, 본문에서처럼 "하나님(엘로힘) 보시기에 부패한 세상"(창 6:11)이 나타난다. 여기에는 동일사건에 대해 명명하는 이름의 차이가 나타나는데, 노아의 홍수사건에서는 이것이 계속 반복된다. 이것은 편집자가 달라서가 아니라, 이렇게 여호와가 먼저 보고 결정하고 그 다음에 엘로힘 전체가 이것을 공유하기 때문이다. 이것이 하늘천상총회의 패턴인 것이다. 다음의 본문은 "여호와 보시기에 부패한 세상" 이후에 "하나님 보시기에 부패한 세상"이 나타난다.

> 그 때에 온 땅이 '하나님(הָאֱלֹהִים)' 앞에 부패하여 포악함이 땅에 가득한지라. (창 6:11)

일반적으로 "여호와 보시기에 부패한 세상"(창 6:3)이 앞서 나온다. 그리고 이때부터 '여호와'께서는 한 구속자를 준비하기 시작한다. 그가 바로 노아였던 것이다. 그리고 이제 "하나님 앞에 부패한 세상"(창 6:11)이 등장한다. 이것은 하늘 천상총회도 여호와의 뜻을 공유한 것을 말한다. 이렇게 천상총회에 까지 그 원성이 도달하면, 이제 심판이 진행된다. 이러한 심판의 패턴은 아브라함의 시대에도 고스란히 나타난다. 이때 아브라함의 시대에는 여호와가 이 사실을 확인하러 하늘에서 내려오기도 한다.

엘로힘(하늘 천상총회)에 의해서 심판이 결정되지만, 이제 여호와 만이 아니라 엘로힘도 각자 자신들의 종족들을 생각하면 고민에 빠진다. 엘로힘은 각종족들의 수호신들인데, 이제 서로 충돌하여 그 방안이 없으므로 심판을 결정한 것이다. 그래서 이제는 이 엘로힘도 여호와가 택한 그 구원자에게 집중하여 그를 돕는다. 그래서 방주에 대한 준비를 엘로힘이 하게 된다.

여호와의 구속사역에 하늘 전체의 천상총회인 엘로힘이 참여하는 것이다. 여호와께서는 엘로힘이 자신의 총회임에도 불구하고, 이와 같이 모두의 동의를 받아내며 참여케 하며 진행하신다. 창조도 그렇고, 축복과 저주도 그렇고, 심판도 그렇다.

3. 방주 준비에 대한 '엘로힘'의 말씀 (창 6:11-22)

가. "하나님이 보신즉 땅이 패괴하였으니"(11-12절)

온 땅이 "야웨 앞에서"가 아니라 "엘로힘 앞에서 לִפְנֵי הָאֱלֹהִים"의 패괴를 말하며, "여호와께서 보신즉"이 아니라 "엘로힘 보신즉 אֱלֹהִים רָא" 온 땅이 패괴하였다. 여기에는 어떤 차이가 존재하는가? 여기에서 나타난 신명을 통하여 우리는 심판에 대한 객관성과 보편타당성의 의미를 도출할 수 있다.

> 그 때에 온 땅이 하나님 앞에 패괴하여 강포가 땅에 충만한지라. 하나님이 보신즉 땅이 패괴하였으니 이는 땅에서 모든 혈육 있는 자의 행위가 패괴함이었더라.(창 7:11-12)

여호와께서는 자신의 총회와 일체가 되시었다. 모든 신들이 여호와에게 속하여서 여호와의 이름으로, 여호와를 위하여 행하고 있다. 그런데, 각각 개별적인 인격과 실체가 있다. 이들도 자신들의 고유한 판단을 한다. 그런데, 이들 모두가 '아니오'라고 말할 때에는 이제는 심판이 진행되는 것이다. 여호와에게 속한 모든 신들이 '아니오'라고 하면 이제는 심판이 가장 객관적이고, 보편타당한 판단이 되어 버린다. 그리고 이렇게 엘로힘이 무엇을 말하였을 때에는 곧바로 현실이 되어서 전개가 된다. 왜냐면, 객관타당한 현실이 되었기 때문이다.

엘로힘의 이름으로 말씀 하시는 것은 대체로 신들의 총회에서의 여호와의 결정사항이다. 그리고, 이러한 사항이 모든 엘로힘들이 보기에 보편타당하게 될 때, 심판이 현재화 되는 것이다. 창세기 7장 11-12절의 엘로힘의 심판결정과 창세기 6장 7절에서의 여호와의 심판 결정과의 차이는 바로 이러한 것이다.

노아의 시대 때에 이제 이 세상이 여기에 이른 것이다. 이제 심판이 불가피하게 되었다.

나. 심판의 주체로서의 '엘로힘'과 '종말계시' (창 6: 13)

엘로힘이 심판을 말씀하셨다는 것은 여호와의 총회에서 심판이 결정된 것을 의미한다. 그렇다면 이제 이 일은 진행되는 일만 남은 것이다. 그런데, 이 일이 노아에게 계시되었다. 그가 '하나님과 동행'하는 자가 되어서 구원 받기에 적합하게 되었기 때문이다.

엘로힘은 인간들의 모든 욕구를 하늘에서 대변한다. 그런데, 인간의 욕구가 세상에서 도저히 합의에 이를 수 없게 되었다. 그것이 바로 패역의 보편화의 모습이다. 이제 하늘의 엘로힘도 더 이상 신들끼리의 합의에 도달할 수 없다. 세상이 존재한다면, 그 패역이 더욱 심해지는데, 그것은 지옥과 다를 바가 없이 된다. 오히려 심판이 저들을 위한 길이 된다. 이렇기 때문에 엘로힘도 심판을 결정하는 것이다.

그런데, 이들도 이 일에 대한 한 구원자를 요청하고 있는 것이다. 그가 바로 여호와가 예비하고 양육한 노아였던 것이다. 이제 여호와 뿐만 아니라, 엘로힘에게도 노아가 구원자가 된 것이다. 그래서 이제 엘로힘이 이것을 노아에게 계시한다.

> 하나님(אֱלֹהִים)이 노아에게 이르시되 모든 혈육 있는 자의 강포가 땅에 가득하므로 그 끝날이 내 앞에 이르렀으니 내가 그들을 땅과 함께 멸하리라."(창6:13)

우리는 하나님의 이름과 관련하여서 창조와 심판과 관련해서는 항상 '엘로힘'이 등장한다는 것을 알아야 한다. 이때 여호와는 이 엘로힘의 주권자이다. 그러나 여호와께서는 이 일에 연합을 이루어 행하신다. 모든 각각의 엘들에게 자신들의 역할을 부여하시었기 때문이다. 창조와 심판의 경우에는 이것이 적나라하게 드러난다.

예를 들어 어떤 한 사람을 생각해보자. 그 한 사람을 위해서는 많은 본질들이 그에게 분유되어야 한다. 플라톤과 아리스토텔레스의 보편개념에 의하면, 우리를 서술하는 모든 본질에 관한 요소들의 보편자가 하늘에 있으며, 이들이 우리에게 그에 적합한 것을 공급(분유: 나누어줌)하여 내가 형성이 된다. 예컨대, 야웨는 나에게 존재를 주셨고, 로고스는 마음을 주셨고, 성령은 생명과 호흡을 주신다. 에로스는 내게 본성을 공급하고, 아프로디테는 나에게 미를 공급하는 등 우리를 서술하는 모든 형용사의 이면에는 신이 존재한다. 이것은 심지어 단체들에게 까지 확장되며, 한 나라에 까지 확장된다. 이들의 모든 집합체가 여호와의 천상총회, 곧 엘로힘인 것이다. 이것이 고대와 중세철학자들이 발견한 창조의 원리였다. 이렇게 창조를 위해서는 모든 신들이 동원된다.

우리는 앞에서 의의 개념도 엘로힘이 동원된다고 말했다. 그리고 이 세계 속에서 어떤 축복이나 기적이 일어날 때에도 엘로힘의 이름이 사용된다. 심판의 경우에도 엘로힘의 이름이 사용된다. 그런데, 그 이면에 그렇게 신들의 세계가 존재한다. 따라서 심판에 관한 것도 엘로힘이 노아에게 말하는 것이다.

만약 철학자들이 말한 것처럼 눈에 보이는 것들과 보이지 않는 것들의 관계가 이와 같다면, 이렇게 땅에 어떤 사건이 발생할 때에는 이렇게 모든 신들이 동원이 되어야 하며, 합의가 되어야 한다. 그래서 축복이나 심판과 같은 땅에 나타나는 구체적인 사건의 경우에는 '엘로힘의 말씀'이 등장한다. 그래서, '생육하고 번성하라'는 메시지는 창세기 1장에서 엘로힘의 말씀으로 나타나며, 이와 마찬가지로 '심판'에 관한 메시지도 '엘로힘의 말씀'으로 나타난다. 물론 여호와께서 이것을 먼저 결정하신다. 그런데, 이제 행하는 이는 엘로힘이므로 '엘로힘의 말씀'으로 나타나며, 엘로힘의 말씀으로 나타날 때에는 이제 그 때가 곧 이르렀다는 것을 의미한다.

만일 이러한 엘로힘이라는 신명의 용법이 맞는 것이라면, 우리는 이러한 것을 향후의 종말에 대해서도 적용해 볼 수 있겠다. 종말의 시작에 대한 선언은 이렇게 엘로힘 하나님에 의해서 진행이 되어 진다고 볼 수 있다. 여호와께서는 이미 결정을 하시었고, 이제는 그 날을 향하여 나아가고 있는데, 다른 모든 엘로힘들이 이에 합의를 하면 종말이 진행되는 것이다.

이렇게 엘로힘에 의해 종말이 계시된다면, 종말에 대한 지식 등은 여호와를 수호신으로 삼은 그리스도인들에게만 국한되는 것이 아니라, 일반인들도 보편적인 지식을 통해서 알 수 있다. 이렇게 이해관계가 왜곡된 상황에서는 더 이상 이 세계의 존립은 어렵겠다는 생각을 하게 된다. 그리고 그 일이 터진 것이 곧 심판이다. 그래서 심판은 "기근, 질병, 전쟁"으로부터 시작된다. 그리고 이것은 모두 하늘로부터 뚝 떨어지는 것이 아니라, 인생들이 만들어낸 재앙들이다. 오늘날의 기근은 공산주의자들이 만들어낸다. 심지어는 전염병도 공산주의자들이 만들어내고, 전쟁도 만들어낸다. 오늘날의 적그리스도는 공산주의이다.

다. 엘로힘의 방주설계 (창 6: 14-16)
성경에 의하면, 노아의 방주는 엘로힘에 의해 설계되었다. 홍수로 인류를 멸한다는 지식이 주어지면, 이제 그 대안으로 방주가 마련되는 것이다. 이와 같이 인생의 종말에도 그 대안들이 있다. 이것을 알아채고 그리로 피하는 자가 여호와의 선택받은 자들이다. 그 내용은 다음과 같다.

> (하나님이 노아에게 이르시되) 너는 잣나무로 너를 위하여 방주를 짓되 그 안에 간들을 막고 역청으로 그 안팎에 칠하라. 그 방주의 제도는 이러하니 장이 삼백 규빗, 광이 오십 규빗, 고가 삼십 규빗이며, 거기 창을 내되 위에서부터 한 규빗에 내고 그 문은 옆으로 내고 상 중 하 삼층으로 할지니라. 내가 홍수를 땅에 일으켜 무릇 생명의 기식 있는 육체를 천하에서 멸절하리니 땅에 있는 자가 다 죽으리라. (창 6: 14-16)

홍수설화는 세계 각국의 모든 신화 속에 등장한다. 그리고, 중국어 한자를 풀어보면 한자 속에 노아 방주의 얘기가 나온다. 한자로 배는 船(선)이라고 쓴다. 이 배 船(선) 자는 "舟(배 주)+八+口"로 되어 있다. 한 배에 여덟 개의 입(사람)이 있는 것이다. 심지어는 우리나라의 백두산에도 홍수설화가 있으며, 고지대 저지대를 막론하고 존재한다. 에베레스트산 정상에서도 물고기 화석이 출토된다. 사막 한가운데에서도 소금 호수가 발견된다.

홍수설화로서 아브라함과 가장 관련이 깊은 홍수설화는 메소보다미아 지역의 홍수설화이다. 수메르의 홍수설화인데 노아의 거주하던 곳으로 추정된다. 이 홍수설화는 성경의 홍수설화와 대단히 유사하다. 이 모든 사료들은 노아 홍수 사건의 실재성을 시사한다고들 말한다.

모세는 오경을 기록할 때, 이러한 구두전승을 참조하였을 것으로 본다. 대체로 창세기의 연대를 조사해보면, 아담이 오래토록 살았으므로 아담이 죽은 후 87년 만에 노아가 탄생한다. 그리고, 성경속의 연대에 의하면 노아가 죽은 후 100년이 못되어서 아브라함이 탄생한다. 성경은 아마 여기에서도 무엇인가를 시사하고자 하는 것으로 보인다. 물론 우리는 당시에 태양력이 어떤 형태로 존재했을까 하는 것에 대한 의문의 여지는 가지고 있다. 모세는 아브라함의 후손으로서 이러한 당대의 전승을 익히 알고 있었다. 한편, 모세는 당대의 전승(톨레돗)을 참조하였으며, 여기에 하나님의 신이 분별력을 주셨을 것이다.

성경에 의하면 노아는 이 방주를 100년 동안 지은 것으로 추정된다. 이 시기의 설계도를 순식간에 주신 것으로 보이지는 않는다. 성경에는 이러한 설계도가 방주 외에도 모세의 성막을 여호와께서 직접 설계하시었다. 그런데, 이때의 설계는 하늘의 모습을 보여주시면서 설계를 하시었고, 여호와께서 거하실 곳이기 때문에 여호와께서 직접 설계를 하시어야 했다. 그런데, 이 경우에도 여호와께서 '엘로힘의 영'을 부어서 이 성막을 완성하게 했다.

라. 엘로힘과의 언약 (창 6: 17-21)

어떤 신학자는 엘로힘의 언약은 창조와 관련하여 있고, 여호와의 언약은 구원과 관련하여 있다고 하였는데 대체로 그러하다. '엘로힘'이 노아에게 언약하신 다음의 내용은 노아를 통하여 다시금 생육하고 번성하게 되는 일이 발생하게 된다는 것을 의미한다. 축복에 관한 말씀도 '엘로힘'이 행한다. 그리고, 이러한 축복을 위해서 엘로힘은 다음과 같이 말씀하신다.

> 그러나 너와는 내가 내 언약을 세우리니 너는 네 아들들과 네 아내와 네 자부들과 함께 그 방주로 들어가고, 혈육 있는 모든 생물을 너는 각기 암 수 한쌍씩 방주로 이끌어 들여 너와 함께 생명을 보존케 하되, 새가 그 종류대로, 육축이 그 종류대로, 땅에 기는 모든 것이 그 종류대로 각기 둘씩 네게로 나아오리니, 그 생명을 보존케 하라.(창 6: 14-16)

우리는 노아를 향한 엘로힘의 언약을 볼 수 있는데, 엘로힘 언약의 특성은 창조와 번영과 축복 등 이 세계 속에 구체적으로 드러나는 형태의 언약이다. 우리는 이것을 "창조사적 언약"이라고 부른다.

그런데, 여호와는 "구속사적 언약이나 행위"를 하신다. 이제 창세기 7장 1-5에서는 본구절의 내용과 동일한 내용이 나타나는데, 이것을 우리는 노아의 방주 짓는 사건 100년 후에 일어난 "여호와의 구속사적 언약"으로 이해하고자 한다.

마. 엘로힘을 향한 노아의 순종

성경에서는 이제 노아가 하나님 곧 אֱלֹהִים이 명하신 것을 그대로 준행하였다는 것을 말한다. 그 내용은 다음과 같다.

노아가 그와 같이 준행(עָשָׂה)하되 하나님이 자기에게 명하신 대로 다 준행(עָשָׂה)하였더라.(창 6:22)

그런데, 곧바로 다음에 창세기 7:5에서는 여호와께서 자기에게 명하신 것을 다 준행하였다고 말한다.

노아가 여호와께서 자기에게 명하신 대로 다 준행(עָשָׂה)하였더라.(창 7:5)

창세기 6:22에서 나오는 אֱלֹהִים의 명령준행과 7:5에서 나오는 יהוה의 명령준행은 양자는 같은 것이다. 여호와를 통해 결정된 것을 여호와의 총회가 공유한 것을 말하고 있기 때문이다. 그런데 왜 굳이 중복하여 그 차이를 설명하는가?

יהוה의 명령은 최고신이 직접적으로 다가오는 계시와 같은 것으로서 이성적인 것을 뛰어넘는다. 즉 노아는 그의 삶 속에서 바른 신앙인으로서 하나님과 동행을 한 것이다. 그러한 가운데 엘로힘의 명령이 온 것이다.

이 אֱלֹהִים의 명령은 여호와의 총회로서 우리 이성을 동원한 삶 속에서의 명령까지 포함한다. 모든 인생들도 공유할 수 있는 명령이다. 따라서 אֱלֹהִים의 명령이라야 우리의 삶 속에서 연속성을 지닐 수 있다.

궁극적으로 יהוה의 명령은 אֱלֹהִים의 명령을 통해서 완성이 된다. 그래서 אֱלֹהִים의 명령을 준행한 후, יהוה의 명령을 준행하였다고 말하고 있는 것이다.

위의 본문에서 창세기 6:22에는 '행하다'를 의미하는 עָשָׂה(아싸, 행하다, 만들다, 성취하다)가 두 번 등장한다. 문장의 처음 시작도 "준행하다, 혹은 만들다"를 의미하는 עָשָׂה(아싸)이며, 맨 마지막도 "준행하다, 혹은 만들다"를 의미하는 עָשָׂה(아싸)이다. 노아는 방주 짓는 것을 향해서 평생을 산 것을 의미한다고 볼 수 있다. 엘로힘의 명령은 이렇게 이성적인 삶의 영역과 관련이 되어 있다. 노아는 평생토록 삶 속에서 순종을 한 것이다.

여기의 본문에서는 엘로힘의 명령준행에 대하여 단 한 줄로 표시되어 있지만, 실제로 이 한 줄은 노아의 120년을 의미하고 있다. 노아는 120년 동안 그 엘로힘의 말씀을 믿고, 꾸준히 걸어간 것이다. 엘로힘의 말씀이라야 이러한 연속성이 삶 속에서 주어진다. 노아에게 여호와의 심판 말씀이 이제는 이성으로도 와 닿은 것이다. 이것이 엘로힘의 말씀이다. 그는 하나님과 동행을 위하여 인생을 살았으며, 하나님께서 보여주신 사명을 좇아서 평생을 자신의 길을 걸어간 것을 의미한다고 말할 수 있다.

4. 여호와의 구원의 행위 (창 7-8장)

가. "방주로 들어가라"는 여호와의 말씀

이제 심판의 날이 다가왔다. 창세기 6장 마지막 절과 이곳 7장 1절 사이의 시간은 100년이 지났음을 시사한다. 그러자 이제 여호와 יהוה 께서 노아에게 "구원의 말씀"으로 현현하신다. 구원의 주체자는 사실은 여호와였던 것이다. 그 내용은 다음과 같다.

> 여호와께서 노아에게 이르시되 너와 네 온 집은 방주로 들어가라. 네가 이 세대에 내 앞에서 의로움을 내가 보았음이니라. 너는 모든 정결한 짐승은 암 수 일곱씩, 부정한 것은 암 수 둘씩을 네게로 취하며, 공중의 새도 암 수 일곱씩을 취하여 그 씨를 온 지면에 유전케 하라. 지금부터 칠일이면 내가 사십 주야를 땅에 비를 내려 나의 지은 모든 생물을 지면에서 쓸어 버리리라.(창 7: 1-5)

사실은 방주 설계나 축복의 언약이나 모두 여호와의 작품이었다. 엘로힘이 등장하여서 행하였지만, 그 엘로힘이 곧 야호와의 총회이며, 여호와의 이름으로 행하는 총회이다. 엘로힘과 여호와는 각각의 개별자이면서도 실질적으로는 한 실체인 것이다.

인생들이 죄를 지어서 영원히 죽게 되고 멸절을 당하는 위기에 처해있을 때, 여호와는 노아에게 은혜를 부어서, 엘로힘 보시기에 의롭게 하고, 엘로힘으로부터 구원의 메시지를 받게 하여 방주를 완성하게 하였다. 그리고, 이제는 마지막 날이 이르자 여호와께서 등장하신다. 여호와께서 엘로힘의 모든 요구를 만족하게 하면서도 죄인을 이렇게 구원하는 것이다. 이렇게 여호와라는 최고신이 우리의 구원자로 계시는 것이다.

나. '엘로힘'의 명령과 홍수 심판

창세기 7:1에 의하면, "여호와께서 노아에게 이르시되 너와 네 온 집은 방주로 들어가라"고 말한다. 그리고 창세기 7:9에 의하면, "모든 것은 하나님(אלהים)이 노아에게 명하신 대로 암수 둘씩 노아에게 나아와 방주로 들어갔으며, 칠 일 후에 홍수가 땅에 덮이니"라고 말한다. 앞에서 언급된 여호와의 명령과 그 뒤에 따라 나오는 엘로힘의 명령이 또 있는 것이다.

홍수가 땅에 있을 때에 노아가 육백 세라. 노아는 아들들과 아내와 며느리들과 함께 홍수를 피하여 방주에 들어갔고, 정결한 짐승과 부정한 짐승과 새와 땅에 기는 모든 것은 하나님(אלהים)이 노아에게 명하신 대로 암수 둘씩 노아에게 나아와 방주로 들어갔으며, 칠 일 후에 홍수가 땅에 덮이니 노아가 육백 세 되던 해 둘째 달 곧 그 달 열이렛날이라 그 날에 큰 깊음의 샘들이 터지며 하늘의 창문들이 열려 사십 주야를 비가 땅에 쏟아졌더라.(창 7:6-12)

이것은 JEDP가설처럼 두 저자가 존재해서가 아니라, 여호와와 엘로힘의 관계를 설명하고 있는 것이다. 여호와가 먼저 결정하고, 그 사건에 대한 구원자를 예비한 후, 엘로힘이 이것을 공유한다. 여호와가 항상 선행하여 행하신다.

다. '심판의 날'에 대한 해설

창세기의 저자는 위의 엘로힘의 명령과 홍수진행에 대해서 곧 바로 이어서 한번 더 설명한다. 다음의 창세기 7:7은 בְּעֶצֶם(베 에쩸)으로 시작하는데, 이것을 다음 본문에서 '즉'으로 시작하여 다시 설명하는 것이라고 말한다. 여기에서 בְּעֶצֶם(베 에쩸)은 עֶצֶם(에쩸)은 "본질, 실체, 몸, 뼈"를 의미하며, ב는 "안에서"를 의미한다. 이것을 우리말로는 "즉, 혹은 곧"이라고 번역한 것이다. 이것은 위의 창세기 7:6-12에 대한 재설명이다. 그 안에 있는 내용을 다시 한 번 설명한 것이라는 의미이다. 그 내용은 다음과 같다.

> 곧(בְּעֶצֶם) 그 날에 노아와 그의 아들 셈, 함, 야벳과 노아의 아내와 세 며느리
> 가 다 방주로 들어갔고, 그들과 모든 들짐승이 그 종류대로, 모든 가축이 그
> 종류대로, 땅에 기는 모든 것이 그 종류대로, 모든 새가 그 종류대로 무릇 생
> 명의 기운이 있는 육체가 둘씩 노아에게 나아와 방주로 들어갔으니, 들어간
> 것들은 모든 것의 암수라 하나님(אֱלֹהִים)이 그에게 명하신 대로 들어가매, 여호
> 와(יְהוָה)께서 그를 들여보내고 문을 닫으시니라. 홍수가 땅에 사십 일 동안 계
> 속된지라 물이 많아져 방주가 땅에서 떠올랐고 물이 더 많아져 땅에 넘치매
> 방주가 물 위에 떠 다녔으며, 물이 땅에 더욱 넘치매 천하의 높은 산이 다 잠
> 겼더니, 물이 불어서 십오 규빗이나 오르니 산들이 잠긴지라. 땅 위에 움직이
> 는 생물이 다 죽었으니 곧 새와 가축과 들짐승과 땅에 기는 모든 것과 모든
> 사람이라.(창 7:13-21)

위의 본문에서는 '엘로힘'과 '여호와'의 역할이 각각 나타난다. 엘로힘은 자신
들이 수호신으로 있는 종족을 생각하고, 여호와는 노아를 생각한다.

> 들어간 것들은 모든 것의 암수라 하나님(אֱלֹהִים)이 그에게 명하신 대로 들어가
> 매, 여호와(יְהוָה)께서 그를 들여보내고 문을 닫으시니라.(창 7:13-16)

JEDP가설을 말하는 자유주의 이단은 위의 본문을 이용하여 J기자가 있고, E
기자가 따로 있다고 말한다. 그러나 우리가 신의 이름을 통해서 하늘을 추정해
보면, 엘로힘은 "여호와의 천상총회"이며, 이 천상총회의 구성원들은 모든 세
상에 파견된 천사들(수호신들)이다. 그리고 '여호와'는 최고신으로서 인류의 구
원을 늘 염두에 두고 있다. 그가 관계하는 선택된 자들을 통해서 이 일을 행하
시는 것이다. 노아가 이 여호와의 선택을 받은 자이며, 예수 그리스도가 그렇
고, 예수 그리스도를 믿는 자들이 바로 그 여호와의 선택을 받은 자들이다.

라. 홍수심판

이와 같이 하여 홍수 심판이 진행된 것이다. 이때 물이 백오십 일을 땅에 넘쳤다. 그래서 육지와 공중에 있는 모든 것들이 다 쓸어버림을 당하였다.

> 육지에 있어 그 코에 생명의 기운의 숨이 있는 것은 다 죽었더라. 지면의 모든 생물을 쓸어버리시니 곧 사람과 가축과 기는 것과 공중의 새까지라. 이들은 땅에서 쓸어버림을 당하였으되 오직 노아와 그와 함께 방주에 있던 자들만 남았더라. 물이 백오십 일을 땅에 넘쳤더라.(창 7:22-24)

성경에서는 이러한 심판이 종종 진행된다. 아브라함의 때에는 위와 유사한 방식으로 소돔과 고모라에 대한 심판을 한다. 그리고 구약성경의 선지서들은 이스라엘의 심판과 관련한 책이다.

마. 여호와의 구원과 번제

창세기 8장에서는 심판이 모두 끝나고 엘로힘이 노아를 방주에서 나오게 한다. 심판의 주체이신 엘로힘 하나님이 바람을 땅 위에 불게하여 홍수를 그치게 하신다. 일백 오십일 후에 물이 땅에서 물러가기 시작한다. 이때 이 일의 주체는 하나님(אֱלֹהִים)이시다.

> 하나님(אֱלֹהִים)이 노아와 그와 함께 방주에 있는 모든 들짐승과 가축을 기억하사 하나님이 바람을 땅 위에 불게 하시매 물이 줄어들었고, 깊음의 샘과 하늘의 창문이 닫히고 하늘에서 비가 그치매, 물이 땅에서 물러가고 점점 물러가서 백오십 일 후에 줄어들고, 일곱째 달 곧 그 달 열이렛날에 방주가 아라랏 산에 머물렀으며, 물이 점점 줄어들어 열째 달 곧 그 달 초하룻날에 산들의 봉우리가 보였더라.···(창 8:1-5)

그후 사십 일을 지나서 노아가 그 방주에 낸 창문을 열고, 까마귀를 내놓으매 까마귀가 물이 땅에서 마르기까지 날아 왕래하였다. 또 칠 일을 기다려 다시 비둘기를 방주에서 내놓았는데, 그 입에 감람나무 새 잎사귀가 있었다. 또 칠 일을 기다려 비둘기를 내놓자, 다시는 그에게로 돌아오지 아니하였다. 육백

일 년 첫째 달 곧 그 달 초하룻날에 땅 위에서 물이 걷혔다. 그리고 둘째 달 27일에 땅이 말랐더라. 이에 하나님(אֱלֹהִים)께서 또 노아에게 말씀하신다. 여기에서도 하나님이 말씀하신다.

> 하나님(אֱלֹהִים)이 노아에게 말씀하여 이르시되, 너는 네 아내와 네 아들들과 네 며느리들과 함께 방주에서 나오고, 너와 함께 한 모든 혈육 있는 생물 곧 새와 가축과 땅에 기는 모든 것을 다 이끌어내라 이것들이 땅에서 생육하고 땅에서 번성하리라 하시매, 노아가 그 아들들과 그의 아내와 그 며느리들과 함께 나왔고, 땅 위의 동물 곧 모든 짐승과 모든 기는 것과 모든 새도 그 종류대로 방주에서 나왔더라.(창 8:15-19)

이제 노아가 방주에서 나와 제단을 쌓고 제물을 취하여 번제를 드렸는데, 이때 번제를 여호와(יְהוָה)께 드린다.

> 노아가 여호와(יְהוָה)께 제단을 쌓고 모든 정결한 짐승과 모든 정결한 새 중에서 제물을 취하여 번제로 제단에 드렸더니, 여호와(יְהוָה)께서 그 향기를 받으시고 그 중심에 이르시되 내가 다시는 사람으로 말미암아 땅을 저주하지 아니하리니 이는 사람의 마음이 계획하는 바가 어려서부터 악함이라 내가 전에 행한 것 같이 모든 생물을 다시 멸하지 아니하리니, 땅이 있을 동안에는 심음과 거둠과 추위와 더위와 여름과 겨울과 낮과 밤이 쉬지 아니하리라.(창 8:20-22)

번제란 무엇인가? 아무런 조건 없이 자신의 생명을 자신의 수호신에게 바치는 행위인 것이다. 노아는 자신의 생명을 드리는 제사를 여호와께 드린다. 노아는 이 홍수사건의 구원자를 여호와로 보고 있는 것이다.

[결 론] 종말을 사는 우리의 삶

여호와께서는 끝없이 종말로 치닫고 있는 이 세계 속에서 노아와 같은 한 구원자를 예비하셨다. 그리고 오늘날 선택을 받은 자는 예수 그리스도이시다. 그리고 우리 그리스도인들은 바로 그 예수 그리스도 안으로 부름을 받은 자들이다. 즉, 예수께서 노아와 같은 지위에 선 것이다. 그래서 우리도 예수 그리스도 안에서 노아의 삶을 사는 것이다.

노아의 위치에 서있는 그리스도와 우리

우리는 먼저 노아와 같은 위치에 있는 예수 그리스도 안으로 들어간다. 우리는 그와 신랑 신부의 관계이다. 그리스도와의 신부의 관계 속으로 신속히 들어가야 한다. 그리고 그 그리스도 안에서 여호와를 만나는 것이다.

예수께서는 요한복음 4장을 통해서, 사마리아 여인에게 청혼을 하였다. 그러자 그 여인은 그 혼인예식의 자리가 어디냐고 물었다. 그러자 예수께서는 곧 일어날 "성령과 진리 안에서의 예배"라고 말하였다. 여기에서 성령은 하늘나라를 말하며, 진리는 예수 그리스도 자신을 말한다. 즉 부활하여 승천하신 그 예수 그리스도의 몸 안으로 들어가는 것이 바로 그 혼인잔치의 자리인 것이다. 이것은 바로 모든 그리스도인들을 향한 예수 그리스도의 "혼인 당사자 초청장"이다. 예수께서는 하늘 공중의 그 혼인예식의 자리에서 우리를 기다리고 있는 것이다.

우리는 우리의 기도의 시간에 우리의 대제사장이신 주님 안으로 뛰어 오를 수 있다. 그와 나만이 존재하는 공간으로 들어갈 수 있다. 그곳이 공중이며, 이곳이 혼인예식의 자리이다. 이곳에서 우리는 아가서 동산의 고백을 드리며, 그와 연합하는 것이다.

노아의 시대와 같은 오늘날의 삶

예수께서는 그리스도인들을 두 부류로 구분하신다. 하나는 "깨어 있는 그리스도인들"과 또 하나는 "잠들은 그리스도인들"이다. 이것이 오늘날의 그리스도의 영혼상태를 분별하는 기준이다. 그래서 참 그리스도인들은 시대를 분별한다. 노아가 심판을 알아보고 방주를 준비하듯이, 그리스도인들은 방주를 준비한다. 노아는 이것을 여호와께로부터 계시를 받았지만, 엘로힘으로부터도 계시를 받는다. 그것은 일반적인 상식 안에서도 홍수심판을 알았다는 것이다.

오늘날, 우리나라가 심상치 않으며, 세계정세가 심상치가 않다. 특히 모든 나라가 공산주의로부터 심각한 공격을 받고 있다. 그 악이 그렇게 판을 치는데도 국민들은 그것을 모른다. 여호와께서 아모스 선지자에게 "내 백성이 무지함으로 망하는도다"라고 하시었는데, 그것이 바로 이 말씀이다. 사람들의 무관심으로 백주의 대낮에 공산주의 혁명이 일어나고 있는데도, 그것을 사람들은 분별하지 못한다.

공산주의는 정치개념이 아니라 경제개념이다. 자유주의 세계에서는 공산주의자들이 정권을 탈취한후, 한 나라를 사회주의화하려 한다. 공산주의 세계 특히 중국은 세계경재의 재앙이 되고 있다. 무차별적으로 제품을 생산하여 각국의 모든 제조업체들을 파괴하여, 모든 나라의 일자리를 파괴하고 있다. 지금은 중소기업 제품들에 대해 이렇게 하지만, 이것이 이제는 고부가가치의 제품들로 이어지고 있다. 이것은 세계경제의 재앙이다. 세계적 기근의 위험이 공산주의에서 출발하고 있는 것이다.

이때 우리 그리스도인들의 나라와 교회를 위한 중보기도 필요하다. 이들은 이제 다급함으로 인하여 하늘로 오른다. 하늘나라는 이렇게 나라를 위해 중보하는 자에게만 열린다. 그곳은 속죄소이기 때문이다.

그리스도 안에서 함께 추는 춤

우리는 이렇게 그리스도 안에서 그리스도와 함께 십자가에 참여하여 나라와 민족 그리고 교회를 위하여 술람미 여인의 춤·마하나임의 춤을 추는 자들이다. 아가서 7장의 술람미 여인의 춤이다. 그것은 십자가 제사의 기도로서, 우리는 십자가 안에서 여호와 하나님께 우리나라와 교회와 열방을 위해서 기도한다. 이곳에서 우리는 여호와 하나님의 눈을 보며, 그의 마음을 보며, 하나님의 경륜을 보는 것이다. 이 십자가 제사의 춤이 우리나라를 살리고, 한국 교회를 살린다. 그리고 이것이 오늘날을 살아가는 그리스도인들의 최고의 삶이다.

이렇게 우리는 종말의 시기를 살아가는 것이다. 오늘날 이 세계가 적그리스도 공산주의의 공격을 받고 있다. 그러나 우리는 이렇게 날마다 주와 함께 예배하며, 노아의 방주를 준비하는 것이다.

최 환 열 (崔 煥 烈)

<학력 · 약력>

한양대학교 졸업(학사)

액츠 신학대학원 M.A. in Missiology 수료

햇불트리니티 신학대학원 목회학 석사

백석대학교 신학대학원 구약학 박사

현) 공인회계사, 회계법인 대표

현) 한국금융시장연구원 대표

<저서>

『아브라함의 언약』, 『모세오경의 언약』, 『예수 그리스도의 새 언약』, 『생철학과 현상학』, 『실존주의 철학』

『창세기 원역사 해설』

초판 1쇄 발행 2024년 12월 12일
저   자_ 최 환 열
펴 낸 이_ 김 동 명
펴 낸 곳_ 도서출판 창조와지식
인 쇄 처_ (주)북모아

출판등록번호_ 제2018-000027호
주   소- 서울시 강북구 덕릉로 144
번   화- 1644-1814
팩   스- 02-2275-8577
메   일_ gvmart@hanmail.net
I S B N   979-11-6003-836-1(03230)
가   격   16,000원
발행형태   무선제본